Edition Akzente
Herausgegeben von
Michael Krüger

Primo Levi
Gespräche und Interviews

Herausgegeben von Marco Belpoliti

*Aus dem Italienischen
von Joachim Meinert*

Carl Hanser Verlag

Die italienische Originalausgabe erschien erstmals 1997
unter dem Titel *Conversazioni e interviste 1963-1987*
im Verlag Giulio Einaudi in Turin.

ISBN 3-446-19788-5
© Giulio Einaudi 1997
Alle Rechte der deutschen Ausgabe:
© Carl Hanser Verlag München Wien 1999
Umschlag: Nach einem Entwurf von
Klaus Detjen unter Verwendung einer
Federzeichnung von Tullio Pericoli
Satz: Filmsatz Schröter GmbH, München
Druck und Bindung: Friedrich Pustet, Regensburg
Printed in Germany

Inhalt

Das Leben

Die Bücher

Die Literatur

Das Lager

Das Judentum und der Staat Israel

Marco Belpoliti
Ich bin ein Zentaur

Obwohl Primo Levi ein scheuer und zurückhaltender Mensch war, hat er im Laufe seines Lebens viele Interviews gewährt und verschiedenste Partner – Journalisten, Kritiker, Studenten, andere Schriftsteller – zu Gesprächen empfangen, die zur Veröffentlichung bestimmt waren. Schließlich begann er diese Tätigkeit als Redender und Zeugnis Ablegender als einen dritten Beruf anzusehen, der zu den offizielleren und bereits anerkannten Berufen des Chemikers und Schriftstellers hinzukam. Knapp zwanzig Jahre nach der Neuausgabe von *Ist das ein Mensch?* (1958) empfand er die Notwendigkeit, dem Buch ein neues Kapitel anzufügen, einen für die Jugend bestimmten Anhang, in dem er Antwort gab auf die ihm am häufigsten gestellten Fragen, ein regelrechtes Selbstinterview. Die mündliche Ausdrucksform hatte schon seinerzeit, als er die Berufung zum Schriftsteller verspürte, eine bedeutsame Rolle gespielt: Immer wieder berichtet er seinen Gesprächspartnern, daß der Niederschrift des ersten Buches Erzählungen vorausgingen, zunächst vor Familienangehörigen und Freunden, später vor Unbekannten, vor Zufallsgefährten im Zug, in der Straßenbahn, in der Öffentlichkeit, wo auch immer.

Die mündliche Erzählform bekräftigt Primo Levi selbst mit den berühmten Einleitungsworten zu *Ist das ein Mensch?*. Hier schildert er das Bedürfnis, den »anderen« etwas zu erzählen, als eine elementare Notwendigkeit, ein körperliches Bedürfnis: *heimkehren, essen, erzählen*. Darin gleicht Levi für uns ganz und gar den Gestalten der Erzählungen von Leskow, jenen »Ratgebern«, die man in vielen Geschichten des russischen Schriftstellers antrifft und die, wie Walter Benjamin[1] schreibt, ihren Zuhörern eine praktische Lehre, eine Lebensregel, ein Sprichwort mitzugeben vermögen, Gestalten, deren »Rat, in den Stoff des Lebens eingewebt, Weisheit ist«. Im Werk, aber auch im aktiven Leben Primo Levis ist die Kunst des Erzählens eng verflochten mit der des Zuhörens. (Im *Ringschlüssel* schreibt er: »Denn so wie es eine tausendfach erprobte und in feste Regeln gefaßte Kunst des Erzählens gibt, so gibt es auch eine Kunst des Zuhörens, die mindestens ebenso alt und ehrwürdig ist, deren Normen jedoch meines Wissens noch niemand festgeschrieben hat.«) Eines der Interviews, die das italienische Fernsehen Anfang der siebziger Jahre mit Levi aufnahm, ist dem Buch *Ist das ein Mensch?* gewidmet und trägt den Titel *Die Kunst des Erzählens.* Darin gibt es eine merkwürdige Episode, die Levis Haltung als Sprechender und zugleich Zuhörender sinnfällig macht; der Moderator beginnt an einem bestimmten Punkt, die von ihm gestellten Fragen selbst zu beantworten. Und da hört Levi ihm schweigend zu; in seinem Gesichtsausdruck mischt sich Neugier mit Verwunderung: die Frage betrifft das Verhalten der Deutschen gegenüber Hitler, worauf auch er keine zuverlässige Antwort weiß. (Um zu begreifen, wie problembewußt Levi seine eigene Erfahrung als KZ-Häftling betrachtete, lese man die Interviews zum Thema Lager nach.)

Der Beruf des Sprechenden ist für Levi eine von einem zweifachen Erfordernis diktierte Notwendigkeit: Einerseits ist da das Verlangen seiner Zuhörer, Erklärungen zu vielen Dingen zu erhalten, die in seinen Büchern über das Lager nicht ausgesprochen oder allenfalls angedeutet sind, oder auch, um weiter und tiefer zu schürfen (als ob Levis Erzählen zu einem letzten Grund vorzudringen, eine Erklärung aller Erklärungen zu geben vermöchte, wo der Gesprächspartner den festen Boden des Verstehens unter seinen Füßen vorfände); andererseits möchte Levi selbst Dinge präzisieren, sich deutlicher erklären, das Geschriebene nuanciert erläutern.

Wenn man hört, wie Primo Levi in den erhaltenen Tondokumenten und audiovisuellen Aufzeichnungen auf die Fragen der Moderatoren antwortet, dann bemerkt man zwangsläufig, daß seine Rede bereits korrigiert und fein geschliffen ist, druckreif, daß sein gesprochenes Wort eher ein geschriebenes ist: Er besitzt die Reaktionsschnelligkeit des Chemikers. Levi ist wahrhaftig kein Opfer der, wie Roland Barthes es genannt hat, »Hysterie der Rede« – dem ständigen Bemühen, das Gegenüber mit allzu vielen *Aber* und *Also* an sich zu fesseln, um es sich für die Dauer der Rede als Partner zu erhalten; im Gegenteil, Levis Worte sind stets exakt, und es fehlen fast gänzlich die für ein Zweiergespräch so typischen Rückfragen – *Wissen Sie?, Verstehen Sie?, Können Sie mir folgen?* –; anders gesagt, in Levis gesprochener Rede fehlt jede, selbst eine verhaltene Dramatik. Werden die Texte von einem Tonband abgeschrieben – wie für diesen Band geschehen –, stellt man fest, daß seine Worte stets ohne Verzug gesprochen werden; die Interpunktion ist leicht zu setzen, denn sie fällt – sofern der Gesprächspartner ihn nicht allzuoft unterbricht – mit den Sprechpausen zusammen; auch die Parenthesen, die Nebenlinien, mit denen man in der gesprochenen Rede den untergeordneten oder abschweifenden Charakter eines Gedankens markieren kann, sind begrenzt und stets punktuell gesetzt.

Das Interview ist für Primo Levi eine Möglichkeit, die Kunst des Erzählens fortzuführen, um Weiteres anzufügen, etwas, was er vor dem Vergessen bewahrt hat und wovon sein »mechanisches Gedächtnis« unversehens ein neues Fragment hervorzaubern kann. Er wirkt in den Gesprächen oftmals wie der Archäologe seiner selbst. Der Schriftsteller erzählt immer, auch wenn er seine Erinnerungen dem Mikrofon eines Tonbandgerätes anvertraut, einem scheinbar zeitgebundenen Instrument wie dem Interview. (Am besten lernt man den Menschen und den Schriftsteller, den Chemiker und den ehemaligen KZ-Häftling kennen, indem man die Worte liest, die er für andere aufgeschrieben hat.) Levi macht sich seine zufälligen Zuhörer zunutze, um sich an übersehene Episoden aus dem Lager zu erinnern, übersehen von ihm selbst.

(Wenn Levi erzählt, ist er nie allein, er ist immer in Gesellschaft jenes anderen Ich, jenes jungen Mannes, der die Erfahrung Auschwitz durchlebt hat und dessen designierter Erbe, Nachkomme, Nutznießer er jetzt ist, wie er selbst bei mehreren Gelegenheiten erklärte.) Doch auch das Gegenteil kann eintreten: Levi erzählt abermals, zum soundsovielten Male und mit ähnlichen Worten, das, was er bereits so präzise schriftlich niedergelegt hat; die Kunst des Erzählers ist für ihn auch die Kunst des Sichwiederholens, die Kunst, eine Erzählung vor einer anderen Zuhörerschaft mit ein paar maßvollen, aber notwendigen Abwandlungen zu erneuern.

Die Wiederholung ist in seinen Erzählungen – und somit auch in diesen Interviews – keine automatische, sondern eine bedachte Handlung; sie bedeutet die Wahl der kürzestmöglichen verbalen Wegstrecke, denn immer soll das, was vom Mund ins Ohr dringt, ein klares Wort, eine effiziente Mitteilung sein.

»Das geschriebene Buch muß wie ein funktionierendes Telefon sein«, hat Levi mehrfach erklärt, und dieses Bild erhellt einen wichtigen Aspekt in Levis Kommunikation: die Distanz, den Abstand zwischen dem Erzählenden und dem Zuhörenden; er befindet sich gegenüber seinem Gesprächspartner, für den er zugleich ein kluger »Ratgeber« ist, stets in einer gewissen Distanz (entstanden ist diese Ungleichheit durch die Erfahrung des Lagers, die aber bei Levis Gegenüber das Bedürfnis nach Erklärung hervorgerufen hat, das er auch selbst empfindet). Zu Beginn der achtziger Jahre, als er von anderer Warte aus über seine Errettung nachdachte, erklärte er seinem Gesprächspartner, was ihn dazu gedrängt habe, sein Auschwitz-Erlebnis in einem Buch zu schildern, das sei nicht allein das Bedürfnis gewesen, Zeugnis abzulegen und von dem bösen Zauber Auschwitz zu genesen – das Wort als Rettung, die Erzählung als Therapie –, sondern auch das Verlangen, die eigene Andersartigkeit zu empfinden: »Denk an Odysseus, der die Nacht damit verbringt, Alkinoos seine Irrfahrt zu erzählen. Wahrscheinlich gibt es da eine andere Motivation, vielleicht ist es der beinahe banale Wunsch, zu belegen und begreiflich zu machen, daß ich anders bin als du, daß ich etwas gesehen habe, was du nicht zu Gesicht bekommen hast, weshalb ich von höherem Range bin als du.«

Sein erster Beruf, der des Chemikers, habe ihn – so berichtet er in fast allen Interviews – vor dem Tode bewahrt und ihm zugleich den zweiten Beruf, den des Erzählers, geschenkt. Denn den Chemiker Primo Levi hat ein eigenartiges Schicksal ereilt: Er hat in einer der größten Tragödien dieses Jahrhunderts die Gabe des Wortes empfangen; so daß wir uns ihn – der doch die Propheten keineswegs liebte – im Gewande des Propheten Jesaja vorstellen können, dem der Seraph die Lippen mit der glühenden Kohle berührt, um ihm die Reinheit der Rede zu verleihen. Der Jude Levi – »heimgekehrter Jude«, spezifizierte er stets, wenn er nach seinem Judentum befragt wurde – hat die Befähigung bekommen, unmittelbar aus der Hölle von Auschwitz zu erzählen und, nachdem er ins Leben zurückgekehrt ist, seinen von dieser Seuche infizierten Mund mit der Gabe der Erzählung zu reinigen, ein Vermächtnis, das sich, wie alle göttlichen oder magischen Geschenke, bald als eine zweischneidige Waffe erwiesen hat. Im *Ringschlüssel* wird er diese Gabe mit den Bildern des griechischen Mythos schildern und sich selbst im Gewande des Teiresias ausmalen, der auf dem Wege den Schlangen begegnet und in eine Frau verwandelt wird: »Da ich jedoch in den Augen der Welt Chemiker war, andererseits aber Schriftstellerblut in meinen Adern fühlte, kam es mir seither vor, als trüge ich zwei Seelen in meiner Brust, und das ist zuviel.«

Was diese Gespräche überaus deutlich zeigen, ist die komplexe Identität dieses »Ratgebers«, dieses »verzauberten Reisenden«: Chemiker und Schriftsteller, Zeuge und Schriftsteller, Jude und Italiener. In einem der ersten Interviews, das 1966 Edoardo Fadini führte – es drehte sich um die »Science-fiction-Geschichten«, die Levi später unter dem Pseudonym Damiano Malabaila (seinem literarischen Alter ego) in dem Band *Storie naturali** veröffentlichte –, erklärt er: »Ich bin ein Zwitterwesen, ein Zentaur [...] Ich bin in zwei Hälften gespalten. Die eine Hälfte ist die der Fabrik, ich bin Techniker, Chemiker. Die andere Hälfte hingegen ist davon vollständig getrennt, in ihr schreibe ich, beantworte Interviewfragen, verarbeite meine vergangenen und gegenwärtigen Erfahrungen. Ich bestehe eigentlich aus zwei Hirnhälften. Das ist eine paranoide Spaltung.«

Der Zentaur, dem Levi eine seiner besten Erzählungen gewidmet hat, *Quaestio de Centauris**, stellt nicht nur das Miteinander der Gegensätze dar, sondern auch die Vereinigung von Mensch und Tier, von Impuls und Nachdenken; eine instabile, dem Zerfall geweihte Vereinigung; der Pferdemensch ist das Sinnbild dieses radikalen Gegensatzes, den jeder Überlebende in sich selbst erfahren hat und der als biblische Mahnung im Titel von Levis erstem Buch anklingt. In den Interviews, die Levi im Laufe seines Lebens gegeben hat, konnte er immer wieder auf die ihn durchziehende Spaltung zurückkommen, die er niemals verhehlt hat oder in Vergessenheit geraten läßt, sondern seinen Zuhörern darstellt, wobei er sich ihnen soweit wie möglich offenbart, sich aus Schamgefühl jedoch – wie er in einem Funkgespräch mit Dina Luce sagt – zugleich der übermäßigen Neugier des anderen zu entziehen trachtet: Ich hüte mein Ich, erklärt er in einem Anflug von Stolz. In diesen Gesprächen erzählt Levi viel von sich, von seiner Familie, seinen Neigungen, viel von seinem Leben überhaupt, so daß man meinen könnte, seine Diskretion sei nur vorgetäuscht; in Wirklichkeit läßt er uns in sein Leben ein-

---

* Deutsche Ausgaben sind erschienen unter dem Titel *Die Verdopplung einer schönen Dame und andere Überraschungen*, Berlin 1968, und *Der Freund des Menschen*, München Wien 1989 (Auswahl) (Anm. d. Übers.).

** Enthalten im Band *Der Freund des Menschen*, a. a. O. (Anm. d. Übers.).

dringen, weil das herausragende Ereignis seines Daseins ebenjenes ist, von dem sein Abenteuer als Erzähler und als Sprechender seinen Ausgang nahm. Auch in der Erinnerung bringt dieselbe unheilbare Wunde das Bedürfnis nach dem Wort als klare Botschaft hervor.

In vielen Gesprächen wird Levi gefragt, ob er auch ohne Auschwitz zum Schriftsteller geworden wäre. Levi antwortet, daß es kein Erzählen gibt ohne ein »Was«, ohne den »Inhalt«; bei anderer Gelegenheit erklärt er sogar, daß er ohne das Lager wahrscheinlich als Schriftsteller gescheitert wäre. Der zweite Beruf, von dem Levi mehrfach als von einem Nichtberuf spricht (*Schriftsteller – Nichtschriftsteller* ist der Titel eines Vortrags, den er Mitte der siebziger Jahre, bald nach Erscheinen des *Periodischen Systems*, in Turin hält), ist nicht nur ein Beruf, der Glück spendet, wie man beim Lesen der Gespräche zu diesem Thema erfährt, sondern damit frischt er auch stets den alten Schmerz, den Riß auf. Es gibt eine fast zum Standard gewordene Antwort, die Levi von einem bestimmten Zeitpunkt an – ungefähr ab 1978 – allen erteilt, die ihn fragen: »Was schreiben Sie derzeit?« »Nichts, ich habe, glaube ich, meine Themen ausgeschöpft«, erklärt er dann, oder aber: »Ich habe meine Reserven aufgebraucht, ich habe nicht mehr viel zu sagen.« In einem der letzten Gespräche – mit Roberto Di Caro, das eben der Ökonomie des Erzählens gewidmet ist – nimmt man in seinen Worten eine Müdigkeit, eine Erschöpfung wahr; aber das ist keine neue Empfindung. Levi hat seine eigene erzählerische Gabe mehrfach abgewogen, gleichsam als wolle er als Chemiker, als Techniker vor der Arbeit seine Mittel sorgsam bedenken und seine Vorhaben einschätzen. Zum Zeitpunkt des Erscheinens der *Atempause* berichtet er den nach künftigen Projekten Fragenden von einem Buch, das die Fabrikgeschichten enthalten soll, die Abenteuer des Chemikers, für die er noch nicht das rechte Motiv zu finden vermocht habe, noch nicht die Möglichkeit, beim Leser Interesse an einer Materie zu erwecken, die ihn selbst begeistert (wie sich aus einigen Aussagen ergibt, denkt Levi zu dem Zeitpunkt an eine Erzählung, die aus einem epischen Anlaß erwachsen soll, direkt aus dem Gedächtnis, welches, wie Benjamin festhielt, »das epische Vermögen vor allen anderen« ist). Es ist der Hinweis auf jenen erzählerischen Kern, aus dem dann nicht nur eines, sondern zwei Bücher hervorgehen werden: *Das periodische System* und *Der Ringschlüssel.* »Und zur KZ-Erfahrung?« fragt der Journalist weiter, unmittelbar nachdem Levi 1963 mit dem Premio Campiello ausgezeichnet worden ist. »Ach, dazu kein Wort mehr. Nichts weiter. Was ich sagen mußte, habe ich alles gesagt. Völlig abgeschlossen.« In Levis Erzählungen ist nichts je abgeschlossen, sondern alles kehrt ständig wieder, zwangsläufig, müßte man sagen. Und auch die Behauptung, daß er seinen Erzählstoff erschöpft habe, ist nicht nur Zeichen einer bannenden Geste, von der Furcht diktiert, die wundersame Fähigkeit des Erzählens einzubüßen, sondern auch das unmißverständliche Zeichen seines beständigen Rekapitulierens, der Unmöglichkeit, sich auch nur für kurze Zeit von der Hinterlassenschaft des Lagers Auschwitz zu lösen (es gibt kein einziges Interview, in dem nicht, zumindest im Vorspann, dieser Name auftaucht).

Die Frage, auf die er mehrfach zurückkommt – teils zustimmend, teils negierend –, ist die nach seinem Schriftstellersein. Levi ist in vollem Maße Schriftsteller, und das noch auf einzigartige Weise. (Keines seiner Werke läßt sich vollkommen in ein bestimmtes Genre einordnen, so daß die Gesprächspartner gewisse Probleme damit haben: Was ist *Ist das ein Mensch?* Ein Augenzeugenbericht oder eine Erzählung? Eine Dokumentation von Erinnerungen oder ein Roman? Und das *Periodische System?* Ein in viele Erzählungen gegliederter Bildungsroman? Und weiter, was sind, literarisch betrachtet, *Die Untergegangenen und die Geretteten?*) Gegenüber Giuseppe Grassano erklärt er abermals, wie seine vielfache Identität als Schriftsteller sich aufbaut, dabei kommt er (wir

16

schreiben 1979) auf das Motiv des Zentauren zurück: »Ich bin ein Gymnasialabsolvent mit humanistischer Bildung, aber zugleich auch Chemiker und schließlich noch ehemaliger Deportierter. Somit schöpfe ich beim Schreiben aus mindestens drei verschiedenen Quellen.«

Die erste Schwierigkeit für seine Gesprächspartner besteht also darin, die Grenze zwischen dem Augenzeugen und dem Schriftsteller, zwischen dem Chemiker und dem Erzähler, dem Erzähler der Auschwitz-Odyssee und dem Verfasser wissenschaftlich-phantastischer Geschichten ziehen zu müssen; so ist es zumindest bis Anfang der achtziger Jahre; dann, nach dem Erscheinen von *Wann, wenn nicht jetzt?*, scheint das Problem plötzlich gelöst, als ob dieses fiktive Werk, diese Erzählung von Krieg und Liebe, alle Unterschiede eingeebnet habe. Für Levi jedoch existiert das Problem weiter, ja, es hat sich in gewisser Weise zugespitzt. Einerseits verspürt er als Zeuge die Verpflichtung, wahrheitsgetreu auszusagen, und auf diese Problematik – die Wahrhaftigkeit seiner Äußerungen – wird er geradezu besessen vielfach zu sprechen kommen, bis er sich dazu durchringt, jenes Meisterwerk der Selbstreflexion, *Die Untergegangenen und die Geretteten*, zu schreiben, das nicht nur als Reaktion auf die »Leugnung« durch Faurisson, Darquier de Pellepoix und andere entstanden ist, sondern auch aus inneren Gründen, aus dem Fragen nach der eigenen Arbeit als Schriftsteller; andererseits sind seine Bücher, auch die mit Zeugnis- oder Essaycharakter (so *L'altrui mestiere*, eines der jüngsten Beispiele von anspruchsvollem Feuilleton, Kunstprosa, in der einige der herausragenden italienischen Prosaautoren des 20. Jahrhunderts brilliert haben), ausgeprägt literarischer Natur; gerade das hebt Levis Werk heraus aus den Hunderten von Erzählungen und Erlebnisberichten, die nach der Niederlage des Nazismus in Italien und anderen europäischen Ländern erschienen sind.

Levis Bücher sind also, wiewohl in unterschiedlichem Maße, durchtränkt von jener für die Literatur typischen »Fiktion« (in fast allen Interviews verweilt er gern bei diesem Punkt, versucht zu erklären, welche realen Geschehnisse sich hinter den Erzählungen verbergen, darunter auch solche, von denen er durch andere erfahren hat). Schriftsteller sein, so reflektiert er, die Notizblöcke der Interviewer vor sich, bedeutet in gewissem Maße, die Aufgabe als Zeuge nicht zu erfüllen, da der geschriebene Text ja gerade die Eigenschaft hat, der Erzählung größere Überzeugungskraft und Wirkung zu verleihen. Damit beweist Levi gegenüber anderen Schriftstellern des Völkermords an den Juden, daß er sehr wohl weiß, welch problematisches Verhältnis zwischen Erzählung und Wirklichkeit besteht und daß jedes Zeugnis wesentlich für sich selbst gültig ist. In einer Filmaufzeichnung von 1974 unternimmt der Moderator den Versuch, Levis Zeugnis dem eines Lagerkameraden, des berühmten Pikkolo aus dem Kapitel »Der Gesang des Odysseus«, gegenüberzustellen; es ist zwecklos, weil sich der andere Zeuge jener herausragenden Episode aus *Ist das ein Mensch?* an nichts erinnert, er weiß nur noch, daß sie lange miteinander gesprochen haben, worüber, das weiß er nicht. Levi selbst unterstreicht in anderen Gesprächen die Tatsache, daß stets eine Diskrepanz zwischen dem von ihm Erzählten und dem in Wirklichkeit Geschehenen besteht, obwohl er nach wie vor das eigene Zeugnis als wahrheitsgetreu erachtet, und er erinnert daran, daß nur wenige der von ihm porträtierten Personen sich in seinem Text wiedererkannt haben. Und wenn er dann in die Sphäre der reinen Erfindung überwechselt, mit den Figuren des Romans *Wann, wenn nicht jetzt?*, gesteht er den Journalisten, daß er sich einem anderen unerwarteten Problem gegenübergesehen habe: die Figuren verhalten sich wie Menschen, sie wollen nicht sterben, sie führen ihm die Hand, sie beeinflussen ihn (in zwei Erzählungen der sechziger Jahre, *Schöpferische Arbeit* und *Im Park**, sucht eine Figur sogar ihren Schöpfer auf).

* Im Band *Der Freund des Menschen*, a. a. O. (Anm. d. Übers.).

In einem Gespräch über die Entstehung des *Ringschlüssels* aus dem Jahre 1978 spricht Levi, mit gewohnter Selbstironie, von sich selbst als von einem »Fälscher«; aller Wahrscheinlichkeit nach ist sich der Schriftsteller bewußt – obwohl ihm kein Gesprächspartner diese Frage direkt stellt –, daß die Literatur unserer Epoche ein sonderbarer Ort ist, in dem alles, auch das grausigste oder anstößigste Geschehnis, in den Augen des Lesers nicht mehr als solches erscheint, ein Ort, an dem die wahrhaftige Erzählung ihren Wahrheitsgehalt verliert und sich in etwas anderes verwandelt, in Zeitvertreib und Information; dies geschieht, sagt uns Walter Benjamin, weil sich die Literatur des modernen Zeitalters in starkem Maße von der Erfahrung entfernt hat, sie ist nicht mehr »Erfahrung, die von Mund zu Mund geht«, sie entstammt nicht mehr einer Gedächtnisleistung, hat womöglich endgültig jedes epische Gewicht eingebüßt.

Daß in Levis Leben viele Berufe vorkommen (Chemiker, Schriftsteller, Zeuge, Redender), ist kein Zufall; er betont immer wieder den handwerklichen Aspekt seiner Arbeit (in den Gesprächen stellt er sich als ein Monteur von Geschichten vor), und der Beruf ist ein natürlicher Erzeuger von Geschichten, denn die Erzählungen entstehen in der Sphäre der Berufe, der verschiedenen Berufe (das »fremde Handwerk«*, das er in seiner Sammlung von Prosatexten hartnäckig betreibt). Der Beruf des Schriftstellers ist eine Art Handwerk, erklärt er gleich nach Erscheinen von *Wann, wenn nicht jetzt?* und stellt peinlich genau die inneren Motive dieses Werkes dar, das er gegenüber dem Befrager als seinen ersten *Roman* bezeichnet. Genaugenommen ist auch dieses Buch wie die vorangegangenen eine Erzählung, von der man stets eine Fortsetzung verlangen kann – um eine Definition von Benja-

---

* »Fremdes Handwerk«, *L'altrui mestiere*, ist der Titel eines Essaybandes von Levi aus dem Jahr 1985; die deutsche Ausgabe ist in Vorbereitung (Anm. d. Übers.).

min zu verwenden. (In einem Gespräch erklärt Levi, er habe
an eine Fortsetzung gedacht, so wie er andernorts erläutert,
es handle sich um eine Erzählung, die aus einer anderen Erzählung hervorgegangen sei, und zugleich auch um einen
Splitter, den er aus der Erzählung von seiner Rückkehr ins
Leben übrigbehalten habe.)

Obwohl Levi bereit war, sich seinen Zuhörern gegenüber
ausführlich mündlich zu äußern, scheint es vor 1961 – dem
Jahr, in dem er die von einer geschichtswissenschaftlichen
Zeitschrift entworfene Umfrage zur »jüdischen Frage« beantwortet – keine Interviews zu geben; auch zwischen 1963
und 1978 ist die Zahl der Gespräche begrenzt. Dann, ab
1979, wird Levi, nun bereits Autor eines sehr bekannten Buches, das in fast allen italienischen Schulen behandelt wird,
gleichsam über Nacht zu einer öffentlichen Person. Die Zeitungen befragen ihn nach seinem Leben, nach seiner Arbeit
als Chemiker, seiner Vergangenheit, nach dem Lager, nach
seiner schriftstellerischen Tätigkeit. Die Interviews werden
zum großen Teil innerhalb eines Zeitraums von sieben oder
acht Jahren gegeben, zwischen 1979 und 1986, zu einer Zeit,
als Levi seinen ersten Beruf nicht mehr ausübt und sich mit
größerer Intensität dem zweiten Beruf als Schriftsteller wid-
met. In dieser Lebensperiode hat Levi die Gespräche mit
Schülern – die, wie er in mehreren Gesprächen anmerkt, den
Zweiten Weltkrieg schon als ein zeitlich weit zurückliegendes
Ereignis ansehen – fast völlig eingestellt; in vielen Äußerungen tritt erstmals ein grundlegender Pessimismus gegenüber
diesem dritten Beruf hervor, und dies gerade zu einer Zeit,
als er die Pressegespräche zu intensivieren scheint: Er beteiligt sich an Fernsehsendungen und öffnet Interviewern aus
den verschiedensten Ländern der Welt sein Zuhause. Für die
internationale Öffentlichkeit ist Levi seit Anfang der achtziger Jahre zu einem der bekanntesten jüdischen Schriftsteller
geworden, und das, obwohl in den vorangegangenen Jahrzehnten die Übersetzung seiner Bücher ins Englische (ein-

schließlich Amerikas, aber selbst in Israel) beinahe unbemerkt geblieben war. Levi ist darüber überrascht und befremdet, wie er Risa Sodi 1986 erklärt; ihr erzählt er von seiner Reise in die USA und von dem Empfang, der ihm dort zuteil wurde: »… und weil ich ständig als jüdischer Schriftsteller angesehen wurde, bin ich tatsächlich einer geworden! Ich fing an, mich zu fragen, ob in den USA überhaupt irgendein Goj lebte. Mir ist da drüben kein einziger begegnet! Es war schon fast komisch. Mein Verleger war Jude und ebenso seine Mitarbeiter. Er stellte mich ausnahmslos nur allseits bekannten amerikanischen Juden vor. Ich habe Vorträge vor einem ausschließlich aus Juden bestehenden Publikum gehalten.«

Wie sich aus vielen Gesprächen und Interviews ergibt, ist sogar dieser Aspekt, das Judentum, für Levi ein Problem. Sein hybrides Wesen nicht leugnend, erklärt er einem Interviewer, er sei zu vier Fünfteln Italiener und zu einem Fünftel Jude; doch sogleich setzt er hinzu, daß er an jenem Fünftel emotional sehr hänge und es als bedeutsam für seine Identität erachte. Jude, so erklärt er bei zahlreichen Anlässen – zum Beispiel im Gespräch mit der Schriftstellerin Edith Bruck, ebenfalls jüdischer Herkunft und ehemalige Deportierte –, ist er nach Auschwitz geworden, zuvor war er nur ein italienischer Bürgerjunge. Oder, zu Giuseppe Grieco: »Ich bin Jude, weil ich zufällig als Jude geboren wurde. Weder schäme noch rühme ich mich dessen. Jude zu sein ist für mich eine Identitätsfrage: eine ›Identität‹, die ich, auch das muß ich sagen, nicht abzulegen gedenke.«

1982 löst die Invasion des südlichen Libanon durch Truppen des Staates Israel eine heftige Reaktion nicht nur in der Öffentlichkeit jenes Landes, sondern auch unter den Juden der Diaspora aus, zu denen Levi gehört. Es ist ein kritischer Moment für den Schriftsteller, der gerade von seiner zweiten Reise nach Auschwitz seit Kriegsende zurückgekehrt ist. Er zählt zu den Initiatoren eines Appells für den Rückzug der Truppen und die Forderung nach einem Friedensprozeß, der auch denen eine Heimat sichert, die keine haben. Die italienische Presse interviewt Levi, und auch bei dieser Gelegenheit offenbart er die Komplexität seiner Ansichten, die sich, ebenso wie jene über das Lager und das Thema »Grauzone«, schwerlich in vorgegebene geistige oder ideologische Schemata einordnen lassen. Dies ist ein weniger bekannter, aber ebenso bedeutsamer Aspekt des »Juden« Levi, ein Baustein, der zu all den andern hinzukommt und das Mosaik aus heterokliten Elementen bildet, das seine Identität ausmacht.

Dieser Band mag die Einzigartigkeit Primo Levis noch eindeutiger betonen. Denn wenn auch im Falle vieler Autoren des 20. Jahrhunderts die Sammlung ihrer Interviews einen reichen Schatz an Zeugnissen über ihre Arbeitsgewohnheiten, Meinungen, Deutungen, Wertungen und ihr Unverständnis mancher Dinge liefert, so stellt Levis Fall doch eine Ausnahme dar. Sein Erzählen, ob schriftlich oder mündlich, ist stets ein Erzählen aus der Erfahrung, in dem es um Worte geht, als ob es Gesten, feierliche Handlungen wären, die uns durch den Katastrophenzustand dieses Jahrhunderts geleiten. Dem Leser fällt die Aufgabe zu, hinter den Worten derer, die Levis Äußerungen aufzeichneten, die in seinen Worten schwingende Sanktionierung der Wahrheit zu erfassen, die sich oft unter dem zweifachen Aspekt eines unerwarteten Optimismus und eines hellsichtigen Pessimismus darbietet: *Ich bin ein Zentaur.* Für Primo Levi, den Redenden und den Schreibenden, gilt das, was Walter Benjamin vom Erzähler sagte: »Seine Begabung ist: sein Leben, seine Würde: sein *ganzes* Leben erzählen zu können. Der Erzähler – das ist der Mann, der den Docht seines Lebens an der sanften Flamme seiner Erzählung sich vollkommen könnte verzehren lassen.«

---

1 Walter Benjamin, *Der Erzähler. Betrachtungen zum Werk Nikolai Lesskows.* In: *Gesammelte Schriften*, Band II/2, Frankfurt/Main 1977.

Aus der Vorbemerkung des Herausgebers

Die in diesem Band erschienenen Interviews wurden aus zweihundert Interviews und Gesprächen mit Primo Levi ausgewählt, die zwischen 1961 und 1987 in italienischen und ausländischen Zeitungen, Zeitschriften und Periodika erschienen sind; zum selben Zweck wurden fünfzig Radio- und Fernsehsendungen herangezogen und der Text mehrerer davon schriftlich erfaßt. Es handelt sich um ein umfangreiches Ausgangsmaterial, wiewohl anzunehmen ist, daß noch weitere, nicht in dieser Liste verzeichnete Interviews existieren, vor allem in anderen europäischen und außereuropäischen Ländern (allein auf seiner dreiwöchigen USA-Reise 1985 hat Levi amerikanischen Zeitungen und Fernsehstationen über zwanzig Interviews gewährt). Außerdem gibt es weitere Interviews, die zum Beispiel in dem von Gabriella Poli und Giorgio Calcagno herausgegebenen materialreichen Band *Echi di una voce perduta* (Mursia, Mailand 1992) erschienen sind, von denen jedoch bislang in den italienischen Funk- und Fernsehanstalten keine Aufzeichnungen aufgefunden wurden, sowie etliche Nachschriften öffentlicher Diskussionen, die im selben Band in umfangreichen Auszügen wiedergegeben sind.

Die in unserem Band erscheinenden Interviews sind von dreierlei Art: von Primo Levi selbst niedergeschriebene Interviews und Antworten auf Fragespiegel; vom Autor oder der Autorin des jeweiligen Artikels aufgezeichnete Interviews und Gespräche; direkt vom Tonband abgeschriebene Gespräche.

Wie aus dem Inhaltsverzeichnis zu ersehen, wurden die Texte nach Themenkreisen und nicht immer nach der chronologischen Folge angeordnet. Wenn man die von Primo Levi ab 1947, dem Erscheinungsjahr von *Ist das ein Mensch?*, bis zu seinem Todesjahr 1987 gegebenen Interviews in zeitli-

cher Abfolge betrachtet, stellt man fest, daß – sofern künftige
Recherchen dieses Ergebnis nicht korrigieren – aus den vier-
ziger und fünfziger Jahren keine Interviews vorliegen; das erste bislang aufgefundene Interview ist ein von Levi beantwor-
teter Fragespiegel aus dem Jahr 1961, der unter dem Titel
La questione ebraica (Die jüdische Frage) in der populärwissenschaftlichen Publikation *Storia illustrata* erschien. Betrachtet
man somit lediglich die gedruckten Interviews als Hinweise
auf den Grad von Aufmerksamkeit, den die Massenmedien
Primo Levi widmeten, so stellt man fest, daß – ausgenommen
eine Reihe von Interviews aus dem Jahr 1963, dem Erscheinungsjahr des mit dem Premio Campiello ausgezeichneten
Buches *Die Atempause* – zwischen 1964 und 1977 Interviews
selten sind, während sie ab 1978/79, unmittelbar nach Erscheinen des *Ringschlüssels* (Premio Strega), stark zunehmen.
Genaugenommen ist es allein die Zeit von 1981 bis 1986, in
der Levi eine erhebliche Anzahl von Interviews gewährt und
häufig in Funk- und Fernsehsendungen auftritt. Der Gipfelpunkt liegt im Jahr 1982, als *Wann, wenn nicht jetzt?* erscheint,
Zeichen einer langsamen und in vieler Hinsicht späten öffentlichen Anerkennung. Trotzdem wäre es verfehlt, den Grad
von Primo Levis Bekanntheit aus der Zahl der Interviews ab-
zuleiten, denn bereits seit Mitte der sechziger Jahre ist er der
Autor eines fundamentalen und weithin bekannten Werkes,
Ist das ein Mensch?. Doch bei der Komposition eines Buches
durch Zusammenstellung von Interviews sahen wir uns genötigt, den Höhen und Tiefen des von den Interviewern und
Partnern vorgezeichneten Gesprächsbogens zu folgen und
uns nicht nur auf die von anderen geleistete Arbeit, sondern
auch auf mehr oder weniger glückliche zufällige Gegeben-
heiten zu stützen.

Danksagung

Ich habe wertvolle Hinweise, Informationen und Materialien von zahlreichen Personen erhalten, denen ich hier dafür danken möchte, daß sie mir die Arbeit erleichterten: Alberto Cavaglion und Paolo Valabrega, Giovanni Tesio, Sophie Nezri, Maddalena Gnisci, Ian Thomson, Daniela Amsallem, Carole Angier, Dea Rosselli, Silvia Lalía, Maria Sebregondi, Franco Nasi, Alessandro Carrera, Giuseppe Furghieri, Robert Gordon, Martin McLaughlin, Patrick Pauletto, Claudio Toscani, Giovanni Grassano, Bruno Vasari, Guido Lopez, Ada Luzzati und Silvio Ortona, Luca Scarlini, Anna Maria Levi, Pietro Crivellaro.

Ein besonderer Dank gilt Lucia, Lisa und Renzo Levi; Ernesto Ferrero, Paolo Fossati, Maria Perosino und Robert Gilodi vom Verlag Einaudi; Federico Reviglia vom Archiv der Zeitung »La Stampa«; dem Archiv der Zeitung »Il Giorno«; Michele Gulinucci, Ermanno Anfossi und Marco Zaccarelli von der RAI; Dede Cavallari von Mediaset; Maria Grazia Rabiolo von Radio della Svizzera Italiana; Michele Sarfatti und Liliana Picciotto Fargion vom Centro di Documentazione Ebraica Contemporanea Mailand. Ein spezieller Dank an Elio und Luigi Grazioli sowie Claudia Verpelli.

Marco Belpoliti

Editorische Notiz zur deutschen Ausgabe

Für die deutsche Ausgabe wurde die von Marco Belpoliti getroffene Auswahl ein wenig verändert: zum einen durch Auslassung von zwölf Texten, deren Aussage sich zum Teil mit anderen Interviews doppelte oder die gar zu speziell auf ein italienisches Publikum zugeschnitten waren, sowie vor allem durch Verknappung der umfangreichen Notizen des Herausgebers zum Inhalt der von ihm aus Platzgründen nicht aufgenommenen Interviews sowie zur Rezeptionsgeschichte der einzelnen Werke Levis in der italienischen Öffentlichkeit. Nur die besonders aufschlußreichen Erläuterungen zur Rezeption von *Ist das ein Mensch?* und *Der Ringschlüssel* erscheinen im Textteil (Kapitel »Die Bücher«). Belpoliti erklärt am Schluß seiner editorischen Notiz, daß er mit seinem durch zahlreiche Erläuterungen ergänzten Anhang auf einen »idealen Leser« dieses Buches abgezielt habe, »auf einen jungen Menschen, der nach Alter und persönlicher Erfahrung die Orte, Namen, Ereignisse, Abkürzungen und geschichtlichen sowie politischen Episoden nicht kennt, über die Levi und seine Gesprächspartner ohne alle Mühe reden, da sie sie in erster Person erlebt und ihre Bedeutung erforscht haben; diesem jungen Leser und dieser jungen Leserin ist das Buch gewidmet, es will ihnen durch Levis eigene Worte eine Einführung in sein Leben und Werk geben«. Für die nicht von dieser Eingrenzung betroffenen deutschen Leser konnten viele der so gearteten Erläuterungen des Herausgebers als bekannt gelten und somit entfallen.

Hingegen nimmt die deutsche Ausgabe – mit Einverständnis des italienischen Herausgebers und Verlages – zusätzlich das von Marco Belpoliti in seiner Einleitung erwähnte längere »Selbstinterview« auf, das Levi als Anhang zu der 1976 im

Verlag Einaudi erschienenen Schulausgabe von *Ist das ein Mensch?* verfaßt hat (aufgenommen auch in die italienische Taschenbuchausgabe). Es entspricht dem Interviewcharakter der meisten übrigen Texte, ist aber andererseits von besonderem Gewicht, da Levi hier nicht spontan auf Fragen antwortet, sondern diese zuvor in sorgfältiger Arbeit aus zahlreichen Leserbriefen und den bei seinen Vorträgen, vor allem an Schulen, immer wieder aufgeworfenen Problemen herausgefiltert hat. Da dieser Originaltext von Primo Levi bislang in deutscher Sprache nicht zur Verfügung stand, erscheint er in diesem Band am angemessenen Platz, eingeordnet in das zentrale Kapitel »Das Lager«.

Übersetzer und Verlag

Das Leben

Dina Luce
Klang und Verstand

Im Mittelpunkt der heutigen Sendung steht Primo Levi, Schriftsteller und Preisträger des Premio Campiello im zwanzigsten Jahr seit seiner Gründung, also des Campiello 1982, der am 4. September in Venedig verliehen wurde. Primo Levi erhielt ihn für sein Buch Wann, wenn nicht jetzt?*. Meinen Glückwunsch.*

Vielen Dank.

Ein paar Angaben zu Leben und Beruf von Primo Levi. Er wurde am 31. Juli 1919 in Turin geboren, hat im Fach Chemie promoviert, ist 1942 nach Mailand übergesiedelt und wurde im Februar 1944, nach seiner Festnahme als Partisan, seiner jüdischen Herkunft wegen nach Auschwitz deportiert. Dort verblieb er bis zur Befreiung im Januar 1945, die in diesem Fall und in diesem Lager durch die Sowjets erfolgte.

Ja, durch die Rote Armee.

Nun zu den Büchern von Primo Levi, sehr gewichtigen Büchern, von denen einige als fakultativer Lesestoff in der Mittelstufe behandelt werden: Ist das ein Mensch? *aus dem Jahre 1947, sein Debüt, das Tagebuch seiner Erlebnisse im Lager; ihm folgt 1963, nach langer Unterbrechung,* Die Atempause, *womit er den Premio Campiello, den seinerzeit erstmals verliehenen Literaturpreis, gewann; 1966 die* Storie naturali, *für die er den Premio Bagutta erhielt und die er unter dem Pseudonym Damiano Malabaila veröffentlichte; nach dem Grund dafür frage ich später. 1971 kam dann* Vizio di forma, *1975* Das periodische System, *Erzählungen, die ihren Ansatz aus Levis Arbeit als Chemiker herleiten; 1978* Der Ringschlüssel, *ausgezeichnet mit dem Premio Strega, 1981* Lilít, *im selben Jahr* La ricerca delle radici *und 1982* Wann, wenn nicht jetzt? *Primo*

Levi ist verheiratet mit Lucia Morpurgo und hat zwei Kinder, Lisa und Renzo.

Zweimal also Preisträger des Campiello, im Gründungsjahr des Preises und nun im zwanzigsten Jahr, als ob sich ein Bogen schlösse. Was empfinden Sie dabei?

Eine gewisse Verwirrung, große Freude und auch das Gefühl für die Jahre, die vergehen, viele Jahre, die vergangen sind, zwanzig Jahre, die schwer lasten auf allen, schwer auf der Weltgeschichte, aber sie waren nicht nutzlos …

Nicht nutzlos, in welchem Sinne?

Ich dachte dabei an mich selbst. Nicht nutzlos, weil ich im Laufe dieser zwanzig Jahre meine Lebensweise verändert habe, seit 1975 arbeite ich nicht mehr als Chemiker, ich habe meine alte Haut abgestreift und bin Schriftsteller geworden. Vorher hatte ich es stets abgelehnt, Schriftsteller genannt zu werden, natürlich nicht entrüstet, sondern aus Bescheidenheit; damals sagte ich immer: Nein, ich bin kein Schriftsteller, ich bin einer, der Bücher geschrieben hat, ich bin Industriechemiker, das ist mein Beruf, mein Tagesberuf; das Schreiben ist ein Nachtberuf, ein Nichtberuf, eine Erholung, wie Urlaub; ich schrieb ja auch während des Urlaubs, das war meine Art, Ferien zu machen.

Dieser Titel Wann, wenn nicht jetzt? *entstammt, soviel ich weiß – und wir sagen es hiermit unseren Hörern –, den Versen eines Rabbiners …*

Er kommt von sehr weit her, ja … Er gehört zu den Sprüchen, die in einem Abschnitt des Talmud[1] gesammelt sind, dem Pirqe Abot, den Weisheiten der Väter, und er wurde im zweiten Jahrhundert nach Christus vom Rabbi Hillel geäußert. Er ist Teil eines vielleicht ein wenig rätselhaften Spruchs, der so lau-

tet: »Wenn ich nicht für mich bin, wer wird dann für mich
sein? Und wenn ich auch an mich denke, was bin ich? Und
wann, wenn nicht jetzt?« Nun, dieser Spruch kann, wie übrigens so viele andere Spruchweisheiten jener Zeit, auf vielerlei Weise gelesen und gedeutet werden, jedoch hatte sich in
den Anfängen des Zionismus, noch im vorigen Jahrhundert,
nach dem Dreyfus-Prozeß, die zionistische Propaganda dieses
Spruchs bemächtigt: »Wann, wenn nicht jetzt?« war auf sim-
plifizierende Weise gedeutet worden, also, wenn wir unsere
Unabhängigkeit nicht jetzt erlangen, wann erlangen wir sie
je? So war der Spruch in den Text einiger zionistischer Lieder
eingegangen. Er erschien mir geeignet als Titel dieses Buches, in dem von einem besonderen Aspekt des Zionismus
in Osteuropa die Rede ist, nämlich Zionismus verstanden als
nationale Befreiung und wiedergewonnene Identität.

Darum habe ich ein Lied erdacht und es einem jüdischen
Sänger zugeschrieben, der nie existiert hat; der Kehrreim
lautet: »Wenn nicht so, wie dann? Und wenn nicht jetzt,
wann?«

*Und was bedeutet für Primo Levi heute, im Herbst 1982, dieses »Wann,
wenn nicht jetzt?«. Was ist gemeint?*

Für mich persönlich hat es keine präzise Bedeutung, weil ich
meine Identität nie verloren habe, ich fühle mich wesentlich
mehr als Italiener denn als Jude, bin nie Zionist gewesen,
auch wenn dieses Buch von einem zionistischen Abenteuer
handelt, und somit empfinde ich es in dieser Form nicht als
an mich gerichtete oder als von mir ausgesprochene Mahnung.

*Nein, nein, ich meinte eigentlich, zum Beispiel im Leben ... Da es ein
sehr schöner Titel ist, stellt er doch die Frage: Wann, wenn nicht jetzt?
Also zum Beispiel: Glücklich sein, wann, wenn nicht jetzt?*

Natürlich. Ich glaube, daß der Titel ebendeswegen funktionell ist, er ist polysemantisch, wie man sagt, er hat viele Bedeutungen, jedermann kann ihn auf seine persönliche Weise erleben, etwa in dem Sinne: Vergeude deine Zeit nicht, nutze sie, so gut du kannst, *Carpe diem. Quant'è bella giovinezza, che si fugge tuttavia** ... Es steckt alles darin.

Ja, es ist ein sehr schöner Titel. Hören Sie, Primo Levi, nun möchte ich mit Ihrem Musikprogramm beginnen. Ist Musik für Ihr Leben wichtig gewesen?

Streckenweise, manchmal ja, manchmal nein; jetzt, seit langem schon, nicht mehr, weil ich aus vielen Gründen keine Zeit mehr für sie habe. Seltsamerweise hatte ich Zeit, als ich mehr zu tun hatte; um viel zu tun, darf man nur wenig Zeit haben. Ich könnte sagen, daß Dvořáks Sinfonie *Aus der Neuen Welt* für mich von Bedeutung gewesen ist, aber wenn Sie mich fragen, weshalb, wie Sie es gerade tun wollen, dann muß ich antworten, ich weiß es nicht, sie ist in mir hängengeblieben, irgendwo, ich kann nicht sagen, ob im Herzen oder im Verstand oder in irgendeinem anderen Organ, aber wenn ich sie höre, dann klingt sie, dann hallt sie in mir wider wie in einem Resonanzboden, vielleicht irrtümlicherweise, vielleicht nur aus dem Grunde, daß es die Sinfonie *Aus der Neuen Welt* ist, in der ich selbst nie gewesen bin.

(Der Sender bringt einen Ausschnitt der Sinfonie.)

Primo Levi, wenn wir uns jetzt ein wenig von Ihrem letzten Buch entfernen und das Porträt ausweiten auf Primo Levi überhaupt ... Zehn Monate in einem KZ, zehn Monate, und Sie waren dreiundzwanzig Jahre alt: Prägen sie einen Menschen für das ganze Leben?

* Anfang eines Gedichts von Lorenzo de' Medici: »Wie schön ist doch die Jugendzeit / die so schnell entflieht ...« (Anm. d. Übers.)

Ich muß sagen, daß es für mich so war, aber es gibt keine Regeln dafür. Ich kenne KZ-Kameraden, Männer und Frauen, die alles ausgelöscht haben, die alles darangesetzt haben, um es auszulöschen. Einigen ist es gelungen, sie haben, wie soll ich sagen, diese Erinnerung, die sie störte, unterdrückt; wieder andere haben sie nur tagsüber unterdrückt und träumen des Nachts davon; und wieder andere leben in ihr, und diesen Weg habe ich gewählt. Ich könnte nicht sagen, aus welchem Grunde, aber ich habe den Eindruck, daß mich jenes Abenteuer – wenn Ihnen das Wort nicht zynisch erscheint – bereichert hat, es hat mir ein gewaltiges Erfahrungsmaterial geliefert, von dem ich ein gut Teil in meine Bücher übertragen habe, aber ich habe den Eindruck, es ist nicht alles, es lohnt sich noch immer, darüber nachzudenken, zu untersuchen, welche Elemente jener Erfahrung sich in der uns umgebenden Welt wiederfinden, welche sich meiner Meinung nach nicht mehr wiederholen können und welche sich bereits jetzt wiederholen, und das ist ein Thema, das ich mir selbst gestellt habe ... Ich wollte ein Buch mit Essays[2] schreiben, ja, einige sind bereits fertig, und einer davon wird in der Ende des Jahres herauskommenden Anthologie des Premio Campiello erscheinen.

Mit dreiundzwanzig Jahren zehn Monate in einem Lager zu verbringen, hindert einen das am Glücklichsein für den Rest des Lebens?

Nein, das habe ich nicht behauptet. Ich müßte sogar sagen, daß ich danach glückliche Jahre erlebt habe, weil ich viel Glück hatte. Das Abenteuer des Lagers hat mich weder körperlich noch geistig zerstört, wie es manchen anderen widerfahren ist, es hat meine Familie nicht zerstört, hat mir nicht die Heimat und nicht das Zuhause genommen, auch nicht die Arbeit, es hat mir sogar eine zweite Arbeit geschenkt, denn ich hätte wahrscheinlich nie geschrieben, wenn ich diese Dinge nicht hätte schreiben müssen. Das heißt, ich bekam zu der täglichen Arbeit, die ich bereits vorher ausübte, der Arbeit als Chemiker, eine Art begleitende Tätigkeit hinzu, die des Schreibens, und ich hoffe, daß sie mir weiterhin erhalten bleibt.

Primo Levi, sind Sie auch von der Religion her Jude?

Ich bin amtlicherseits Jude, das heißt, ich bin Mitglied der jüdischen Gemeinde von Turin, aber ich bin kein praktizierender und noch nicht einmal gläubiger Jude. Ich bin mir jedoch bewußt, innerhalb einer Tradition und einer Kultur zu stehen. Ich pflege zu sagen, daß ich mich zu drei Vierteln oder vier Fünfteln, je nach dem Zeitpunkt, als Italiener fühle, doch der übrigbleibende Teil ist für mich ganz wichtig. Und ich weiß sehr wohl, daß zahlreiche andere Kulturen existieren, die es wert wären, daß man sie studiert und sich gründlich mit ihnen beschäftigt. Dazu zählt auch die jüdische Kultur, die in Italien nicht sehr in Blüte steht, vor allem aus zahlenmäßigen Gründen, die aber andernorts sehr aufgeblüht ist und die gerade in Osteuropa zu Beginn des Zweiten Weltkriegs in voller Blüte stand. Und eine der Quellen meines Buches *Wann, wenn nicht jetzt?* liegt gerade in meinem Wunsch zu lernen, dem italienischen Leser einige weniger bekannte Aspekte dieser Kultur nahezubringen, zum Beispiel die Selbstironie; zum Beispiel dieses außerordentliche Verlangen nach Freude – über alles Elend, über Verfolgung und Massenmord hinweg.

Nun, diese Frage hatte ich angedeutet, um sie jetzt zu stellen – und danach will ich das Thema Lager, das Ihr Leben geprägt hat, abschließen: Das Verzeihen, was bedeutet es für Sie?

Man hat mich das schon oft gefragt, und ich muß zugeben, daß ich keine genaue Vorstellung davon habe, was das Wort Verzeihen bedeutet, nicht daß ich kein Verzeiher wäre, man hat es mir sogar vorgehalten. »*Ein Verzeiher*«*, haben deutsche Freunde zu mir gesagt: »Du bist ein Verzeiher.« Ich fühle mich nicht als solcher; angesichts der Schuld, und insbesondere dieser an den Juden Europas verübten Schuld, empfinde ich ein übermächtiges Bedürfnis nach Gerechtigkeit, nicht nach Rache, mir würde also nie in den Sinn kommen, einen Deutschen umzubringen, und sei es auch ein schuldbeladener Deutscher. Doch mir scheint, daß unsere abendländische und christliche und jüdische Tradition gerade darin besteht, die persönliche und individuelle Rache abzulehnen und das, was man Justiz nennt, anzunehmen und mitzutragen, also das Recht nach dem Gesetzbuch: ein Gesetz, das vor dem Vergehen erlassen und nicht nachträglich konstruiert wird; und mein Verzeihen besteht also darin: in dem Wunsch, daß die Schuldigen büßen mögen. Ich war befriedigt, als Eichmann[3] gefaßt wurde, und ich war auch befriedigt über den Nürnberger Prozeß. Ich muß gestehen, daß mich in diesen wenigen Fällen auch die Todesstrafe nicht verletzt hat, obwohl ich im allgemeinen gegen die Todesstrafe bin; doch ein Verzeihen einfach so – ein Verzeihen gegenüber dem reulosen Schuldigen akzeptiere ich nicht, das erscheint mir nicht gerecht. Ja, wenn der Schuldige kein Schuldiger mehr ist, wenn er aufhört, ein Schuldiger zu sein, wenn er durch bestimmte Anzeichen zu erkennen gibt, daß er kein Schuldiger mehr ist, daß er seine Vergangenheit mißbilligt, dann bin ich bereit zu verzeihen, aber das ist dann eigentlich kein Verzeihen mehr, sondern ein Anerkennen.

Ich möchte dieses Thema, das wahrhaft unermeßlich ist, mit einer Überlegung abschließen, ich weiß nicht, ob Sie, Primo Levi, sie teilen: daß wir uns alle, aber wirklich alle, dieser Dinge erinnern sollten, um derartige Fehler nicht zu wiederholen.

* Im Original deutsch.

Ja, dem kann man nur zustimmen.

Doch man wundert sich ein wenig, wenn man sieht, daß hier und da, mit den Jahren, die vergehen …

Es sind nicht die Völker, die Kriege führen. Es ist nicht wahr, daß die Kriege Frucht unserer Aggressivität, unser aller Aggressivität wären. Wer im Krieg gewesen ist, weiß sehr genau, daß der Soldat keineswegs aggressiv ist, fast nie. Aggressiv sind seine Befehlshaber; die Aggression existiert oben, nicht unten. Ich glaube, es ist überflüssig, irgendeine kämpfende Armee zu ermahnen, nicht aggressiv zu sein, die Soldaten sind es keineswegs, aber sie werden dazu gedrängt. Der Mensch ist allzu willig, nicht allzu aggressiv, er nimmt Befehle hin und führt sie aus, wie es die Nazis im Übermaß getan haben, wie es in etwas geringerem Maße, aber auch hinreichend, die Amerikaner in Vietnam getan haben und wie es derzeit die Israelis im Libanon tun; das Hauptübel ist eine Frage des übermäßigen Gehorsams gegenüber der Autorität, nicht der Ausübung von Autorität, so, denke ich, könnte man es ausdrücken.

Versuchen wir, von diesem Thema wegzukommen, mit einem Stück aus Ihrem Musikprogramm.

Die *Sinfonie 1812* von Tschaikowski.

Und warum gerade diese Sinfonie?

Aus einem sehr präzisen Grund: Als ich in Auschwitz befreit wurde, bin ich mit einigen Haftkameraden umhergewandert, bis ich nach Krakau kam, auf den Bahnhof Krakau, im Februar 1945, und jener Zipfel Polens war gerade befreit worden, und die Russen übertrugen aus allen Lautsprechern diese Sinfonie von Tschaikowski, in der der russische Sieg über Napoleon gefeiert wird, und immer wieder diese Passage, in der die *Marseillaise* anklingt. Und das ist in mir hängengeblieben ... Ich war zwar ganz zerlumpt, aber in der Luft schwang dieser Triumphmarsch, und er hat sich mir eingeprägt.[4]

(Der Sender bringt einen Ausschnitt aus der Sinfonie.)

Nun wüßte ich gern von Ihnen, Primo Levi, was die Chemie Sie gelehrt hat, innerlich.

Die Chemie hat mich gelehrt ... Nach außen hin hat sie mir die Mittel zum Lebensunterhalt geliefert; innerlich, glaube ich, hat sie mich auch gelehrt, auf eine bestimmte Weise zu schreiben. Ich habe oft gedacht, daß meine literarischen Vorbilder weder Petrarca noch Goethe sind, sondern das Arbeitsprotokoll zum Wochenabschluß, das man im Betrieb oder im Labor anfertigt – es muß klar und knapp formuliert sein, und es darf sich kaum dem sogenannten »schönen Ausdruck« hingeben. Ich weiß nicht genau, ob dieses Programm und Vorhaben sich in dem, was ich schreibe, niederschlägt, aber meine Absicht ist es. Ich empfinde den Beruf des Schreibens als eine öffentliche Dienstleistung, die funktionieren muß: Der Leser muß verstehen, was ich schreibe, ich sage nicht, alle Leser, denn es gibt auch den fast analphabetischen Leser, aber der größte Teil der Leser, auch wenn sie nicht sehr gebildet sind, muß meine Mitteilung empfangen, ich sage nicht Botschaft, was ein zu hochgestochenes Wort ist, sondern meine Mitteilung. Das geschriebene Buch muß ein funktionierendes Telefon sein; und ich denke, die Chemie hat mich diese beiden Gaben, Klarheit und Knappheit, gelehrt.

Sie haben ein Buch, Storie naturali, unter dem Pseudonym Damiano Malabaila herausgebracht. Weshalb?

Weil es ein Buch ist, das ich nach der *Atempause* geschrieben habe, ja, genaugenommen ist es ein Band mit Erzählungen, von denen viele zwischen *Ist das ein Mensch?* und der *Atempause* entstanden sind; sie erschienen in verschiedenen Zeitungen oder blieben unveröffentlicht. Mir gefiel die Idee, diese Geschichten zu sammeln und zu einem Band zusammenzustellen, damit sie nicht verstreut blieben, doch mir war klar, daß ich bestimmte Empfindlichkeiten verletzen würde, besonders die meiner KZ-Gefährten, die vor allem *Ist das ein Mensch?*, aber auch *Die Atempause* als ihr Buch ansahen und noch immer ansehen; darum konnte das Schreiben von Geschichten, die ihrem Wesen nach wissenschaftlich-phantastischer Natur sind, als ein Verrat, als ein Ausrücken oder zumindest ein Abrücken erscheinen; und so ist als Kompromiß zwischen mir und dem Verlag die Idee entstanden, sie zwar zu veröffentlichen, aber unter Pseudonym. Das Resultat war, daß niemand dieses Buch gelesen hat, erst später, als es nach fünfzehn Jahren unter meinem Namen herauskam, haben es ein paar Leute gelesen.

Dem armen Damiano Malabaila war kein Glück beschieden.

Nein, überhaupt keines.

Aber wie sind Sie auf dieses Pseudonym gekommen? Wer ist Malabaila?

Das ist eine klassische Anekdote (lacht). Also, das kam so: Damals arbeitete ich in einer Fabrik in Settimo Torinese und fuhr zweimal täglich über den Corso Giulio Cesare, wo es einen Autoelektriker namens Malabaila gab. Und dieser Name gefiel mir außerordentlich, so sehr, daß ich ihn gestohlen habe. Und als der Verleger mir vorschlug: Also gut, dann such dir ein Pseudonym aus, habe ich mir Malabaila als Nachnamen gewählt und Damiano, weil es ein piemontesischer Vorname ist.

Und der Autoelektriker hat das nie erfahren?

Ich weiß nicht, ich habe ihn nie gefragt ... Ich fuhr dann nicht mehr über den Corso Giulio Cesare. Später hörte ich, daß die Malabailas ein Adelsgeschlecht aus dem Monferrato sind, ich hoffe, sie waren nicht gekränkt. Aber hier haben die Freunde Psychoanalytiker eingehakt und mir erklärt: »Ach was, du hast nur geglaubt, eine zufällige Wahl getroffen zu haben, weil du dein Unterbewußtsein nicht kennst ... Niemand kennt sein Unterbewußtsein ... Als du Malabaila gewählt hast, hast du eine jener Handlungen begangen, die Freud *Fehlleistungen** nennt; er hat sie in seiner *Psychopathologie des Alltagslebens* erwähnt. Malabaila hast du darum gewählt, weil das auf piemontesisch ›schlechte Amme‹ bedeutet, und in deinen Erzählungen geht es häufig um Nahrung, die zu Gift wird, kurz, du hast irgendwelche Kindheitserinnerungen an falsche Ernährung« (lacht), »deine Mutter hat dich nicht gut gestillt« (lacht). Und meine Mutter ärgert sich in der Tat sehr darüber ... Meine Mutter, sie lebt noch, ist siebenundachtzig Jahre ... Sie ärgert sich über dieses Pseudonym Malabaila, als hätte ich ihr damit wirklich vorgeworfen, sie sei eine schlechte Amme gewesen (lacht).

Das kommt mir ein bißchen kompliziert vor, vielleicht stimmt es ja nicht, vielleicht gefiel Ihnen wirklich bloß der Name des Elektrikers ...

Mich überzeugt dergleichen nicht sonderlich.

Eben ... Primo Levi, bringen wir jetzt wieder ein Stück aus Ihrem Musikprogramm.

Die *Bilder einer Ausstellung* von Mussorgski.

* Im Original deutsch.

41

Warum mögen Sie die, warum diese Musik?

Die gefallen mir an sich. Auch hier ist das musikalische Warum stets ein Rätsel.

(Der Sender überträgt den Ausschnitt.)

Primo Levi, würden Sie gern einen Liebesroman schreiben?

Das würde ich sehr, sehr gern tun, aber ich fürchte, ich bin dazu nicht imstande, weil das Dinge sind, die ich auf sehr private und sehr intime Weise erlebe, und ich glaube, auch wenn ich einen Roman über die Liebe anderer Menschen schriebe, würde zuviel von mir herauskommen.

Sind Sie ein Mensch mit starkem Schamgefühl?

Ja, ja, ich glaube, das bin ich.

Und hüten Sie auch Ihr eigentliches Ich?

Ja, ich hüte mein Ich.

Was vermag Sie tief anzurühren?

Ich bin ein dickfelliger Mensch, ich bin fast nie gerührt. Ich bin gerührt … nun, sagen wir von dem, was jedermann rührt: leidende Kinder, leidende alte Menschen, schutzlose Menschen, aber ich bin … vielleicht bin ich eben wegen meiner Erfahrungen dickfellig geworden, ich lasse mich nicht leicht rühren.

Und wovor haben Sie Angst?

Vor körperlichem Schmerz, eigenem und dem anderer.

*Gibt es – nun, die Frage kommt ein bißchen unvermittelt, trotzdem …
– gibt es einen Fehler, einen eigenen Fehler, der Ihnen im Gedächtnis
geblieben ist und den Sie bereuen?*

Nein zu sagen käme mir sehr angeberhaft vor, aber mir fallen jetzt wirklich keine großen Fehler ein. Wer weiß, vielleicht habe ich sie nicht bemerkt … Im Betrieb, ja, da habe ich viele Fehler gemacht, das stimmt, als ich Betriebsleiter war, habe ich unternehmerische Fehler gemacht, habe falsche Schritte unternommen, habe Dinge zugelassen, die nicht hätten getan werden dürfen, Leute eingestellt, die ich nicht hätte einstellen sollen, andere entlassen, die ich nicht entlassen durfte; ich bin schuld an zwei Bränden, die aber keinen ernsthaften Schaden angerichtet haben, das sind Fehler. Ich würde sagen, meine Fehler lassen sich orten … aber das ist ja eigentlich selbstverständlich … im Bereich meines aktiven Lebens. Mein gegenwärtiges Leben ist nicht sehr aktiv, und als Schriftsteller Fehler zu machen ist somit schwierig.

Wie ist derzeit Ihr Tagesablauf?

Zu meinem Glück sehr vielfältig. Früher war er sehr regelmäßig, er bestand in … ich war ein Pendler, der zweimal täglich im Auto in einen Vorort und wieder zurück fuhr. Jetzt ist mein Tagesablauf äußerst vielgestaltig. Ich kann sehr früh oder sehr spät aufstehen, wie es mir gefällt, ich kann arbeiten oder nicht arbeiten; zumeist arbeite ich nachmittags; ich kann meine Themen wählen, nicht wie in der Schule, wo man ein Thema gestellt bekommt und dann dieses eine zu behandeln hat, ich kann das Thema wählen, das ich will. Abends sind wir meistens zu Hause, dann sind da meine Kinder, meine Mutter, meine Frau.

Und Ihre Wurzeln? Sie haben ja ein Buch geschrieben, das gerade von Ihren Wurzeln handelt, La ricerca delle radici, *im Jahr 1981. Liegen Ihre Wurzeln also in Ihrer Familie?*

Nein, der Titel dieses Buches ist anders gemeint; es ist eine Sammlung von Lesestücken.

Aber ich habe ihn ein bißchen paraphrasiert, um Sie zu fragen …

Das habe ich verstanden … Meine Wurzeln? Sicher, sie liegen in der Familie, sie liegen in Turin, in den Bergen um Turin, sie liegen natürlich auch in meiner Lektüre, sie liegen in meinem früheren Beruf, der nicht von mir gewichen ist, ich habe einen Großteil meiner Reflexe als Chemiker bewahrt.

Und haben Sie beispielsweise auch ein Mikroskop?

Nein, ein Mikroskop habe ich eigentlich nie besessen.

Merkwürdig. Ich habe Sie mir am Mikroskop vorgestellt.

Im Betrieb hatte ich eines, aber es gehörte mir nicht, und ich konnte es mir nicht aneignen; ich hätte gern eines, vielleicht kaufe ich es mir eines Tages.

Ich habe Sie nach Fehlern gefragt und will Sie nicht nach Ihren Schwächen fragen, sondern lieber nach einer guten Eigenschaft, die Sie wissentlich besitzen und die Sie gern besitzen.

Eine gute Eigenschaft, die ich wissentlich besitze … Sagen wir, Gleichmut, eine unparteiische Haltung, sich nicht hinreißen lassen von Gefühlen, das ist es vielleicht, doch das kann auch eine Schwäche sein.

Sich niemals von Gefühlen hinreißen lassen? Sind Gefühle immer negativ?

Nein, sie sind nicht immer negativ, bisweilen sind sie positiv; aber ich bin eben fast außerstande, mich von Gefühlen hinreißen zu lassen, deshalb gelte ich, und wohl ziemlich zu Recht, als ein nicht sehr emotionaler Mensch, nicht sehr herzlich, sehr reserviert, zumindest ziemlich reserviert.

Haben Sie viele Freunde?

Ich hatte viele Freunde, und dann sind es weniger geworden, aus vielen Gründen, auch aus biologischen, ihre Zahl hat sich sehr verringert.

Wie wachen Sie morgens auf?

Ja, ja, ich erwache mit Leichtigkeit, ich komme ziemlich rasch zu klarem, hellem Bewußtsein, ich könnte auch morgens schreiben, aber in der Regel sind morgens andere Dinge zu tun.

Nun, jetzt will ich den Hörerinnen und Hörern, die Primo Levi nicht von Fotos und aus dem Fernsehen kennen, sagen, daß er einen weißen Bart hat, einen Kinnbart, könnte man sagen, und einen Schnurrbart. Warum?

(Lacht) Aus Gründen der Konkurrenz mit meinem Sohn.

Als mein Sohn sechzehn war, ließ er sich einen Bart wachsen, er wollte sich einen Bart wachsen lassen, aber er wuchs ihm nicht, und da habe ich zu ihm gesagt: Also, ich führ dir mal vor, wie man das macht. Und so ist mir ein Bart gewachsen, und ihm später ein weitaus stärkerer. Jetzt hat er einen herrlichen schwarzen Rauschebart, ganz schwarz, und meiner ist weiß, seiner schwarz.

Nun, Primo Levi, beschließen wir Ihr musikalisches Programm …

Mit … Gershwin, *Ein Amerikaner in Paris.*

Ich muß jedesmal fragen: Diese Musik mögen Sie, weshalb?

Und diesmal weiß ich wirklich gar keine Antwort: Ich mag sie, weil ich sie eben mag; ich kenne sie auch nicht sehr genau, aber wenn ich sie höre, stimmt sie mich heiter, vielleicht weil es eine fröhliche Musik ist, weil sie … freundlich ist, nicht gebieterisch, nicht romantisch, sie schwebt in der Luft wie ein Fesselballon.

(Der Sender überträgt das Stück.)

Primo Levi, ich danke Ihnen sehr herzlich und möchte Sie zum Abschluß fragen: Hegen Sie einen großen Wunsch, eine Hoffnung?

Nun, die Hoffnung, daß der Frieden anhält, daß alle Kriege enden, daß die Welt, wenn nicht glücklich, so doch wenigstens in Frieden leben möge.

Ich danke Ihnen, gratuliere nochmals und wünsche Ihnen erfolgreiche Arbeit.

Ich danke Ihnen, Signora.

Il suono e la mente, Sendung von Dina Luce; RAI, Zweites Hörfunkprogramm, 4. Oktober 1982

1 Bildet das sogenannte »mündliche« jüdische Recht, besteht aus einem unermeßlichen Korpus exegetischer Schriften, in dem die rabbinischen Überlieferungen der Mischna und der Gemara gesammelt sind.

2 Gemeint ist der Band *Die Untergegangenen und die Geretteten.*

3 Adolf Eichmann (1906-1962), Obersturmbannführer der SS, war einer der Hauptverantwortlichen für die Vernichtung der Juden Europas im Zweiten Weltkrieg; nach Argentinien geflohen, wurde er dort von israelischen Agenten festgenommen; in Israel wurde ihm der Prozeß gemacht, er wurde zum Tode verurteilt und hingerichtet.

4 Diese Episode wird in der *Atempause* erzählt.

Ich, alt?

Sechzig Jahre, das Rentenalter. Und mit der Rente die Leere der Zeit.
Nutzlosigkeit als Synonym des Alters. Stimmt das wirklich?

Ich, alt? Absolut gesehen, ja: Das Geburtsdatum, die Weit-
sichtigkeit, die grauen Haare, die erwachsenen Kinder – sie
besagen es. In der vergangenen Woche wurde mir zum erstenmal ein Platz in der Straßenbahn angeboten, das hat mich
eigenartig berührt.

Subjektiv fühle ich mich in der Regel nicht alt. Ich habe die
Neugier auf die Welt ringsum nicht eingebüßt, auch nicht das
Interesse an meinem Nächsten, auch nicht die Lust, mit an-
deren zu wetteifern, zu spielen und Probleme zu lösen.

Noch gefällt mir die Natur, ich habe Freude daran, sie mit
den fünf Sinnen wahrzunehmen, zu studieren, sie in gesprochenen oder geschriebenen Worten zu schildern.

Organe, Glieder, Gedächtnis und Phantasie verrichten
noch gute Dienste. Trotzdem bin ich mir in scharfer Deut-
lichkeit bewußt, welch ernsten Beiklang jenes Wort hat, das
ich soeben zweimal hingeschrieben habe: »noch«.

»Stampa Sera«, 15. November 1982

Virgilio Lo Presti
»Heimkehren, essen, erzählen«

Das Lager ist die Verkörperung des Bösen, seine Regeln sind das genaue Gegenteil dessen, was für uns Zivilisation, gesittetes Zusammenleben heißt; doch scheinen in der Geometrie und Dynamik des Lagers einige Aspekte der Arbeitsgesellschaft in verschärfter Form übernommen zu sein; kurz, ist das Lager das Gegenteil von Gesellschaft – oder ist es ihre extreme Zuspitzung?

Es ist wohl eher die extreme Zuspitzung als das Gegenteil, schon deswegen, weil fast alle Konzentrationslager – zumindest in der letzten Periode – Arbeitslager waren (und somit Ausbeutung existierte, und da es Ausbeutung war, konnte der Tod des Ausgebeuteten nicht so zweckmäßig sein ...), und so war es eine Frage des Kompromisses zwischen Vernichtung und Ausbeutung, bei dem allmählich die Ausbeutung die Oberhand gewann, bis zum Ende ... Gewiß bildeten sich unter diesen Bedingungen neben der von oben befohlenen Verschärfung der Ausbeutung auch spontan von unten viele Eigenheiten heraus, viele Züge der Gesellschaft, in der wir leben, ich würde sagen: zerrbildhaft. Zum Beispiel die Teilung in Klassen: Es gab eine Schichtung nach Klassen – in Proletariat, Subproletariat, eine, sagen wir, Bourgeoisie, und dann noch die Oberschicht ... Und das vollzog sich außerhalb und unabhängig von einer bestimmten Absicht der Nazis ...

Die soeben ins Lager eingelieferten Männer und Frauen gehörten rechtmäßig dem »Subproletariat« an, sie waren abseits gestellt, verrichteten nutzlose Arbeiten. Sobald sie eine feste Arbeit gefunden hatten, gingen sie ein ins »Proletariat« – diese Begriffe stehen natürlich stets in Anführungszeichen. In dem Lager, wo ich war – ich habe das ausführlich in *Ist das ein Mensch?* geschildert –, gab es das Phänomen eines aufkommenden Handels – es war ein charakteristisches Element, als ob es zu jeder beliebigen menschlichen Gesellschaft gehörte, und es war zugleich eine Karikatur davon, so gab es zum Beispiel eine »Bourgeoisie« des Brotes, des Schuhwerks, der Kämme und so weiter ... Doch es entstand sofort ein Netzwerk von Handelsbeziehungen.

Man kann daraus meiner Ansicht nach folgern, daß das Lager die ins Extrem getriebene Gesellschaft war, ich sage nicht Industriegesellschaft, sondern Gesellschaft tout court ... Es bildeten sich sofort Privilegien heraus, natürlich wurden sie nicht durch Gesetze korrigiert ... Die Privilegien waren Kraft, Schlauheit, Protektion und so weiter, und es gab keinerlei Korrektiv für das Privileg, im Gegenteil: Wer über ein Minimum an Privilegien verfügte, stieg unbegrenzt weiter auf, im Lager fehlten die Gesetze, die diese Begrenzungen des Privilegs bilden sollten.

Im Lager standen einige Häftlinge den Kerkermeistern bei der Erfüllung ihrer Aufgaben zur Seite. Wer waren diese Leute? Kriminelle, Ausgegrenzte (im normalen Leben), oder ist eine soziale Kennzeichnung nicht möglich und man muß von einigen Menschen sprechen, die zu mehr Gewalttätigkeit fähig sind als andere?

Aus meiner Sicht könnte ich das nicht unterscheiden: Es herrschten die Gewalttätigen überhaupt vor, ob sie nun gewalttätig durch Erziehung waren oder von Natur aus.

Das Buch Ist das ein Mensch? beginnt mit einem Gedicht mit der Mahnung: Gedenkt dessen. Die Heftigkeit Ihres Erlebens und die Arbeit all dieser Jahre werden Ihnen Zugang zu Daten ermöglicht haben: Wie also gedenken die Menschen dieser Dinge? Was ist im Verstand der Menschen vom ursprünglichen Geschehen übriggeblieben? Haben sie Sie enttäuscht oder in Erstaunen versetzt?

Welche Menschen? Die Überlebenden oder die andern?

Die andern.

Die andern gedenken dessen in der Regel überhaupt nicht. Und das ist logisch, denn es sind viele Jahre vergangen; woran sie sich erinnern, das ist eine falsche Erinnerung, sie entstammt den unterschiedlichsten Quellen, und sie entstammt jenen verschiedenen Erinnerungswellen, die mehr oder weniger mit Vorsicht zu genießen sind. Es hat sich ein klischeehaftes Bild vom Leben im Lager verbreitet, ich bemerke das, weil ich noch immer eingeladen werde, in Schulen zu sprechen, und man redet mit mir ... So wird in erster Linie das grausige Einzelgeschehen gesehen, also Folter und Ähnliches, die gab es auch, aber es waren absolut marginale Ereignisse; was erinnert werden müßte und nicht erinnert wird, ist das massenhafte Geschehen, Massen von Menschen, Hunderttausende, haben auf diese Weise gelebt, womöglich ohne je gefoltert worden zu sein – ich bin nie gefoltert worden, und ebensowenig meine Haftgefährten –, und sie sind zu 95 Prozent ums Leben gekommen. Ohne Folter, gestorben vor Erschöpfung, Hunger, an der Ruhr, an der Kälte, an Unterkühlung, Überarbeitung ... Die geläufige Erinnerung, die derzeit von *Holocaust*[1] geschürt wird (ich habe den Film noch nicht gesehen, habe aber einen schlechten Eindruck), ist verfälscht.

Ob die Menschen mich enttäuscht oder in Erstaunen versetzt haben? Nein, in Erstaunen nicht. Angesichts der Umstände konnte nichts anderes als dies herauskommen. Aber auch nicht enttäuscht ... Ja, enttäuschend ist, daß aus einer Erfahrung, die meines Erachtens fundamental ist, die – das ist nicht meine Meinung, sondern eine Meinung von Bobbio[2] – das Ereignis des Jahrhunderts ist, nicht ausgeschlossen, daß man unser Jahrhundert dereinst das Jahrhundert der Atombomben und der Lager nennen wird, daß aus dieser Erfahrung ein so verzerrtes Bild abgeleitet wird, das ist ärgerlich ...

Ich erinnere mich an das fieberhafte Bestreben meines Vaters, zu erzählen, was er in den Lagern erlebt hatte, und an das Unbehagen meiner Mutter, wenn er diese Geschichten wiederholte … Welche Beziehungen entstehen zwischen dem KZ-Heimkehrer und den Daheimgebliebenen? Und was ist dieses Erzählfieber?

Ich habe zwei verschiedene, ja entgegengesetzte Phänomene bemerkt: Einige Menschen sind vom Fieber des Erzählens ergriffen, andere haben sich stets geweigert zu erzählen. Ich glaube, den Extremfall des Erzählens stelle ich selbst dar, ich habe nie aufgehört zu erzählen. Doch ich habe einen Freund, der hat alles abgeblockt, alles verdrängt, er lebt nicht schlecht, aber er spricht nicht von diesen Dingen, er hat mit keinem Menschen je darüber gesprochen, ja, er hat sogar eine kleine Entschädigung abgelehnt, die ihm zuerkannt wurde, er wollte nicht in die Kategorie der ehemaligen Deportierten eingereiht werden.

Ich weiß nicht, jeder durchlebt Erfahrungen auf seine Weise, sicher haben sich in vielen Familien tatsächlich »die anderen«, die nicht Überlebende der Lager, nicht Heimkehrer waren, diesem Erzählen widersetzt. Zu erfahren, weshalb, das wäre der Mühe wert. In vielen Fällen deshalb, weil der Heimkehrer lästig und langweilig ist … Er läßt seine Leiden wiederaufleben, will seine Leiden anderen aufdrängen, will einen anderen überflügeln, indem er ihm seine Leiden aufdrängt, und das kann verstören. Ein Beispiel dafür sind meine Kinder, auch Renzo, der niemals wollte, daß ich darüber sprach …

Du wirst dich erinnern, daß ich in *Ist das ein Mensch?* von einem Traum erzählt habe, den viele, eigentlich alle geträumt haben: daß sie heimkehren, erzählen und daß man ihnen nicht glaubt. Ich denke, das war in gewissem Maße ein prophetischer Traum, als Erklärung kann die psychoanalytische Erklärung von Träumen dienen: Der Traum ist eine Befreiung, aber wenn sie nicht bis zur Vollendung geführt wird, findet die Befreiung nicht statt. (Der andere Traum, den man im Lager träumte, war der vom Essen: Man träumte, daß man sich etwas Eßbares in den Mund steckte, und dann verschwand es.) Der Traum zensiert sich im Grunde genommen selbst, man bleibt zurück mit der ungestillten Eßlust und mit der ungestillten Erzähllust im Leibe ...

Übrigens ist das Erzählfieber ein historisches Phänomen: Mir fällt immer ein, wie Odysseus, als er zum König der Phäaken kommt, die erste Nacht mit dem Erzählen seiner Abenteuer zubringt ... Durch das Erzählen erwirbt man einen nachträglichen Ruhm, und auch wir sind so, auch wir versuchen, einen Ruhm zu erwerben, uns, wie soll ich sagen, mit dieser Erfahrung zu schmücken.

In diesen Jahren haben wir uns oft vor den Schulen zusammengefunden mit der gemeinsamen Absicht zu antifaschistischen Aktionen: Was haben Sie nicht akzeptiert an unserer Gewalt, unseren Postenketten, unseren Ordnungsdiensten?[3]

Nun, ich würde sagen, ich habe damals fast alles akzeptiert ... Die Gewalt, wie soll ich sagen, als die Lokale des MSI in Brand gesteckt wurden, da war ich zufrieden ... Das ja, vielleicht ist es nicht sehr demokratisch, das zu sagen, doch schon das bloße Vorhandensein des MSI erschien mir als gesetzwidrig ...

Die Postenketten gegen die faschistischen Überfälle auf Schulen waren für mich total gerechtfertigt und sind es noch immer; die Streikposten gegen Schüler, die nicht mitstreiken wollten, habe ich nie für richtig gehalten, wie mir auch der Schülerstreik nie als richtig erschien, er ist eine Selbstverletzung, er hat eine Klasse von Unausgebildeten und Nichtangepaßten hervorgebracht und tut es nach wie vor, das denke ich noch heute. Ich glaube, jetzt habe ich alles beantwortet.

Versuchen wir, von Gewalt überhaupt zu reden ...

Gewalt liegt mir nicht, ich bin ein friedfertiger Mensch.

Selbstverständlich gibt es gerechtfertigte Gewaltanwendungen: Gewalt gegen die Gewalttätigkeit des Staates ist gerechtfertigt … An diesem Punkt gerät man jedoch in ein furchtbares Durcheinander, denn man muß erkennen, wann die Gewalttätigkeit des Staates anfängt … Das heißt, welche gesetzwidrige Handlung des Staates ist eine Gewalttat, und auf welche darf man mit Gewalt reagieren …

Mir scheint, daß es nicht zulässig ist, die gegenwärtige Gewalttätigkeit gegen den demokratischen italienischen Staat mit dem Widerstand gegen den Faschismus und Nazismus gleichzusetzen; denn es gibt trotz allem einen gewissen Unterschied, die faschistische und nazistische Gewalt war total, totalitär, und es war meines Erachtens gerechtfertigt, sich dagegen aufzulehnen und gewaltsam zu erheben. Die Gewalttätigkeit gegen die Demokratie gleich unserer gibt es – weil es eine seltsame Demokratie ist, eingerostet, mangelhaft, sklerotisch, aber dennoch besteht Meinungsfreiheit, sie hat sich verklemmt, so wie sie stets irgendwo verklemmt sein wird; aber es gibt sie, bitte schön – und angesichts dessen lehne ich blutige Gewalt ganz und gar ab, in dieser Gesellschaft darf man aus keinem Grund töten, wer immer das tut, hat dafür keine Rechtfertigung, wir sind nicht an diesem Punkt … Man kann die »reparable« Gewalt akzeptieren, die nicht zum Tode führt, man kann die Gewalt der Faust, die physische Gewalt der Postenblockade, der Verkehrsblockade akzeptieren …

Zulässige und unzulässige Gewalttaten also, wer legt die Regeln fest?

Nun, die gibt es nicht! Ich würde sagen … ich würde so sagen: Gewalt, die zum Tode führt, ist immer unzulässig. In Chile[4] würde ich sie für zulässig erklären, so wie in Italien vor vierzig Jahren, nicht aber heute … Selbstverständlich, es gibt viele strittige Fälle, das aber ist nicht strittig.

Die Regel für all das kann der Verstand sein.

Es genügen die Zehn Gebote, würde ich sagen, es genügt ein gewisses Gerechtigkeitsempfinden, das wir besitzen sollten. Nicht immer, es gibt strittige Fälle; angesichts gewisser entsetzlicher Ungerechtigkeiten, auch in der Demokratie, ist eine zornige Reaktion verständlich, und Zorn ist gewalttätig ... Ich mag nicht sagen: »Ein Auto anzünden, ja, eine Wohnung anzünden, nein« ... Ich behalte mir vor, das von Fall zu Fall zu betrachten.

Sie haben das Buch, in dem Sie die ersten Tage des Friedens schildern, Die Atempause *betitelt. Um darauf hinzuweisen, daß der Frieden nicht dauerhaft ist, sagen Sie in dem einleitenden Gedicht, daß früher oder später die brutale Ordnung des Lagers wiederkehren und uns konkret, eines Morgens, wecken wird. Was ist im Italien des Jahres 1979 für Sie diese Atempause vor der Rückkehr zur Barbarei?*

Ich möchte das einschränken: Dieses Gedicht habe ich in einer für mich sehr schwierigen Zeit geschrieben, unmittelbar nach meiner Heimkehr, als ich eigentlich noch unter Schock stand und nachts, aber bisweilen auch am Tage, davon träumte, ins Lager zurückzukehren. Es war ein sich wiederholender Traum, jetzt ist er zu Ende. Heute würde ich dieses Gedicht nicht mehr schreiben, ich glaube nicht ...

Jetzt also habe ich eine theoretische Furcht vor dem Rückfall in die Barbarei, das heißt, da auch jene andere Barbarei ziemlich unerwartet, ziemlich unvorhergesehen kam und doch eingetreten ist, muß man auch heute aufmerksam und wachsam sein, damit sie sich nicht wiederholt, aber ich empfinde in Europa nicht die Angst vor einem Rückfall in jene Barbarei. In Europa, denn wenn man ein wenig weiter blickt, muß man sagen, daß die Gefahr besteht, nicht in jenem Ausmaß, aber auf jene Art und Weise ... Aber daß die Gefahr besteht, läßt sich nicht leugnen. Die uns vorliegenden Beispiele reichen von Chile bis Vietnam und zur Sowjetunion.

Die Zivilisation des Lagers hat eine Entwicklung durchgemacht … Heute sind es die sonderbaren chinesischen Umerziehungslager, das von Solschenizyn im Ersten Kreis der Hölle *beschriebene Spezialistenlager oder die Brutalität an der Kolyma, die Grünen Brigaden in Kambodscha … Diese Länder verspüren anscheinend ein Bedürfnis nach einer solchen Einrichtung. Vielleicht darum, weil das Lager ein Ort ist, wo man die größte Brutalität der Macht ohne Gefahr vor Kontrollen ausüben kann?*

Ja, ich glaube, das ist richtig. Ich habe Schalamows Buch über die Lager an der Kolyma[5] gelesen, es ist erschreckend und zugleich überraschend; weil die Zerstörung des Menschen nicht so total ist, die Opfer haben trotzdem die Hoffnung rauszukommen, sie haben trotzdem einen Schein von Rechtsordnung, so daß sie kollektive Beschwerden einreichen können, sie werden bei Erkrankung behandelt …

Sie sind Chemiker – sind Sie einverstanden, daß wir ein bißchen von Chemie reden? Betrachten wir die Menschheit als ein chemisches System, nähert es sich dann einem optimalen Stadium, oder befindet es sich im Zerfall?

Die Frage ist schwer zu beantworten, sie trifft mich unvorbereitet. Ob eine Bewegung zum Fortschritt im Gange ist, darüber ist man sich heutzutage keineswegs einig. Der Fortschritt ist gewiß in manchen Bereichen vorhanden. Die Lebenserwartung des Menschen nimmt in fast allen Ländern zu, vor allem in den Ländern, in denen sie sehr niedrig war. Sie nimmt trotz allem zu, trotz Seuchen, trotz Hungers; das kann man immerhin Fortschritt nennen; das Gesamtleiden der Menschheit ist tatsächlich geringer, und sei es auch nur in dem Sinne, daß es nicht mehr so viele Infektionskrankheiten gibt. Doch sicher ist auf anderen Gebieten kein Fortschritt zu verzeichnen: Zum Beispiel gibt es keinen moralischen Fortschritt, wir sind heute nicht moralischer als vor hundert oder tausend Jahren ... Was läßt sich sonst noch sagen ... Ich würde nicht leugnen, daß es einen überaus raschen Fortschritt der Erkenntnis gibt; die neuesten Dinge, die wir über Elementarteilchen und den Kosmos wissen, sind von fundamentaler Bedeutung und nicht folgenlos, wir haben darüber in zehn Jahren mehr gelernt als seit den Zeiten Platos. Und das erscheint mir als ein gemeinsames Gut, das es vielleicht noch nutzbar zu machen gilt, das aber jedenfalls existiert; wahrscheinlich werden wir in zwanzig Jahren, falls der nukleare Konflikt überwunden ist, zur Produktion einer unbeschränkten Energie zu niedrigen Kosten gelangen, das ist wahrscheinlich. Das kann eine große Befreiung der Menschheit vom Leiden bedeuten. Ich bin mir dessen, was ich sage, keineswegs sicher, doch ich sehe ein Ziel, das man anstreben kann, deshalb komme ich mir nicht übermäßig pessimistisch vor.

Der Fortschritt der Menschheit ist also im steten Aufstieg begriffen, doch wird dieser Aufstieg von Übeln gehemmt, die durch den Fortschritt nicht heilbar erscheinen; ich nenne drei: Krebs, Terrorismus, Heroin. Krebs wird durch Medizin nicht geheilt, Terrorismus ist eine gesellschaftliche Gegebenheit, die nicht durch Worte geändert wird, Heroinsucht spricht von einem Unbehagen in der Jugend, das durch den Wohlstand nicht geheilt wird. Ist es denn nun angesichts dieser neu auftretenden Krankheiten nicht so, daß der Fortschritt die Erbsünde ist, die Absicht, die Natur einem bösen Machtinstinkt zu unterwerfen?

Wahrscheinlich ja, aber auf diesen Weg haben wir uns vor drei Millionen Jahren begeben, seit der Mensch Mensch ist: Seit das menschliche Wesen existiert, hat es der Natur um sich herum Gewalt angetan, unverzüglich ... Kurz, wir sind so geboren, es ist Teil unserer Natur, sonst wären wir nicht, was wir sind. Was die anderen drei großen Übel angeht, so frage ich mich, ob es angebracht ist, heute den Krebs für unheilbar zu erklären, vor fünfzig Jahren war die Diphtherie unheilbar, und heute ist sie fast verschwunden, ich frage mich, ob nicht zu unserem Instrumentarium an Erfahrung, Verstandeskraft, logischem Vermögen gehört, daß wir mit ihm fertig werden, ich glaube, ja; man wird mit ihm schließlich fertig werden, stelle ich mir vor, vielleicht indem man seine Wurzeln beschneidet, ich würde nicht dieses Schicksal, diese Verdammnis ohne Widerrede verkünden: »Krebs ist unheilbar.« Nun muß ich noch das Heroin einordnen ... Darüber weiß ich allerdings sehr wenig. Zu welchem Prozentsatz sind Heroin und Terrorismus[6] von Belang? Es stimmt, es sind zwei abscheuliche Dinge, das eine wie das andere, aber wie groß ist die Zahl der Toten durch Terrorismus? Sehr viel geringer als die der Verkehrstoten, folglich ist er ein Schreckgespenst, eine Meduse, aber eigentlich eine sehr marginale Erscheinung.

Die Schlußfolgerung über das System »Menschheit« fällt also positiv aus ...

Es ist ein Gewirr aus positiven und negativen Daten, für welche Seite entscheiden wir uns? Für die Summe an Leid, das ein Mensch in seinem Leben erfährt? Für die Zahl seiner Lebensjahre? Für beides? Ich wüßte nicht, für welche Seite man sich entscheiden soll. Ich würde sagen, für beide. Nun, und wenn wir es so halten, dann bleibe ich nach wie vor ziemlich optimistisch, es hat Schwankungen gegeben, Kriege ... Doch ich frage mich, ob wirklich Anlaß besteht, in Klagen auszubrechen. Wahrscheinlich ist die Bilanz – netto – noch jetzt positiv, glaube ich. Sicher ist, daß eine Mutter heutzutage weniger leidet als noch vor hundert Jahren. Heute wird in der Fabrik acht Stunden gearbeitet, und die Tendenz geht auf sieben, damals arbeitete man vierzehn Stunden und unter schlimmeren Bedingungen ...

Sie haben ein Buch, Das periodische System*, geschrieben, in dem die letzte Erzählung,* »Kohlenstoff«*, die unendliche Zahl möglicher Umwandlungen der Materie beschreibt ... Doch die Materie wahrt ja trotz aller Umwandlungen stets ihr eigene Merkmale. Ist die Gewalt ein Merkmal der Materie?*

Ja, ja, ja, sie ist Teil der menschlichen Materie, aber die menschliche Materie ist komplex; da ist auch etwas vom Hals an aufwärts, etwas auf rationaler Stufe, was die Gewalttätigkeit kontrollieren müßte: kurz, so wie du und ich es tun; auch wir haben den Teufel im Leib, das ist wahrscheinlich, aber wir halten ihn unter Kontrolle; ich denke, daß auch andere das tun könnten. Es ist in starkem Maße eine Erziehungsfrage, würde ich meinen, daß man nicht entfesselt, nicht gezwungen wird, die eigene Gewalt freizusetzen, ich glaube, dahin kann man gelangen.

»Lotta Continua«, 18. Juni 1979

1 Der den Genozid an den Juden schildernde Roman *Holocaust* von Gerard Greer, 1979 in Italien von Sperling & Kupfer, Mailand, herausgebracht; Primo Levi besprach ihn für »Tuttolibri« (28. April 1979), während gleichzeitig die erste Folge der Fernsehserie anlief, die er in der Sondernummer des »Radiocorriere TV« (ERI, Turin, Mai 1979) vorstellte.

2 Norberto Bobbio (geboren 1909), Philosoph und Schriftsteller; seit 1984 Senator auf Lebenszeit.

3 Der Interviewer bezieht sich auf die gegen neofaschistische Gruppen gerichtete Aktion von militanten Anhängern linksextremistischer Bewegungen vor Schulen in Turin und anderen Orten in Italien. Die Aktionen mündeten in der Aufstellung von Postenketten und handgreiflichen Auseinandersetzungen sowie Überfällen auf die Parteilokale des Movimento Sociale Italiano, der 1946 von ehemaligen Anhängern der Repubblica Sociale Italiana in faschistischem Geist gegründeten Partei, die sich 1995 formell auflöste.

4 Levi bezieht sich auf die Diktatur des Generals Pinochet, der 1973 durch einen Staatsstreich die demokratische Regierung von Salvador Allende stürzte.

5 Russischer Schriftsteller, Autor des 1976 in italienischer Übersetzung erschienenen Erzählungsbandes *Kolyma*, der die sowjetischen Gulags schildert, Levi besprach ihn in einem Artikel (»Tuttolibri«, 25. September 1979). (Deutsche Ausgabe: Warlam Schalamow, *Kolyma: Insel im Archipel*, München Wien, 1975.)

6 Das gesamte Interview enthält Hinweise auf die Probleme der Gewalt auf der Straße, aber auch auf den Terrorismus, Erscheinungen, von denen die italienische Gesellschaft von den späten sechziger bis zu den frühen achtziger Jahren erfaßt war; in jenem Zeitraum war gleichzeitig ein rechter und ein linker Terrorismus am Werke; der auf der Theorie und Praxis des bewaffneten Kampfes gegen den Staat begründete Linksterrorismus – die Roten Brigaden, Prima Linea, NAP – gipfelte in der Entführung und Ermordung des Vorsitzenden der Democrazia Cristiana, Aldo Moro (1978).

Dichtung und Computer

Kann sich Dichtung mit dem Computer vertragen?[1]

Dichtung gab es mit Sicherheit bereits vor der Existenz der Schrift, und man wird von einem Gefühl der Ehrfurcht erfaßt, wenn man bedenkt, welch enge Verwandtschaft zwischen der Dichtung unserer Zivilisation und Kulturen besteht, die zeitlich und räumlich weit von uns entfernt sind: der aztekischen, der indischen, der altägyptischen. Die Dichtung hat somit viele Jahrhunderte durchmessen und sich in ebenso viele Schrifttechniken gekleidet, vom Einmeißeln in Stein oder Einprägen in Ton über das Pergament, den Papyrus, die Pinsel der Chinesen, die Wachstäfelchen, bis zur Gänsefeder, zum Füllfederhalter und Kugelschreiber, zur Schreibmaschine. Es scheint nicht so, als ob sie von der manuellen Tätigkeit wesentlich beeinflußt würde: Das poetische Bild entsteht irgendwo in unserem Gehirn und hat bis zur »Aufzeichnung« verschiedene, jedoch durchweg unerhebliche Hindernisse zu überwinden. Darum kommt es zu keiner Inkompatibilität mit dem Computer, sofern man sich darauf beschränkt, ihn als Instrument zum Schreiben zu benutzen, also die Textverarbeitung am Bildschirm meint: Ja, die Leichtigkeit, mit der man einen Text löschen, korrigieren, hinzufügen und ersetzen kann, beschleunigt den Fluß der Gedanken auf das Papier. Vielleicht wird er sogar zu sehr beschleunigt; das Fehlen von Filtern (vor dem Monitor zu schreiben ist weit weniger mühsam als mit jedem anderen Mittel) kann zur Weitschweifigkeit verleiten und die Prägnanz beeinträchtigen, doch auch das Gegenteil trifft zu: Das Löschen erfolgt im Handumdrehen und hinterläßt keine Narben auf dem Papier, aus dem vollen zu schöpfen ist eine leichte und schmerzlose Übung.

Doch bekanntlich kann der Computer noch viel mehr. Er hat sich bereits als äußerst nützlich für die sogenannte quantitative Linguistik erwiesen, wo er den Wissenschaftlern Arbeit erspart, etwa wenn sie zählen wollen, wie häufig ein bestimmtes Wort bei einem Schriftsteller oder in einer Epoche vorkommt: Man hofft – ich weiß nicht, wieweit das berechtigt ist –, auf diesem Wege eine sichere Zuordnung für umstrittene Texte zu finden; und nicht weit davon liegen auch die Psychoanalytiker geduldig auf der Lauer, um Futter für ihr Metier zu finden: also zu ermitteln, wie oft Dante, Leopardi und Montale etwa das Wort »Wasser« gebraucht haben und ob diese Häufigkeit in Beziehung steht zu ihren jeweiligen traumatischen Erlebnissen während der Geburt oder in der Kindheit. Für diese freudlose Arbeit eignet sich der Computer vorzüglich, doch mit Hilfe dieser Methoden entsteht keine Dichtung, sondern es wird die Autopsie der Dichtung, *post mortem*, betrieben.

Im Laufe des eigentlichen Schaffensprozesses vermag der Computer die absichtlichen oder unabsichtlichen Reime, Wiederholungen, Alliterationen, Anaphern zu registrieren; er kann in einem Text in Sekundenschnelle einen Terminus in sein Synonym oder Antonym verwandeln oder die Schreibung korrigieren; er kann als Ideenspeicher und als Gedankenbrücke dienen und vielleicht noch andere Wunder vollbringen, die ich mir als Neubekehrter (ich habe mir erst vor kurzem einen Elektronenrechner zur Textverarbeitung gekauft) noch gar nicht vorzustellen vermag. Doch sind all diese Dienste meiner Ansicht nach lediglich Beiwerk, durch sie wird niemals ein Laie zum Dichter werden; und sie werden auch den dichterischen Fluß nicht beschleunigen, ihn allerdings auch nicht vergiften. Die leichte Allergie, die viele Leute schon dann empfinden, wenn Dichtung in einem Atemzug mit dem Computer genannt wird, rührt meiner Ansicht nach daher, daß das Wort Computer im Italienischen einen unangenehmen Klang hat: Es stellen sich, bewußt oder unbewußt, sogleich Assoziationen ein wie: *computer – computisteria* [kaufmännische Rechnungsführung] – Rechnungen – Mehrwertsteuer – Kontoauszüge – Schulden – Außenstände – Bankkredite. Und auch der spezifischere Begriff (*word processor* oder Textverarbeitungsgerät) ist nicht reizvoller; doch dabei handelt es sich um nominalistische Probleme. Klar ist, daß die Frage, die ich zu beantworten versuche, einen doppelten Boden, eine Falltür besitzt: Der Computer ist fast vierzig Jahre alt, in dieser Zeit hat er raschere und erstaunlichere Fortschritte gemacht als jede andere Erfindung; er hat den menschlichen Verstand beim Rechnen, Projektieren, Datenspeichern und -ordnen vorteilhaft ersetzt. Heute kann er, wenn auch nicht sehr elegant, Schach oder Bridge spielen; er kann die Steuerung eines Flugzeuges oder Autos simulieren; er lotst Raumschiffe durchs All und Raketen bei der Suche nach planetaren Katastrophen. Es gibt kein Café mehr, in dem nicht Dutzende von Jugendlichen an Videospielautomaten herumhantieren. Also vermag der Computer alles; also vermag er auch zu dichten.

Ich weiß wohl, daß es unklug ist, negative Voraussagen zu treffen; erlauchte Wissenschaftler haben das Erproben von Flugmaschinen »schwerer als Luft« für unsinnig erklärt, und keine zehn Jahre später feierten diese ihren Triumph; andere haben, es liegt erst eine Generation zurück, vorausgesagt, ein Rechner würde, falls er denn überhaupt herstellbar wäre, so hoch sein wie eine Kathedrale, soviel Energie verbrauchen wie die Niagarafälle erzeugen und soviel kosten wie ein Flugzeugträger. Dennoch wage ich zu behaupten – obwohl ich so gut wie nichts über Computertheorie und Dichtungstheorie weiß und nur hoffen kann, daß ich keine Dummheiten vorbringe: Es wird niemals ein Computer gebaut werden, der aus eigenem Antrieb originelle und gültige Dichtung zu produzieren vermag. Schlechte Dichtung schon: Man wird so weit kommen (schon heute könnte man dies ohne weiteres erreichen, falls sich nur jemand diesem nichtigen Unterfangen widmen wollte), daß ein Computer elfsilbige Verse mit korrekter Betonung hervorbringt, die durchaus nicht sinnlos sein müssen, oder auch den Regeln der lateinischen Verslehre entsprechende Hexameter: Sie könnten wohl Erstaunen und/oder Gelächter erregen wegen der parodistischen Ähnlichkeit mit menschlicher Dichtung, aber Dichtung im höheren Wortsinn wird der Computer niemals erzeugen.

Weshalb nicht? Ich vermag keine strenge Beweisführung zu liefern, doch ich meine, Computer können nur logische Operationen ausführen oder aber (falls sie zu diesem Zweck programmiert sind) Zufallsentscheidungen treffen (*random options*, um mich ihrer Sprache zu bedienen), Poesie aber ist größer als Logik und Zufall: Sie kann beides in sich bergen, aber sie ist umfassender. Sie enthält noch mehr: tiefreichende oder subtile, aber notwendig neuartige Assoziationen, Anklänge an Archetypen, schwer definierbare Entsprechungen zwischen *signifiant* und *signifié* [der Bezeichnung und dem Bezeichneten], zwischen Musik und Vision und Wort; wohlbedachte oder spontane Rückgriffe auf berühmte Vorläufer, so daß man – um einen schönen Titel des französischen Dichters Paul Éluard aufzugreifen – von einer über Jahrhunderte und geographische Grenzen hinweg »ununterbrochenen Dichtung« sprechen könnte, von einem substantiell einheitlichen poetischen Erbe, das die Menschheit während ihrer ganzen Geschichte und qualvollen Entwicklung begleitet.

Der Computer erscheint mir als ein vorzügliches Instrument, um klare und genau bestimmte Aufgaben auszuführen, so aber ist Dichtung nicht beschaffen: Sie ist im Fluß, nicht lotrecht, sie ist ein Kontinuum, umschleiert von Lichthöfen und Schatten. Nicht zufällig wird zwar seit Jahrtausenden gedichtet, aber es ist noch keine allgemein anerkannte Definition, keine »Spezifikation« der Poesie formuliert worden. Kurz: Dichtung verträgt sich sehr wohl mit dem Computer, aber sie hat von ihm wenig zu erhoffen und nichts zu befürchten.

Postskriptum: Ich habe einen Orakelspruch abgegeben, und jetzt steigt in mir der Argwohn auf, daß ich aus Eifersucht oder Furcht so gesprochen haben könnte. Aus Luddismus: im selben Geiste, in dem englische Arbeiter, Anhänger von Ned Ludd, Anfang des 19. Jahrhunderts die neuartigen Textilmaschinen zerstörten, weil sie ihre Arbeitsplätze durch sie bedroht sahen. Nun, ich erkläre hiermit laut und unverhohlen: Falls ich die Geburt einer Dichtungsmaschine erlebe, die eine nach Qualität und Quantität akzeptable Leistung erbringt und nicht zu kostspielig ist, dann kaufe ich mir eine, aber zuvor wende ich mich an einen (menschlichen oder elektronischen) Rechtsanwalt, um zu erfahren, ob ich das Recht habe, die Werke der Maschine mit meinem Namen zu zeichnen – und wem das Autorenhonorar zusteht.

Eine Frage an Primo Levi, »Genius«, 4. Januar 1985

1 Diese Frage hat Primo Levi schriftlich beantwortet.

Barbara Kleiner
Bild der Unwürde und Würde
des Menschen

Primo Levi, Sie legen bei der Begründung für den Beginn Ihrer Lauf-
bahn als Schriftsteller dem Begriff der Zeugenschaft hohen Wert bei.
Sie wollten Zeugnis ablegen von dem, was Sie in Auschwitz gesehen
und erlebt haben, von dem, was Menschen aus Menschen zu machen
gewagt haben. Bedeutet Zeugnis ablegen für Sie, von einem bestimm-
ten historischen Moment berichten, oder verstehen Sie Zeugnis mehr
im Sinne einer Mahnung hinsichtlich unserer eigenen zeitgenössi-
schen Entwicklungen?

Ich habe *Ist das ein Mensch?* vor vierzig Jahren geschrieben,
und damals interessierte mich ausschließlich der rechtliche
Tatbestand, wenn ich es einmal so nennen darf: Zeugnis abzulegen. In der Tat ist das Buch so geschrieben, wie ein Zeuge
sprechen würde. Ich trete nie als Richter auf, Richter sollen
meine Leser sein. Damals wollte ich das so; mein Anliegen
war, Tatsachen zu erzählen. Es fehlen sogar Zahlenangaben,
denn ich kannte die Zahlen nicht oder nur unzureichend.
Ich spreche nur von dem, was ich mit eigenen Augen gesehen habe, nie von Millionen. Meine schriftstellerische Absicht war damals ausschließlich, die Tatsachen, die ich erlebt
hatte, zu erzählen.
   Später dann, im Lauf der Jahre, habe ich bemerkt, daß das
Buch auch eine andere Bedeutung hatte, daß es als univer-
selle Zeugenschaft aufgefaßt werden konnte von dem, was
der Mensch aus dem Menschen zu machen wagt, und in diesem Sinne hat es nicht nur für Deutschland Gültigkeit. Leider haben die Tatsachen bestätigt, daß ähnliche, nicht genau
die gleichen, aber sehr ähnliche Dinge in vielen Teilen der
Welt geschehen sind, in der UdSSR, in Lateinamerika, in Indo-

china oder im Iran. Wenn also dieses inzwischen vierzig Jahre alte Buch weiterlebt, dann deshalb, weil seine Leser – und das sind viele, es ist in neun Sprachen übersetzt – sich Rechenschaft ablegen darüber, daß diese Zeugenschaft zeitlich und räumlich universeller ist, als das damals, als ich es schrieb, in meiner Absicht lag.

Wenn man Ihre verschiedenen Bücher nebeneinanderstellt, also Ist das ein Mensch?*, Die Atempause, Das periodische System und den* Ringschlüssel*, so habe ich den Eindruck, daß in ihnen allen ein bestimmtes Bild vom Menschen entwickelt wird, eine bestimmte Vorstellung von der Würde des Menschen.*

In der Tat interessieren mich Würde und Unwürde des Menschen. Mich interessiert das menschliche Verhalten, das ich in seinen verschiedenen Formen kennengelernt habe. Die grundlegende Erfahrung war natürlich Auschwitz, das geht nicht nur mir so, ich kenne viele ehemalige Deportierte, und für sie alle steht diese Erfahrung im Mittelpunkt ihrer Existenz. Ich habe aber auch andere Erfahrungen gemacht. Ich habe dreißig Jahre lang in der Fabrik gearbeitet, habe als Laborchemiker angefangen und als Fabrikdirektor aufgehört. Dabei hatte ich natürlich viel Kontakt mit Menschen, mit Arbeitern, Technikern, Lastwagenfahrern, Italienern und Ausländern. Und das hat mich in meinem Interesse am Problem der menschlichen Würde bestätigt. Ich fasse die Arbeit ganz anders auf als die Gewerkschafter oder zumindest anders als dumme Gewerkschafter, für die die Arbeit eine entwürdigende Belastung ist.

Für Sie hingegen ist die Arbeit das Kernstück der Erfahrung?

Das ist nicht nur mein Eindruck. Ich hatte viele Arbeiter, die mir untergeben waren und mit denen ich sehr gut auskam. Für sie war Arbeit nicht bloß das Mittel, um sich den Lohn zu verdienen, sondern etwas, an dem ihnen sehr viel lag. Und das war in einer Lackfabrik, nichts Besonderes also, und es ging ganz gewiß nicht um eine Tätigkeit, die in technologischer Hinsicht sehr fortschrittlich war. Aber ich sah, daß sie sich außerordentlich für ihre Arbeit engagierten. Ein Vorwurf beispielsweise, so vorsichtig man ihn auch formulierte, z. B.: Mach die Sache doch vielleicht so, konnte sie zutiefst kränken. Man mußte sehr rücksichtsvoll mit ihnen umgehen, und das hat mir sehr gefallen. Insbesondere faszinierten mich die Monteure. Ich war zweimal in Rußland, in Togliattigrad, und lebte dort mit Monteuren zusammen, Italienern und anderen. Und in dieser Gemeinschaft, denn das war es, hatten wir alle große Achtung voreinander. Alle möglichen Sprachen wurden gesprochen, und die Monteure erzählten sich ihre Abenteuer auf ihren verschiedenen Missionen in allen Teilen der Welt. Der Kontakt mit diesen Männern hat mir so gut gefallen, daß ich ein Buch darüber geschrieben habe, eben den *Ringschlüssel.*

Das auch bei Anthropologen Anklang findet, sagten Sie.

Ja. Ich habe ein Exemplar der französischen Ausgabe an Claude Lévi-Strauss geschickt, von dem ich zwei Bücher übersetzt habe.[1] Er hat mir mit einem freundlichen und sehr witzigen Brief geantwortet, worin er mich in die Reihen der Anthropologen aufnahm. Er meinte, ohne es zu wissen und zu wollen, hätte ich ein anthropologisches Buch geschrieben. Eben weil ich einen bestimmten Typus Mensch beschreibe, den Nomaden, den Monteur, der nicht mehr wandert, sondern von einem Ende der Welt zum anderen nun fliegt. Ich habe also den Nomadenstamm der Monteure beschrieben. Als Vorbild diente mir ein Turiner Monteur, aber es hätte ebensogut ein Japaner sein können.

Ihr Roman Wann, wenn nicht jetzt?, *der 1982 in Italien heraus-*
kam und den Premio Viareggio erhielt, ist nun in deutscher Übersetz-
zung erschienen. Es ist dies Ihr erster Roman im eigentlichen Sinne,
die anderen Bücher haben alle einen mehr oder weniger autobiogra-
phischen Hintergrund, sind Zeugnisbücher oder Erfahrungsberichte.
Sie haben Wann, wenn nicht jetzt? *als historischen Roman be-*
zeichnet, und die Keimzelle zum Roman findet sich am Ende der
Atempause.

Eigentlich waren es zwei Keimzellen. Eine findet sich tatsächlich am Ende der *Atempause.* Als wir Anfang 1946 von unserer
langen Reise durch Rußland zurückkamen, reisten wir in einem Zug mit sechzig Waggons, der Zugführer war ein sehr
sympathischer Russe. Jeden Morgen fragten wir ihn: Wohin
geht es heute? Und er: Wo es Gleise gibt. Deshalb war es eine
lange Reise und ziemlich im Zickzack. Hinter dem Brenner
bemerkten wir dann, daß es nicht mehr sechzig, sondern ein-
undsechzig Waggons waren, und der letzte war voller junger
Juden von überall her, aus Ungarn, Rumänien, Polen. Sie hatten diesen Waggon »organisiert«, wie man damals sagte, und
einfach an den Zug angehängt, und so fuhren sie nach Italien.
Es war damals in ganz Europa bekannt, daß man in Italien
mehr oder weniger machen konnte, was man wollte, daß es
dort Auffanglager für Flüchtlinge gab. Damals waren sich alle
einig, mit Ausnahme der Engländer, daß die Juden nach Palästina gehen sollten, auch die Russen waren einverstanden. Es
kam danach zu recht merkwürdigen Zwischenfällen; so haben
zum Beispiel die Hafenarbeiter von Genua gestreikt, haben
die englischen Schiffe nicht be- und entladen, weil sie durch-
setzen wollten, daß die Juden nach Palästina fahren können.
Die erste Keimzelle war also diese Begegnung mit den jungen
Juden, mit denen wir gesprochen haben.
    Der andere Anstoß kam von einer Geschichte, die mir von
einem Freund, einem Turiner Juden, erzählt wurde, der im
Krieg in die Schweiz geflüchtet war: Als er zurückkam, arbei-

tete er in Mailand in einem Hilfsbüro, das die Flut von jüdischen Flüchtlingen, die damals nach Italien strömten, unterzubringen hatte. Inmitten dieser Zehntausende von Personen war ihm eine Gruppe von Juden aufgefallen, Männer und Frauen, die besonders eng zusammenhielten und sich nicht als Flüchtlinge, sondern als Kämpfer bezeichneten. Sie bestanden auf ihrem Status als Kämpfer und brachten dadurch das Mailänder Hilfsbüro völlig durcheinander. Ich habe mir diese Geschichte aufgeschrieben und sie ungefähr fünfzehn Jahre lang in der Schublade liegenlassen. Dann kam mir die Idee, diese beiden Episoden zusammengenommen könnten den Kern eines Romans ausmachen. Bevor ich zu schreiben begann, habe ich erst ungefähr ein Jahr lang Dokumentationsmaterial durchgearbeitet. Dabei bin ich übrigens auf ein Büchlein gestoßen, das in Italien auf jiddisch publiziert worden war und das eine zu der meinen ganz analoge Geschichte erzählte: die Geschichte einer Gruppe von Juden, die in den Pripjet-Sümpfen gekämpft hatten, nach Italien gekommen waren und dann eine Art kollektives Tagebuch verfaßt hatten. Viele Episoden in *Wann, wenn nicht jetzt?* sind aus diesem Tagebuch übernommen.

Einerseits sagen Sie, dieser Roman sei ein historischer Roman, insofern er historisch belegte Ereignisse erzählt. Andererseits sagen Sie aber auch, dieser Roman vertrete eine These. Welche?

Ich beziehe mich damit auf eine Polemik, die ich für dumm halte und die überall stattfindet, besonders aber in Israel. Die junge Generation der in Israel Geborenen wirft der älteren Generation vor, sie habe sich abschlachten lassen, ohne Widerstand zu leisten. Das ist nur teilweise wahr. Meiner Ansicht nach ist es vor allem zutiefst unhistorisch. Ich war in Auschwitz, und ich kann sagen, in Auschwitz war Widerstand, wie man das heute versteht, also bewaffneter Widerstand, ein Ding der Unmöglichkeit. Widerstand leisten hieß damals überleben. In einigen Lagern sind Aufstände vorgekommen, auch in Auschwitz selbst, das ist heute allgemein bekannt, auch in Birkenau, aber das waren Verzweiflungstaten, und sie sind verheerend ausgegangen. Das sind Tatsachen, die zwar eine große moralische, aber überhaupt keine militärische Bedeutung hatten, weil es nur ein paar Leute betraf. Außerhalb der KZs allerdings hat es eine spezifisch jüdische Widerstandsbewegung gegeben, und dabei handelte es sich um Zehntausende Personen. Ich wollte mit dem Roman beweisen, daß sich die Juden dort, wo es möglich war, nicht anders verhalten haben als die Bevölkerung der anderen Länder unter Naziherrschaft. Ja, wenn man es recht bedenkt, war, chronologisch gesehen, der Aufstand im Warschauer Ghetto[2] der erste Akt des Widerstands in ganz Europa, früher noch als der jugoslawische Widerstand oder die französische Résistance. Ich habe diesen Roman also geschrieben, um auf der Grundlage der Tatsachen zu zeigen, daß es dort, wo es möglich war, auch einen spezifisch jüdischen Widerstand gegeben hat.

Außer dem historischen Thema und der These, die er vertritt, gibt es in Ihrem Roman ein weiteres Thema, das eher versteckt und implizit entwickelt wird: einen Diskurs über die Zeit. Das fängt beim Titel an: Wann, wenn nicht jetzt?*, dann gibt es die Hauptfigur, Mendel: er ist Uhrmacher. Ab und zu spielt seiner Meinung nach die Zeit verrückt, läuft rückwärts oder zu schnell vorwärts, oder die Uhren bleiben überhaupt stehen – damit fängt der Roman an.*

Dieser Diskurs über die Zeit ist ein Nebenprodukt. Daß ich aus Mendel einen Uhrmacher gemacht habe, war völlig zufällig. Die Episode auf der ersten Seite, wo die Uhren in einem Dorf stehengeblieben sind und der Glöckner nun mit Gewehrschüssen die Uhrzeit anzeigt, stammt von Darwin, aus dem Tagebuch seiner Reise mit der *Beagle* um Südamerika. Da erzählt er eben von einem Dorf, in dem die Uhren stehengeblieben und keine Glocken mehr da sind und der

Glöckner mit Gewehrschüssen die Uhrzeit anzeigt. Ausgehend von dieser Episode kam mir die Idee, meine Figur könnte Uhrmacher sein, und aus der Tatsache wiederum, daß er Uhrmacher ist, ergaben sich zwanglos die Metaphern über die Zeit.

Allerdings: nachdem ich das Buch geschrieben hatte, machte man mich auf den authentischen Bericht eines russischen Juden und Partisanen aufmerksam. Der hatte in die USA auswandern können und dort sein Tagebuch verfaßt, das auf englisch unter dem Titel *The Voice from the Forest*[3] erschienen ist. Ich habe dieses Tagebuch gelesen, *nachdem* ich mein Buch abgeschlossen und abgeliefert hatte. Nun, dieser Mann ist Uhrmacher, wie mein Protagonist. Das paßte einfach gut als Beruf, denn man sagt, daß es so viele jüdische Geigenspieler gibt, hänge damit zusammen, daß die Geige ein leichtes Gepäck ist, daß man sie überallhin mitnehmen kann. Ebenso ist es beim Uhrmacher: sein Werkzeug hat in einem Köfferchen Platz.

Wie dem auch sei, *The Voice from the Forest* ist der authentische Bericht eines echten jüdischen Partisanen, und viele Episoden stimmen mit denen in meinem Buch überein. Ich konnte wirklich keinen Widerspruch entdecken zwischen dem, was der authentische Partisan erzählt, und dem, was meine fiktiven jüdischen Partisanen unternehmen, die ich aus dem Nichts erschaffen habe.

Erstmals veröffentlicht in »Neue Musikzeitung«, August/September 1986

---

1 Levi übersetzte *Der ferne Blick* (1984) und *Der Weg der Masken* (1985).

2 Am 19. April 1943, kurz vor der Massendeportation ins Lager, brach im Warschauer Ghetto der Aufstand aus. Er wurde am 16. Mai niedergeschlagen, doch kam es bis in den Dezember hinein zu Akten des Widerstands.

3 Nahom Kohn, *The Voice from the Forest: Memoirs of a Jewish Partisan*, Holocaust Library, New York 1980.

Philip Roth
Der von seinem Beruf gerettete Mensch

Im Periodischen System, *deinem Buch über den »starken und bitteren Geschmack« deiner Erfahrung als Chemiker, erzählst du von Giulia, deiner Kollegin in einer chemischen Fabrik, 1942 in Mailand. Giulia erklärt deine »Arbeitswut« mit der Tatsache, daß du, als du Anfang Zwanzig warst, schüchtern Frauen gegenüber warst und keine Freundin hattest. Aber ich glaube, sie irrte sich. Deine wahre Arbeitswut leitet sich von etwas Tieferem ab. Arbeit ist für dich eine Besessenheit, nicht nur im* Ringschlüssel, *sondern selbst in deinem Buch über deine Gefangenschaft in Auschwitz. »Arbeit macht frei« stand über dem Tor von Auschwitz. Aber die Arbeit in Auschwitz ist eine schreckliche Parodie auf die Arbeit, nutzlos und sinnlos – Arbeit als Strafe, die zu einem qualvollen Tod führt. Man könnte dein gesamtes literarisches Werk als dem Versuch gewidmet begreifen, der Arbeit ihre menschliche Bedeutung zurückzugeben, das Wort »Arbeit« zu befreien von dem verächtlichen Zynismus, mit dem deine Arbeitgeber in Auschwitz es verunstaltet hatten. Faussone sagt zu dir: »Jede Arbeit, die ich beginne, ist wie eine erste Liebe.« Er spricht fast ebenso gern über seine Arbeit, wie er arbeitet. Faussone ist der arbeitende Mensch, der durch seine Arbeit wahrhaft frei wird.*

Ich glaube nicht, daß Giulia sich irrte, als sie meine Arbeitswut darauf zurückführte, daß ich damals gegenüber Mädchen schüchtern war. Diese Schüchternheit oder Hemmung war tatsächlich vorhanden, sie war konkret, schmerzlich und lästig – für mich damals viel wichtiger als meine Hingabe an die Arbeit. Im übrigen war die Arbeit in der Mailänder Fabrik, die ich im *Periodischen System* beschrieb, eine Scheinarbeit, an die ich nicht glaubte. Die Katastrophe des italienischen Waffenstillstands vom 8. September 1943 deutete sich bereits an, und es wäre dumm gewesen, das zu ignorieren, indem man sich in eine wissenschaftlich bedeutungslose, fiktive Aktivität vergraben hätte.

Ich habe nie versucht, meine damalige Schüchternheit ernsthaft zu analysieren, aber ohne Zweifel spielten Mussolinis Rassengesetze eine wichtige Rolle.[1] Auch andere jüdische Freunde litten darunter, einige »arische« Schulkameraden machten sich über uns lustig und sagten, die Beschneidung sei letztlich das gleiche wie Kastration, und wir neigten – zumindest unbewußt – dazu, das zu glauben, was noch verstärkt wurde vom Puritanismus, der in unseren Familien herrschte. Ich denke, daß daher *zu jener Zeit* die Arbeit für mich eher eine sexuelle Kompensation darstellte als eine echte Leidenschaft.

Dennoch bin ich mir wohl bewußt, daß nach dem Lager meine Arbeit oder besser meine beiden Arten Arbeit (Chemie und Schreiben) eine wesentliche Rolle in meinem Leben spielten und immer noch spielen. Ich bin davon überzeugt, daß normale menschliche Wesen biologisch auf zielgerichtetes Handeln ausgerichtet sind und daß Untätigkeit oder sinnlose Arbeit (wie die *Arbeit** in Auschwitz) Leiden und Verkümmerung mit sich bringt. In meinem Fall, wie im Falle meines Alter ego Faussone, ist Arbeit identisch mit »Problemlösung«.

In Auschwitz fiel mir ziemlich häufig ein eigenartiges Phänomen auf. Das Bedürfnis nach »gutgemachter Arbeit« ist so stark verwurzelt, daß es Menschen dazu bringt, selbst Sklavenarbeiten anständig zu verrichten. Der italienische Maurer, der mir das Leben rettete, als er mich sechs Monate lang heimlich mit Essen versorgte, haßte die Deutschen, ihr Essen, ihre Sprache, ihren Krieg: aber als sie ihm auftrugen, Wände zu mauern, baute er sie gerade und fest, nicht aus Gehorsam, sondern aus Stolz auf sein Können.

* Im Original deutsch.

Das letzte Kapitel von Ist das ein Mensch? *trägt den Titel »Die Ge-*
schichte von zehn Tagen«, in denen du in Tagebuchform beschreibst,
wie du vom 18. bis zum 27. Januar 1945 zusammen mit einem klei-
nen Häufchen kranker und sterbender Patienten in der behelfsmäßi-
gen Krankenstation des Lagers aushieltest, nachdem die Nazis mit
etwa 20 000 »gesunden« Gefangenen nach Westen geflohen waren.
Was hier erzählt wird, erscheint mir wie die Geschichte von Robinson
Crusoe in der Hölle, mit dir, Primo Levi, als Crusoe, der sich alles,
was er zum Leben braucht, aus dem magmatischen Abfall einer von
Grund auf unerbittlichen Insel zusammensucht. In diesem Kapitel
wie im ganzen Buch fiel mir besonders auf, wie sehr das Denken
zu deinem Überleben beitrug, das Denken eines praktischen, mensch-
lichen, wissenschaftlichen Kopfes. Dein Überleben scheint weder deter-
miniert durch brutale biologische Stärke noch durch unglaubliches
Glück, sondern hatte eher mit deinem Beruf, deiner Arbeit, deiner be-
ruflichen Situation zu tun: der Mann der Präzision, der Kontrolleur
von Experimenten, der nach dem Prinzip der Ordnung sucht, ausge-
liefert der perversen Verkehrung aller Werte, die er hochschätzte. Sicher-
lich warst du ein Teilchen in einer teuflischen Maschine, ein Teilchen
mit einer Nummer, aber ein Teilchen mit einem systematischen Ver-
stand, der immer zu verstehen sucht. In Auschwitz sagtest du zu dir
selbst: »Ich denke zuviel«, um Widerstand leisten zu können: »Ich bin
zu zivilisiert.« Aber mir erscheint der zivilisierte Mensch, der zuviel
denkt, als untrennbar vom Überlebenden. Der Wissenschaftler und
der Überlebende sind eins.

Das stimmt genau! Du hast es wirklich getroffen. In diesen
denkwürdigen zehn Tagen fühlte ich mich tatsächlich wie Robinson Crusoe, aber mit einem wichtigen Unterschied. Crusoe
machte sich an die Arbeit, um als Individuum zu überleben,
während ich und meine beiden französischen Kameraden
uns bewußt waren – und uns darüber freuten –, daß wir für
ein gerechtes und menschliches Ziel kämpften, nämlich das
Leben unserer kranken Kameraden zu retten.

Was das Überleben angeht: diese Frage habe ich mir selbst

ebenso oft gestellt, wie das andere taten. Ich bestehe darauf, daß es keine allgemeine Regel gab, außer den beiden fundamentalen: daß man bei guter Gesundheit ins Lager kommen und Deutsch können mußte. Abgesehen davon habe ich gerissene Leute überleben sehen und dumme Leute, Tapfere und Feiglinge, »Denker« und Wahnsinnige (zum Beispiel Elias, den ich in *Ist das ein Mensch?* beschrieb). In meinem Fall spielte das Glück bei zumindest zwei Gelegenheiten eine entscheidende Rolle: als ich den italienischen Maurer kennenlernte und daß ich nur einmal, aber dann im richtigen Moment, krank wurde.

Und dennoch stimmt, was du sagst: daß Denken und Beobachten für mich ein wichtiger Überlebensfaktor waren, auch wenn meiner Meinung nach der blinde Zufall am wichtigsten war. Ich erinnere mich, daß ich mein Jahr in Auschwitz in einem Zustand außerordentlicher geistiger Lebendigkeit gelebt habe. Ich weiß nicht, ob das mit meinem beruflichen Hintergrund zu tun hatte oder mit einer unvermuteten Zähigkeit oder mit einem gesunden Instinkt. Ich habe wirklich niemals aufgehört, die Welt und die Menschen um mich wahrzunehmen, so sehr, daß ich noch immer ein unglaublich detailliertes Bild von ihnen habe. Ich hatte einen intensiven Wunsch zu verstehen, ich wurde ständig von einer Neugier übermannt, die hinterher manchem tatsächlich als zynisch erschien: der Neugier des Naturforschers, der sich in eine Umgebung verpflanzt sieht, die schrecklich ist, aber neu, auf schreckliche Weise neu. […]

Die Beschreibung und Analyse deiner furchtbaren Erinnerungen an das »gigantische biologische und soziale Experiment« der Deutschen wird sehr präzise von einem quantitativen Interesse für die Mittel beherrscht, mit denen ein Mensch verwandelt oder gebrochen werden kann und gleich einer Substanz, die sich in einer chemischen Reaktion auflöst, seine charakteristischen Eigenschaften verliert. Das Buch liest sich wie die Erinnerungen eines Theoretikers der morali-

schen Biochemie, der mit Gewalt in die Existenz eines Versuchstiers gezwungen wurde, Laborexperimenten der finstersten Art ausgeliefert. Das Geschöpf im Laboratorium des verrückten Wissenschaftlers ist selbst die Miniatur des rationalen Wissenschaftlers.

Im Ringschlüssel – dem Buch hätte man sehr gut auch den Titel Das ist ein Mensch *geben können – erzählst du Faussone, deiner Scheherazade im Blaumann, da du »in den Augen der Welt Chemiker« seist und in deinen »Adern das Blut eines Schriftstellers« fühltest, trügest du folglich »zwei Seelen in der Brust, und das sind zu viele«. Ich sehe nur eine Seele, beneidenswert weiträumig und bruchlos; ich sehe nicht nur den Überlebenden untrennbar vom Wissenschaftler, sondern auch den Schriftsteller untrennbar vom Wissenschaftler.*

Eher denn als Frage verstehe ich dies als Diagnose, die ich dankbar akzeptiere. Ich lebte mein Leben im Lager so rational, wie ich konnte, und ich schrieb das Buch über Auschwitz, um anderen ebenso wie mir die Ereignisse zu erklären, in die ich verwickelt worden war, aber nicht mit einer definitiv literarischen Absicht. Mein Modell (oder, wenn du das vorziehst, mein Stil) war der des Wochenberichts, wie er in Fabriken üblich ist: Er muß präzise sein, klar und in einer Sprache geschrieben, die jeder in der industriellen Hierarchie verstehen kann. Und ganz bestimmt nicht in einem wissenschaftlichen Jargon. Übrigens bin ich kein Wissenschaftler, noch bin ich es je gewesen. Ich wollte einer werden, aber der Krieg und das Lager hinderten mich daran. Ich mußte mich während meines ganzen Berufslebens damit begnügen, Techniker zu sein.

Ich stimme dir zu, daß es »nur eine Seele gibt ... und die bruchlos«, und auch dafür bin ich dir dankbar. Meine Feststellung, daß »zwei Seelen ... zu viele« sind, ist halb ein Witz, aber zur anderen Hälfte ernst gemeint. Ich arbeitete fast dreißig Jahre in einer Fabrik, und ich muß zugeben, daß es zwischen dem Dasein eines Chemikers und dem eines Schriftstellers keine Unvereinbarkeit gibt: tatsächlich verstärkt sich beides gegenseitig. Aber zum Leben in der Fabrik, und insbesondere zur Betriebsleitung, gehören viele Dinge, die wenig mit Chemie zu tun haben: Einstellungen und Entlassungen; Streitereien mit dem Chef, mit Kunden und Lieferanten; Unfälle; selbst nachts oder auf einer Party ans Telefon gerufen werden; Umgang mit der Bürokratie und viele andere seelenzerstörende Arbeiten. Die gesamte Arbeit ist auf brutale Art unvereinbar mit dem Schreiben, das ein angemessenes Maß an Gemütsruhe verlangt. Daher habe ich mich geradezu »wiedergeboren« gefühlt, als ich pensioniert wurde und mich zurückziehen und so von meiner Seele Nummer eins lösen konnte.

Die Fortsetzung des Buches über Auschwitz, Die Atempause, *handelt von deiner Rückkehr aus Auschwitz nach Italien. Diese einer Odyssee gleichende Reise hat eine mythische Dimension, insbesondere in der Zeit deines langen Aufenthalts in der Sowjetunion, während du auf die Heimreise wartetest. Was an der* Atempause *überrascht, ist die Fröhlichkeit – denn man hätte sich nicht gewundert, hier eine Atmosphäre der Trauer und untröstlichen Verzweiflung zu finden. Deine Versöhnung mit dem Leben findet in einer Welt statt, die manchmal wie ein urzeitliches Chaos erschien. Dennoch läßt du dich auf jedermann so unglaublich ein, läßt dich unterhalten und belehren, daß ich mich frage, ob du dich trotz Hunger, Kälte und Angst, vielleicht sogar trotz der Erinnerungen, jemals wohler gefühlt hast als während dieser Monate, die du als »Parenthese unbegrenzter Möglichkeiten, ein schicksalhaftes, aber unwiederholbares Geschenk des Lebens« bezeichnest. Du erscheinst wie jemand, dessen wichtigstes Bedürfnis vor allem in der Verwurzelung liegt – im Beruf, in der Familie, in der Region, in der Sprache –, und dennoch empfandest du es als Geschenk, als du dich so allein und entwurzelt fandest, wie ein Mensch nur sein kann.*

Ein Freund, ein ausgezeichneter Arzt (ein Bruder Natalia Ginzburgs – kennst du ihre Bücher? Auch sie war eine Levi, allerdings nicht mit mir verwandt), sagte mir vor vielen Jahren: »Ihre Erinnerungen an vorher und nachher sind in schwarz-weiß; die Erinnerungen an Auschwitz und Ihre Heimreise sind in Technicolor.« Er hatte recht. Familie, Heimat, Fabrik sind gute Sachen an sich, aber sie enthielten mir etwas vor, was mir immer noch fehlt: Abenteuer. Das Schicksal entschied, daß ich ausgerechnet inmitten des Chaos eines vom Krieg verheerten Europa Abenteuer erleben sollte.

Du bist Schriftsteller, du weißt, wie es mit diesen Dingen geht. *Die Atempause* wurde vierzehn Jahre nach *Ist das ein Mensch?* geschrieben; es ist ein eher bewußt geschriebenes Buch, methodischer, literarischer, auch die Sprache ist viel stärker bearbeitet. Es erzählt die Wahrheit, aber eine gefilterte Wahrheit. Ihm gingen zahllose mündliche Versionen voraus: Ich meine, ich hatte jedes Abenteuer schon häufig erzählt, Menschen aus sehr verschiedenen Bereichen (Freunden vor allem, aber auch in Schulen), und ich hatte es dabei so retuschiert, daß es die günstigsten Reaktionen erzielte. Als *Ist das ein Mensch?* einen gewissen Erfolg errungen hatte und ich langsam eine Zukunft für mein Schreiben sah, fing ich an, diese Abenteuer festzuhalten. Ich wollte beim Schreiben mich und meine zukünftigen Leser unterhalten. Daher betonte ich die seltsamsten, die exotischsten, die heitersten Episoden – insbesondere in der Sowjetunion: Russen aus der Nähe gesehen –, und ich beschränkte die Atmosphäre »der Trauer und untröstlichen Verzweiflung«, wie du es nanntest, auf den Anfang und das Ende des Buches. [...]

In bezug auf die »Verwurzelung« stimmt es, daß ich tiefe Wurzeln habe und das Glück hatte, sie nicht zu verlieren. Meine Familie blieb von der Vernichtung durch die Nazis fast vollständig verschont, und ich wohne noch immer an dem Ort, wo ich geboren wurde. Dieses Pult hier, an dem ich schreibe, nimmt nach der Familienlegende genau den Platz ein, an dem ich zur Welt kam. Als ich mich so entwurzelt fand, »wie ein Mensch nur sein kann«, habe ich sicherlich gelitten, aber dies wurde nachher aufgewogen durch die Faszination des Abenteuers, durch menschliche Begegnungen, durch die Süße der »Erholung« von der Pest von Auschwitz. In ihrer historischen Realität erwies sich meine russische »Atempause« erst viele Jahre später als Geschenk, als ich sie durch Überdenken und Schreiben gereinigt hatte. [...]

Wann, wenn nicht jetzt? *ist keinem anderen deiner Bücher ähnlich, die ich gelesen habe. Obwohl es sich offensichtlich aus tatsächlichen historischen Ereignissen nährt, ist das Buch als ein reines, pikareskes Abenteuer entworfen, das Abenteuer einer kleinen Gruppe jüdischer Partisanen aus Rußland und Polen, die die Deutschen hinter der Front bekriegen. Deine anderen Bücher sind vielleicht nicht so erfindungsreich in bezug auf das Thema, aber dafür um so mehr in bezug auf die Technik. Der schöpferische Impuls hinter* Wann, wenn nicht jetzt? *erscheint als eingeschränkter, partieller – und entsprechend weniger befreiend für den Autor – als der Impuls, der den autobiographischen Werken zugrunde liegt. Ich wüßte gern, ob du dem zustimmst: Als du über die Tapferkeit der Juden schriebst, die kämpften und sich wehrten, glaubtest du da etwas zu tun, das du tun solltest, fühltest du dich moralischen und politischen Ansprüchen verpflichtet, die sonst nicht notwendigerweise auftreten, selbst wenn das Thema dein eigenes, unverwechselbar jüdisches Schicksal ist?*

Wann, wenn nicht jetzt? folgte einem nicht vorausgesehenen Weg. Die Motive, die mich dazu brachten, es zu schreiben, sind vielfältiger Art. Hier sind sie, in der Reihenfolge ihrer Bedeutung:

Ich hatte mit mir selbst eine Art Wette abgeschlossen: Bist du nach so viel offener oder getarnter Autobiographie jetzt ein richtiger Schriftsteller oder nicht, bist du fähig, einen Roman zu konstruieren, Charaktere zu entwerfen, Umgebungen zu beschreiben, die du nie gesehen hast? Versuche es!

Ich wollte mich damit unterhalten, das Plot eines Western in einer für Italien ungewohnten Landschaft zu schreiben. Ich wollte meine Leser unterhalten, indem ich ihnen eine im Grunde optimistische Geschichte erzählte, eine Geschichte voller Hoffnung, gelegentlich sogar fröhlich, auch wenn sie vor dem Hintergrund des Massakers spielt.

Ich wollte mich mit einem Gemeinplatz auseinandersetzen, der in Italien noch immer Geltung hat: ein Jude ist ein sanfter Mensch, ein Gelehrter (religiös oder weltlich), unkriegerisch, demütig, der Jahrhunderte der Verfolgung ertragen hat, ohne sich jemals zu wehren. Es schien mir eine Pflicht, jener Juden zu gedenken, die unter verzweifelten Umständen den Mut und das Geschick zum Widerstand aufgebracht hatten.

Ich hegte auch den Ehrgeiz, der erste italienische Schriftsteller zu sein, der die jiddische Welt beschreibt. Ich wollte meine Bekanntheit in meinem Lande »ausbeuten«, um meinen Lesern ein Buch über die Zivilisation, Geschichte, Sprache und Denkart der Aschkenasim in die Hände zu geben, die in Italien praktisch unbekannt sind. Diese Beweggründe sind in den verschiedenen Ländern, in denen das Buch publiziert wurde, in verschiedenem Maße als legitim anerkannt worden. In Italien ist der Roman in allen seinen Aspekten ganz und gar gewürdigt worden. Das gleiche läßt sich für England und für Deutschland sagen, zumindest nach den ersten Reaktionen des Publikums und der Kritik zu schließen. In Frankreich ist er kaum zur Kenntnis genommen worden. In den Vereinigten Staaten hatte er, wie du weißt, mäßigen Erfolg: Man war der Ansicht, seine »Jiddischkeit« sei etwas Bekanntes, in anderen Worten, das Thema sei zu vertraut, als daß man noch darüber sprechen müsse. Außerdem stellte der amerikanische Leser etwas Wahres fest: daß es sich nämlich um ein »jiddisches« Buch handelt, geschrieben von einem Autor, der kein »Jid« ist, sondern versuchte, einer zu werden, indem er bestimmte Texte las und Geschichten anhörte.

Ich persönlich bin mit diesem Buch zufrieden, vor allem, weil es mir Spaß machte, als ich es plante und schrieb. Zum ersten und einzigen Mal in meinem Leben als Schriftsteller hatte ich den Eindruck (fast eine Halluzination), daß meine Figuren um mich herum und hinter meinem Rücken lebten und mir spontan ihre Charakterzüge und Dialoge naheleg-ten. Das Jahr, in dem ich dieses Buch schrieb, war ein glück-liches Jahr, und daher war es für mich ein befreiendes Buch, ganz gleich, wie das Ergebnis aussieht.

Sprechen wir nun über die Farbenfabrik. In unserer Zeit haben viele Schriftsteller als Lehrer gearbeitet, manche als Journalisten, und die meisten Schriftsteller über Fünfzig, im Osten wie im Westen, waren zumindest einige Zeit für irgendein Land Soldat. Es gibt eine ein-drucksvolle Liste von Schriftstellern, die zugleich als Arzt arbeiteten und Bücher schrieben, und andere, die Geistliche waren. T. S. Eliot war Verleger, und Wallace Stevens und Franz Kafka arbeiteten be-kanntlich für große Versicherungen. Meines Wissens sind lediglich zwei bedeutende Schriftsteller Manager einer Farbenfabrik gewesen, du in Turin, Sherwood Anderson in Elyria in Ohio. Anderson mußte der Farbenfabrik (und seiner Familie) entfliehen, um Schriftsteller zu werden; du scheinst der Schriftsteller geworden zu sein, der du wur-dest, indem du dort bliebst und deiner beruflichen Laufbahn nach-gingst. Ich wüßte gern, ob du dich selbst als tatsächlich begünstigter – sogar als für das Schreiben besser gerüstet – siehst als diejenigen un-ter uns, die keine Farbenfabrik haben und all das, was mit einer der-artigen Verbindung zusammenhängt.

Ich kam nur durch Zufall in die Farbenindustrie, aber ich hatte eigentlich nie viel zu tun mit der eigentlichen Produktion von Farben, Firnissen und Lacken. Unsere Firma speziali-sierte sich von Anfang an auf die Produktion von Draht-emaillierungen, auf Ummantelungen für elektrische Kupfer-kabel. Auf dem Höhepunkt meiner Karriere gehörte ich zu den dreißig oder vierzig Fachleuten, die es auf der Welt in dieser Branche gibt. Die Tiere, die hier an der Wand hängen, habe ich aus Abfällen von emailliertem Draht gemacht.

Ehrlich gesagt, wußte ich bisher nichts von Sherwood Anderson. Gestern habe ich eine kurze Biographie von ihm gelesen. Nein, es wäre mir nie in den Sinn gekommen, meine Familie und die Fabrik zu verlassen, um nur noch zu schreiben. Ich hätte den Sprung ins Dunkel gefürchtet, und ich hätte jeden Anspruch auf eine Pension verloren.

Deiner Liste mit Schriftstellern, die zugleich Farbenhersteller waren, muß ich aber noch einen dritten Namen hinzufügen: Italo Svevo, ein konvertierter Jude aus Triest, der von 1861 bis 1928 lebte. Lange Zeit war Svevo kaufmännischer Leiter einer Farbenfirma in Triest, der Società Veneziani, die seinem Schwiegervater gehörte und erst vor einigen Jahren aufgelöst wurde. Bis 1918 gehörte Triest zu Österreich, und diese Firma war berühmt, weil sie die österreichische Marine mit einem ausgezeichneten Anstrich versorgte, der den Rumpf von Kriegsschiffen vor Muschelverkrustungen schützte. Nach 1918 wurde Triest italienisch, und die Farbe wurde an die italienische und die englische Marine geliefert. Um mit der britischen Admiralität verhandeln zu können, nahm Svevo Englischunterricht bei James Joyce, der damals in Triest Lehrer war. Sie wurden Freunde, und Joyce half Svevo bei der Publikation seiner Bücher.

Der Markenname der Schutzfarbe war Moravia. Es ist kein Zufall, daß dies auch das Pseudonym des bekannten italienischen Romanciers ist: der Triestiner Unternehmer wie der römische Schriftsteller leiteten ihn vom Familiennamen eines gemeinsamen Verwandten mütterlicherseits ab. Entschuldige diesen ziemlich belanglosen Klatsch.

Nein, wie ich schon andeutete, ich bereue nichts. Ich glaube nicht, daß ich meine Zeit als Manager einer Fabrik (von Farben oder was auch immer) verschwendet habe. Ich habe dort wertvolle Erfahrungen gesammelt, die zu den in Auschwitz gemachten hinzugekommen sind.

A Man Saved by his Skills, »The NewYork Times Book Review«,
12. Oktober 1986. Die deutsche Übersetzung von Heiner Bü-
ning erschien erstmals im Januar 1988 in der Nr. 44 von
»Lettre International« und wurde für den vorliegenden Band
leicht gekürzt.

1 Die Rassengesetze wurden 1938 in Italien erlassen.

Die Bücher

Marco Belpoliti
Anmerkung zur Rezeptionsgeschichte von
Ist das ein Mensch?

Die Erstveröffentlichung von Levis Buch im Verlag De Silva
1947 war vermutlich von keinem Interview mit dem Autor
begleitet, so wie es auch 1958, anläßlich des Drucks der Neu-
fassung in der Essay-Reihe »Saggi« von Einaudi, offenbar keine
Interviews gab; ohnehin war im Kulturjournalismus jener
Zeit das Interview noch weniger verbreitet; vorgezogen wurde
die Form des »Autorenporträts«, wie es auch die ersten Interviews mit Levi nach Erscheinen der *Atempause* belegen.
Dennoch hat der Turiner Schriftsteller über sein erstes Buch
und die Tatsache, daß es bei Einaudi zunächst abgelehnt
wurde, in einem kleinen Interview mit Nico Orengo[1] gesprochen, das wir hier ungekürzt bringen:
»Ich hatte nach der Heimkehr aus der Haft Erzählungen
geschrieben. Ich hatte sie geschrieben, ohne mir darüber im
klaren zu sein, daß ein Buch daraus werden konnte. Meine
Freunde aus dem Widerstand rieten mir nach der Lektüre, ich
sollte sie ›abrunden‹, zu einem Buch umgestalten. Das war
1947, ich trug das Manuskript zu Einaudi. Es wurde von mehreren gelesen, und meiner Freundin Natalia Ginzburg fiel
die Aufgabe zu, mir zu sagen, daß es den Verlag nicht interessierte. So versuchte ich es bei Franco Antonicelli im Verlag
De Silva. Es wurde gelesen von der Malvano, von Anita Rho,
von der Zini und von Zorzi. Antonicelli wählte den Titel *Ist
das ein Mensch?* aus einem Gedicht von mir aus, und sie brachten es in 2500 Exemplaren heraus. Es wurde von Cajumi zusammen mit Calvinos *Wo Spinnen ihre Nester bauen* besprochen. Verkauft wurden 1400 Exemplare. Später, 1951, ging
De Silva im Verlag La Nuova Italia auf. Ich wünschte mir eine
Neuauflage. Sie lehnten ab, sie hatten noch 600 Exemplare

auf Lager, die dann im Schlamm der Überschwemmung von Florenz ihr Ende fanden. So sprach ich 1955 erneut bei Einaudi vor. Es gab eine Ausstellung über die Deportation, sie hatte Interesse geweckt. Und Luciano Foà beschloß, das Buch in der Reihe Lo Struzzo zu bringen. Die Fassung, die heute in neun Sprachen übersetzt ist und in Italien eine halbe Million Auflage überschritten hat, ist etwa dreißig Seiten länger als die Erstfassung.«

Die Vorgänge um die Entstehung des Buches sind in einem Interview mit Rita Caccamo De Luca und Manuela Olagnero[2] festgehalten. Hier erzählt Levi, wie das Buch ab Dezember 1945 in einem Zug niedergeschrieben wurde.»Ich schrieb sogar in der Bahn, auf der Strecke zwischen Turin und Avigliana, wo ich in einer Fabrik arbeitete. Ich schrieb nachts und in der Mittagspause: fast das ganze Kapitel »Der Gesang des Odysseus« habe ich in der halben Stunde zwischen zwölf Uhr dreißig und ein Uhr geschrieben. Ich war ständig in einer Art Trance.«

Carlo Paladini erklärt er in einem längeren Gespräch, daß er das Buch »für die Deutschen geschrieben« habe. »Weshalb?« Levi: »Weil sie Partei waren in dem Prozeß. Wer war der Angeklagte? Ich war ein Zeuge, aber wer war der Angeklagte?« Und weiter:»Ich betrachtete dieses Buch als ein Gerichtsprotokoll. Ich fühlte mich als Zeuge.«[3]

Es gibt kein Interview mit Levi, das nicht von *Ist das ein Mensch?* handelte, einem Buch, zu dem der Autor offenbar ein ambivalentes Verhältnis hegt. Einem Journalisten, der ihn fragt: »An welchem Ihrer Bücher hängen Sie am meisten?«, antwortet Levi:»In der Regel am neuesten, das ich schreibe. Zu *Ist das ein Mensch?* habe ich ein Verhältnis, das beinahe etwas von Konkurrenz hat, weil es ein Buch ist, das nach vielen Jahren noch standhält. Und mag mir dies einerseits Freude bereiten, so ist es doch auch eine Herausforderung. Denn ich frage mich oft, ob es mir gelingen wird, nochmals ein solches Buch zu schreiben.«[4] Dies sagt Levi, nachdem er beim Verlag

Einaudi kurz vorher die Sammlung von neun Essays unter dem Titel *Die Untergegangenen und die Geretteten* eingereicht hat.

Unter den Fernsehinterviews sind hervorzuheben: *Il mestiere di raccontare* [Das Handwerk des Erzählens], eine dem Buch *Ist das ein Mensch?* gewidmete dreiteilige Sendung, die 1974 von der RAI ausgestrahlt wurde (20. und 27. Mai, 3. Juni). Hier spricht Levi ausführlich über sein erstes Buch. Des weiteren ist die Sendung *Il veleno di Auschwitz*[5] zu erwähnen, auch sie konzentriert sich auf die von Levi in seinem Buch berichteten Erlebnisse.

Anläßlich seiner Reise nach England erzählt er Tim Radford, der ihn für den »Guardian« (17. April 1986) interviewt, daß er seit Jahren nicht mehr von Auschwitz träume, obwohl ihn gelegentlich noch ein Traum überkomme: »Ich werde ins Lager eingeliefert, und im Traum protestiere ich: Herrschaften, ich bin bereits hiergewesen. Diesmal bin ich nicht dran.«

1 *Come ho pubblicato il mio primo libro* (Wie ich mein erstes Buch veröffentlichte), in: »La Stampa« vom 1. Juni 1985.

2 *Primo Levi*, in: »Mondo Operaio«, Nr. 3, März 1984.

3 *A colloquio con Primo Levi* (Im Gespräch mit Primo Levi), in: *Lavoro, criminalità, alienazione mentale*, hg. von P. Sorcinelli, Il Lavoro Editoriale, Ancona 1987.

4 Gianni Milani, *Al chimico va stretta la memoria del Lager* (Den Chemiker bedrückt die Erinnerung an das Lager), in: »Piemonte VIP«, März 1986.

5 »Das Gift von Auschwitz«, fünfte Folge eines Zyklus unter dem Titel *Rifarsi la vita* (Das Leben wiedergewinnen), eine von Telemontecarlo produzierte Sendung von Lucia Borgia, übertragen am 16. Mai 1985.

Luca Lamberti
Formfehler: Rettung kommt von den Technikern

Nach sechs Jahren des Schweigens kehrt Primo Levi auf die literarische Bühne zurück. Er ist Autor der unvergessenen Bücher *Ist das ein Mensch?* und *Die Atempause*, sicherlich zwei der besten Bücher, die aus dem Inferno des Zweiten Weltkrieges und der Vernichtungslager hervorgegangen sind, zwei »Berichte« von klassischer Ausgewogenheit, die ihren weltweiten Erfolg verdient haben. In diesen Tagen erscheint bei Einaudi Levis neues Buch *Vizio di forma* [Formfehler], ein Band von etwa zwanzig Erzählungen, die in einer wahrscheinlichen, beunruhigend nahen Zukunft angesiedelt sind. Wissenschaft und Technik sind hineinprojiziert in erfundene Geschichten, die immer auf der Kippe stehen zwischen Utopie und Katastrophe, zwischen definitiven Hoffnungen und unvermuteten, beinahe grotesken Abstürzen.

Primo Levi, fünfzigjährig, Turiner, von Beruf Chemiker, beschreibt sie teils mit dem sachlichen Interesse des Technikers, der in sich die wagemutige, wache Neugier des Odysseus verspürt, teils mit der Ironie des geborenen Moralisten, und ein wenig auch mit der Besorgnis eines Menschen, der am eigenen Leibe erfahren hat, zu welchem Unheil der »Schlaf der Vernunft« führen kann.

Bei Primo Levi haben wir es mit dem nicht allzu häufigen Fall eines Schriftstellers zu tun, der mit Werken strikt autobiographischen Ursprungs bekanntgeworden ist, der seine Erzader aber nicht im direkten, privaten Zeugnis erschöpft, sondern fähig ist, sich einen selbständigen Raum des Erzählens zu erschaffen.

Als erstes stellen wir die Frage: Welche Verbindungslinien und Brüche
lassen sich feststellen zwischen Ist das ein Mensch?, Die Atempause *und den* Storie naturali *sowie* Vizio di forma *?*

Ich glaube, es fällt allen Autoren schwer, die eigenen Werke
zu beurteilen: Für mich ist es besonders schwierig, denn sobald sie geschrieben sind, geben sie mir Rätsel auf und miß-
fallen mir, später, nach einigen Monaten, verliebe ich mich in
sie wie Pygmalion, in väterlicher, unkritischer Haltung. Dennoch kommt es mir vor, als ob ich, zumindest oberflächlich,
einen Bruch, einen Riß wahrnehme zwischen den beiden ersten Büchern und den beiden späteren: Nach Abschluß der
Atempause war mir, als sei ich fertig, als hätte ich einen Vorrat
einmaliger, tragischer und paradoxerweise (für mich) zugleich
kostbarer Erfahrungen ausgeschöpft; mir war so, als hätte ich
mich als Augenzeuge, als Erzähler und Interpret einer bestimmten Realität, sagen wir eines Kapitels der Geschichte,
total verausgabt. Dennoch schien mir, ich hätte noch ein paar
Dinge zu sagen und ich könnte dies nur in einer anderen
Sprache tun, einer Sprache, die manche als ironisch bezeichnen und die ich selbst wahrnehme als schrill, schief, bos-
haft, gewollt antipoetisch, kurz, unmenschlich, so wie meine
vorherige Sprache unmenschlich war. Ja, vielleicht geht es gerade um Adornos Behauptung, daß man »nach« Auschwitz
keine Gedichte mehr schreiben könne, oder zumindest, daß
es jene nicht können, die dort waren; während es möglich
war, Gedichte »über« Auschwitz zu schreiben, eine Dichtung
schwer und kompakt wie geschmolzenes Metall, die heraus-
strömt und einen ausgeleert zurückläßt.

Man spricht heutzutage viel, gar zuviel, von der Krise des Romans.
Welches sind Ihrer Ansicht nach die Aufgaben, sagen wir die Pflich-
ten und Ehren, die die Literatur in der heutigen Gesellschaft zu über-
nehmen hat? Und wie sehen Sie das Verhältnis zwischen Kunst und
Gesellschaft?

Ich glaube nicht, daß es eine allgemeingültige Norm gibt: weder Pflichten noch Ehren; wer sich ans Schreiben macht, kann dies aus hundert Gründen tun, offensichtlichen oder heimlichen, solchen, die ihm bewußt sind, oder anderen, die unbewußt bleiben; den Wert »sollt ihr an den Früchten erkennen«. Unter diesen hundert unterschiedlich »motivierten« Literaten erkennen wir auch den, der schreibt, weil er sich davon Ehren erhofft, und den andern, der sich von der Verpflichtung eines gesellschaftlichen Engagements getrieben fühlt, aber die Früchte sind in jedem Fall unberechenbar.

Ebenso großzügig würde ich das Verhältnis zwischen Kunst und Gesellschaft definieren. Die Kunst kann Richtungweiser oder Spiegel oder Gegenspieler oder Richter der Gesellschaft sein: Sie kann die Gesellschaft auch, falls ihr das gelingt, nicht zur Kenntnis nehmen. Vom schöpferischen Menschen kann und darf man nur verlangen, daß er weder ein Knecht noch ein Fälscher sei; und des weiteren, daß er bescheiden genug sei, um sich zu blicken und zu erkennen, daß die Gestalt des Künstlers als Seher, als Stimme eines Gottes, der Quell der Wahrheit ist, keine Geltung mehr hat: Um ihn herum ist eine andere Kultur entstanden, und sie wächst in schwindelerregendem Tempo. Es ist gut, wenn der Dichter neben sich Platz macht für den Physiker, den Ökonomen, den Psychologen: Er wird sich in guter Gesellschaft befinden und hat dann vielleicht sogar mehr zu sagen.

Wenn Sie in den Erzählungen des Bandes Vizio di forma *diese nahe und beunruhigende Zukunft schildern, gehen Sie von einem Gemütszustand aus, der grundsätzlich erfüllt ist von Vertrauen in den Homo faber und seine Fähigkeit, auch höchst verfahrene Situationen umzukehren, der Umwelt und Gesellschaft, in der er lebt, wieder ein menschliches Antlitz zu verleihen. Dieses Vertrauen kann bei einem Menschen, der wie Sie so unumkehrbare Erfahrungen wie das Lager durchlebt hat, überraschen. Wie begründen Sie dieses Vertrauen?*

Ich weiß nicht, ob *Vizio di forma* ein verzweifeltes Buch ist: Es ist von einigen Lesern so beurteilt worden, die vielleicht manche der darin enthaltenen Pseudoprophezeiungen allzu wörtlich genommen haben. Ich bin kein verzweifelter Mensch: Acht Stunden täglich bin ich Techniker, also ein Mensch, der gegen die stumpfe, bösartige Trägheit der Materie ankämpft, und wer einen Kampf führt, ist niemals verzweifelt, weil er ein Ziel vor sich sieht. Aus demselben Grund war ich auch in Auschwitz nicht verzweifelt: Wer es war, wer sich der Verzweiflung hingab, fand binnen weniger Tage den Tod. Trotzdem wüßte ich für mein Vertrauen in die Zukunft des Menschen keine umfassende und explizite Begründung zu geben: Es ist das gleiche, ich möchte sagen biologische Vertrauen, von dem jede lebende Faser durchtränkt ist und das die Menschheit über zahllose Irrtümer hinweg zur Eroberung des Planeten geführt hat. Vielleicht entspricht es nicht der Vernunft, die Verzweiflung jedoch ist mit Sicherheit vernunftwidrig: Sie löst kein Problem, schafft neue Probleme und ist ihrer Natur nach ein Leiden. Es stimmt zwar, daß manche meiner Erzählungen in eine Katastrophe münden, doch handelt es sich, zumindest war das meine Absicht, um ironische und sozusagen bedingte Katastrophen: Wir werden so enden, wenn wir nicht rechtzeitig Vorsorge treffen, aber wir haben die Mittel, den Verstand und die Kraft, Vorsorge zu treffen.

Erlauben Sie uns eine außerliterarische Frage. Ihrer Ansicht nach kann die »Wiederherstellung der planetarischen Ordnung« nur von der Technik kommen, deren lösungsorientiertes Wirken die »politischen Fragen« verblassen läßt. Doch Wissenschaft und Technik haben sich als treue und blinde Mägde der Macht erwiesen. Meinen Sie nicht, daß das Problem wiederum ein ausgesprochen politisches ist?

Wenn jedes Problem einer Prioritätsentscheidung ein politisches ist, dann ist klar, daß wir uns an die Politiker wenden müssen: Zunächst gilt es, sich über den Sinn der Wörter zu verständigen. Aber diese Politiker werden allein auf sich gestellt gar nichts ausrichten können; schon jetzt können sie das nicht.

Es stimmt, daß die Techniker, zu ihrer Schande sei es gesagt, im Laufe der letzten Jahrzehnte vor den Weisungen der Politiker zurückgewichen sind, aber das ist nicht der bedeutsamste Punkt und noch nicht einmal der Hauptfehler der Techniker. Nur wer sich von den politischen Tagesereignissen berauschen läßt, merkt nicht, daß die gigantischen Veränderungen in der heutigen Welt, gute wie schlechte, von den Laboratorien ausgehen und nicht von den Parlamenten: neue Anbaukulturen und neue Waffen, neue Krankheiten und neue Therapien, neue Energiequellen und neue Umweltbelastungen. Meines Erachtens bestand die Hauptschuld der Techniker (bei den Wissenschaftlern ist die Frage anders zu stellen) nicht darin, daß sie vor der Macht kapitulierten, sondern darin, daß sie ihre eigene Kraft und das Ausmaß der von ihnen ausgelösten Veränderungen unterschätzten: das ist der *Formfehler*. Ich denke, er ist nicht unumkehrbar, ich hoffe, daß alle Techniker der Welt begreifen, daß die Zukunft davon abhängt, daß sie ihr Gewissen wiederfinden: Ich bin sicher, daß es möglich ist, das Gleichgewicht wiederherzustellen, möglich mit den derzeit verfügbaren Mitteln, ohne daß hypothetisch neue Entdeckungen gemacht werden müssen, und vor allem ohne Massenmorde.

»L'Adige«, 11. Mai 1971

Giorgio De Rienzo und Ernesto Gagliano
Die Vernunft darf nicht auf Urlaub gehen

Primo Levi [...] hat soeben ein neues Werk veröffentlicht: *Das periodische System.* Es sind einundzwanzig Kapitel, jedes einem chemischen Element gewidmet und inspiriert von einem bestimmten Abschnitt seines Lebens. Da ist der Krieg, die Forschungsarbeit im Labor, die Haft im nazistischen Lager, die mühsame Rückkehr zur Normalität. Neben der Auseinandersetzung mit den Menschen steht die mit der Materie: Sie ist manchmal abweisend, ein andermal freundlich und heilsam. Die Prosa ist klar und ausgewogen, eine Mischung aus Ironie und Emotion. Die Vorgänge (auch die gewaltsamen und stürmischen) ordnen sich in einen Rahmen ein, der von der Vernunft beherrscht erscheint. Wir haben Primo Levi ein paar Fragen gestellt.

Kann man Ihr Buch als die Autobiographie eines Chemikers bezeichnen?

Unter einem gewissen Aspekt sicherlich ja, aber ein Buch, das nur einen Aspekt aufweist, das sich nur auf eine Art und Weise lesen läßt, ist meiner Ansicht nach ein dürftiges Buch. Ein Buch, das etwas taugt, ist zwangsläufig, nun, ich würde nicht sagen, zweideutig, aber vieldeutig. In diesem Fall verbirgt sich, meiner Intention nach, hinter der Existenz des Chemikers die Conditio humana überhaupt.

Sie haben von der Auseinandersetzung des Menschen mit der Materie gesprochen. Welches Verhältnis besteht zwischen beiden?

Auch das Verhältnis zwischen Mensch und Materie ist in diesem Buch ambivalent. Die Materie ist, auch etymologisch gesehen, Mutter, aber sie ist zugleich Feindin. Gleiches läßt sich von der Natur sagen. Übrigens ist der Mensch selbst Materie und befindet sich im Konflikt mit sich selbst, wie alle Religionen erkannt haben. Die Materie ist auch eine Schule, die eigentliche Schule. Im Kampf gegen sie reift und wächst man. In diesem Kampf siegt oder verliert man, und die Materie wird abwechselnd als listenreich oder als stumpfsinnig empfunden, was keinen Widerspruch darstellt, denn es sind zwei unterschiedliche Aspekte.

Ihre Prosa kennt keine jähen Sprünge: eine klare Konstruktion, von gelassener Ruhe und Distanziertheit. Wie haben Sie es geschafft, nach so viel selbsterfahrenem Leid wie der Verfolgung und dem Erlebnis des Lagers an den Triumph der Vernunft zu glauben?

An die Vernunft zu glauben bedeutet, an den eigenen Verstand zu glauben, es bedeutet nicht, daß die Vernunft die Welt regiert, und auch nicht, daß sie den Menschen regiert. Das Scheitern der Vernunft miterlebt zu haben, und damit meine ich nicht nur den Nazismus, sondern auch den Faschismus hiesiger Machart, darf und kann nicht zur Kapitulation verleiten. Ich würde mit Calamandrei[1] sagen, daß es für unsere Generation keinen Abschied gibt. Auch für die Vernunft gibt es keinen Abschied, man kann sich nicht von ihr beurlauben. Was mich betrifft, so bin ich argwöhnisch gegenüber jedem Fehlen von Vernunft. Darum halte ich alle Berufe, die mit dem Verstand arbeiten, für heilsam, und mein Beruf gehört dazu. Nicht zufällig habe ich in diesem Buch ständig meinen Beruf mit der Jagd verglichen. Der Mensch ist zum Menschen geworden durch die Jagd, das heißt, indem er seinen Verstand einsetzte.

Kann Ihrer Meinung nach jedes chemische Element eine besondere menschliche Bedeutung annehmen?

Wir wollen nicht übertreiben. Samarium und Gadolinium werden vorläufig im allgemeinen als lediglich abweisende und fremdartige Elemente wahrgenommen. Aber es ist eine Frage der Zeit und des Umgangs damit, wie bei den Menschen auch. Andere Elemente (beispielsweise Eisen, Gold, Schwefel), also all jene mit einer langen Geschichte, besitzen zweifellos eine menschliche Physiognomie, einen anthropomorphen Zug. Diesen Zug habe ich zum Beispiel in der Erzählung über Blei benutzt, doch wäre es nicht schwer, gleiches auch mit Sauerstoff oder Kupfer zu tun. Und dazu bedürfte es auch gar keines Chemikers.

Sie glauben, daß Arbeit Freude bereiten kann. Weshalb?

Nicht alle Arbeiten sind erfreulich. Das ist eine traurige und offenkundige Wahrheit. Es wäre jedoch ein Wohl für das Individuum und somit auch für die Gesellschaft, wenn die gewählte Arbeit zu denen zählte, die man als angenehm empfinden kann. Wer das schafft, kann mit einiger Wahrscheinlichkeit das Glück kennenlernen, zumindest gelegentlich.

Albern und auch niederträchtig erscheint mir die geläufige masochistische Manier, der zufolge die Arbeit als eine Verdammnis im biblischen Sinne betrachtet wird. Daraus wird eilfertig gefolgert, daß Arbeiten Leiden bedeute und daß es somit besser sei, nicht zu arbeiten. Doch so ist es nicht, oder jedenfalls nicht zwangsläufig. Bereits heute ist die Arbeit, man denke beispielsweise an die Feldarbeit, sehr viel weniger belastend als vor vierzig Jahren, und so kann es in allen Bereichen werden.

In diesem Buch habe ich versucht, den Adel unserer Arbeit ins Licht zu rücken, ihren erzieherischen und bildenden Wert, im Widerstreit mit den noch heute in unserem Land gängigen Ideologien, wonach der einzige Weg zu Kultur und Reife über Latein, Griechisch und die ästhetische Analyse führt, während Mathematik und Physik nutzlose oder allenfalls zu Berufszwecken, als Broterwerb nutzbringende Abstrusitäten wären. Ihnen wird schon aufgefallen sein, daß man oft hören kann, wie jemand ganz ohne Scham, ja sogar prahlerisch erklärt: »Algebra habe ich nie begriffen«, während niemand eingesteht, daß er die italienische Orthographie oder Grammatik nicht beherrscht, auch wenn er sie tatsächlich nicht beherrscht. Ich habe vorzuführen versucht, daß eine Wissenschaft oder Technik nicht nur Sujet eines Buches sein kann, sondern auch eine Schule des Denkens und somit des Schreibens. Ich wäre froh, wenn ein Biologe oder Physiker es mir nachtun würde. Die Mediziner sind ja schon seit geraumer Zeit darauf gekommen.

»Stampa Sera«, 13. Mai 1975

1 Piero Calamandrei (1889-1956), Jurist und Politiker, trug entscheidend zur Ausarbeitung der italienischen Verfassung bei, war Herausgeber der Zeitschrift »Il Ponte«.

Silvia Giacomoni
Der Zauberer Merlin und
der Homo faber

Primo Levi ist ein kleiner, zurückhaltender Mann. Doch tief in seinen Augen schimmert ein Funke Ironie. Wir zielen auf diese Ironie, wenn wir ehrlich bekennen, in welche Verlegenheit jemand kommt, der einen Mann interviewen soll, von dem höchst unterschiedliche Bilder nebeneinanderher bestehen. Das Bild des Mannes, der jenen Stimme verlieh, die sie verloren haben – beinahe ein Prophet. Das Bild des Mitglieds eines kleinen Turiner Clans, der für Außenstehende ein wenig hochmütig wirkt. Das Bild des Autors von Büchern, die sich um die Welt der technischen und wissenschaftlichen Arbeit drehen, gleichsam als ob er in bescheidenerem Maßstab eine illustre lombardische Tradition fortführte. Während wir sprechen, sehen wir, wie die Ironie über die Zurückhaltung siegt. Levi lacht offen heraus, als er den Namen Cattaneo* hört. Er ruft aus: »Ja, sollte ich denn Ihrer Meinung nach mein ganzes Leben lang den KZ-Heimkehrer spielen? Damit wir uns recht verstehen, ich bin ein Heimkehrer, aber ich will nicht nur über Auschwitz schreiben. Ich will mich auch an die jüngeren Generationen wenden. Sehen Sie, ich habe in mindestens hundertdreißig Schulen über *Ist das ein Mensch?* gesprochen, aber solche Einladungen nehme ich jetzt nicht mehr an. Seit einiger Zeit werde ich hin und wieder gefragt, ob ich wirklich die Wahrheit erzählt habe. Und andererseits habe ich mich davon überzeugt, daß der Diskurs

---

* Carlo Cattaneo (1801-1869), in Mailand geborener Historiker und republikanischer Politiker des Risorgimento, verbreitete in seiner Zeitschrift »Il Politecnico« (1839-1844 und 1860-1869) die wissenschaftlichen und technischen Erkenntnisse der Zeit mit dem Ziel der Förderung des gesellschaftlichen und sozialen Fortschritts (Anm. d. Übers.).

über die Lager zwar nach wie vor Erschrecken hervorruft, aber nicht mehr aktuell ist.

Die Gefahr einer Wiederkehr jener Welt besteht, zumindest in Europa, heute nicht; oder aber sie kommt an zweiter, dritter Stelle hinter anderen Bedrohungen, anderen Ängsten, vor allem anderen Ungewißheiten.«

Und Sie meinen, daß Sie mit einem Buch wie Der Ringschlüssel *auf die heutigen Ängste und Unsicherheiten eine Antwort geben?*

Ja, ich denke, daß die Erörterung des Themas Arbeit wichtig ist. Mir sind die Gründe, aus denen ich dieses Buch geschrieben habe, nicht unbedingt klar. Ich behaupte gern, ich wollte eine ökologische Nische ausfüllen: Die Literatur wimmelt von Herzoginnen, Prostituierten, Abenteurern, weshalb nicht auch einen von uns, einen Verwandler der Materie, hineinbringen? Und außerdem kam mir das Gerede der Achtundsechziger über die Arbeit sehr abstrakt vor. Ich meine die Salongewerkschafter, für die die Welt aus Fließbandsklaven und bösen Unternehmern besteht. In Wirklichkeit ist die Welt vielgestaltiger, zwischen jenen Extremen gibt es eine Zone, in der die Arbeit weder Strafe noch Entfremdung bedeutet. Wie die Arbeit, die ich viele Jahre getan habe, als Leiter eines kleinen Betriebes. Das waren keine vergeudeten Jahre. Ich habe in der Arbeit ein Conradsches Bild vom Leben vorgefunden, die Bedeutung des Menschen, der auf ein Ziel hinarbeitet, und sein positives Wirken. Ich habe die Übernahme von Verantwortung im Gegensatz zur Ablehnung von Verantwortung erlebt: eine Art des Erwachsenwerdens.

Und da haben Sie Faussone ersonnen, den überaus geschickten Turiner Mechaniker, der seine Abenteuer erzählt, Abenteuer, wie sie einem Mann zustoßen, der durch die Welt reist, um Kräne und Gittermasten zu montieren. Faussone spricht eine höchst eigentümliche Sprache, ein sehr amüsantes piemontesisches Italienisch. Weshalb?

Es erschien mir ungerecht, daß Pasolini seine *Ragazzi di vita* in römischer Mundart sprechen ließ, Eduardo De Filippo seine Figuren auf neapolitanisch, während den Piemontesen dergleichen nicht erlaubt sein sollte.

Dieses Italienisch von Faussone existiert: eine demokratische, vielleicht verdorbene Sprache, das Italienisch, wie es in den Fabriken gesprochen wird. Ich habe großen Spaß daran gefunden, Faussones Sprache niederzuschreiben, ich habe noch nie mit solcher Leichtigkeit geschrieben, und ein paar Journalisten hatten den Eindruck, diese Person existiere wirklich. Wahrscheinlich deswegen, weil die Geschichten, die ich ihn erzählen lasse, allesamt wahr sind, nur nicht die von dem kleinen Affen. Die erste, die von dem bösen Zauber, die ich in einem nicht näher benannten Land des Nahen Ostens ansiedle, hat sich in Wirklichkeit in Mailand ereignet, in einer Fabrik, deren Betriebsrat sich aus Süditalienern zusammensetzte. Ich habe sie von einer Freundin Roberto Leydis[1] gehört.

Als ich Ihr Buch las, habe ich jedoch das gleiche Gefühl gehabt wie als kleines Mädchen bei der Lektüre eines populärwissenschaftlichen Buches: Es erzählte vom Zauberer Merlin, der eines Nachts einen Jungen aus dem Bett holt und ihn zu einer Reise durch das Universum mitnimmt, ihm die Gesetze des Magnetismus, der Schwerkraft erklärt. Ich dachte: Aber weshalb den Zauberer Merlin bemühen, wenn doch alles wahr ist? Und ich verstehe, daß Sie Spaß an Faussone gehabt haben. Aber weshalb ihn erfinden, wo doch die Geschichten wahr sind?

Weil es sehr schwer ist, diese Geschichten auf italienisch zu erzählen; ihre Sprache ist eine andere. Es gibt im Italienischen technische Fachausdrücke, die niemand benutzt und noch nicht einmal versteht. Der Homo faber spricht die Sprache von seinesgleichen. [...] Versuchen Sie, Giovannin Bongée[2] Italienisch sprechen zu lassen. Es ist nicht bloß eine Laune, wenn

Carlo Porta ihn im Mailänder Dialekt sprechen läßt. Ich weiß nicht, ob mir das Vorhaben gelungen ist, aber ich glaube nicht, daß die Voraussetzung falsch ist. Und außerdem: Mag Faussone auch erfunden sein, so ist es sein Vater beispielsweise nicht. Ihn habe ich mir von einem Kesselschmied ausgeborgt, einem Arbeiter in dem Betrieb, den ich leitete. Sein Vater war ein Eisenschläger, ich hatte ihn vor Jahren kennengelernt. Und als ich Faussone einen Vater geben mußte, habe ich den Kesselschmied gebeten, mir die Geschichte seines Vaters zu erzählen. Er hat sofort begriffen, was es hieß, »seine Geschichte zu erzählen«. Ich habe ihm die Fahnen zum Durchlesen gegeben, und er hat zwei oder drei Fachausdrücke korrigiert.

Doch während Sie von der Arbeit reden, ziehen andere Leute die geschichtliche Wahrheit der nazistischen Lager in Zweifel. Am Ende werden sie in Vergessenheit geraten, so wie man die Massaker an den Katharern und Albigensern vergessen hat.

Ich habe zwar, seit ich schreibe, die Rolle des KZ-Heimkehrers abgelegt, aber ich bin nach wie vor einer. Nächste Woche bin ich mit Nelo Risi und Ludovico Belgioioso[3] zusammen, um eine Gedenkstätte für die Italiener in Auschwitz zu organisieren. Doch in den vergangenen fünfunddreißig Jahren habe ich verschiedenartige Erfahrungen gesammelt, und es erschien mir sinnvoll, davon zu erzählen. Und Giovanni Raboni hat hervorgehoben, daß es von *Ist das ein Mensch?* zum *Ringschlüssel* ein wiederkehrendes Grundmotiv gibt: das Eintreten für die Würde des Menschen.

Mein nächstes Buch[4] wird ein sehr heikler Diskurs über das Zwiespältige an der Situation des Häftlings, über die Schwierigkeit, ein Urteil über ihn zu fällen. Es ist ein gewaltiges Problem, weil der typische Häftling im Lager ums Leben gekommen ist. Der Überlebende hat überlebt, weil er irgendein Privileg genossen hat: Ich war Chemiker. Es ist schwierig zu beurteilen, wo die Grenzen der Kompromittierung liegen. Es gibt eine ganze Stufenleiter, die da beginnt, wo man sich auf das Überleben einläßt, sich mithin darauf einläßt, für den Feind zu arbeiten. Ich sagte Ihnen ja, es ist ein heikles Unterfangen, vor allem weil es falsche Aussagen darüber gegeben hat, einen verfälschenden Film wie den von Liliana Cavani[5], über die Identifizierung des Opfers mit dem Henker. Natürlich passierte im Lager alles mögliche, wirklich alles, aber die Frauen waren keine Sexualobjekte. Sie waren häßlich, sie verloren ihre Haare, sie wirkten alt.

Vielleicht gehört Cavani einer Generation an, für die es möglich ist, vom Nazismus in Metaphern zu sprechen. Doch sagen Sie mir: Sie sind ein guter Kenner der jüdischen Kultur – wann haben Sie angefangen, sie zu studieren?

Als ich ein Junge war, bedeutete die Tatsache, daß ich Jude war, für mich so gut wie gar nichts. Ich ging nicht in den Tempel. Ich hatte jüdische und christliche Freunde, mehr jüdische als christliche, um die Wahrheit zu sagen. Die Rassengesetze jedoch haben in mir, wie in allen unterdrückten Minderheiten, gleichzeitig einen Überlegenheits- und Minderwertigkeitskomplex hervorgerufen. In Turin gab es unter uns hochgebildete junge Leute. Sie hatten eine sehr reizvolle These entwickelt, eine Gleichsetzung von jüdischer Kultur und Freiheit. In diesem Lichte lasen wir auch die Geschichte von Esther und Mardochai. Man konnte das tun, denn in dieser jüdischen Kultur findet man alles, und unleugbar gibt es darin auch eine libertäre Tradition. Später, in Auschwitz, kam ich in Berührung mit einer Welt, die ich nicht kannte, der Welt der Ostjuden, die uns heute dank Singer, dank Bellow vertraut ist. Es mag anmaßend klingen, wenn ich das sage, aber ich habe meinen Spaß daran gehabt, daß ich um mich herum derart unglaubliche Menschen vorfand, die abends, statt ins Bett zu gehen, auf jiddisch über Streitfragen des Talmud diskutierten, im höchsten Maße darüber entrüstet, daß ich nicht Jiddisch sprach. Nach ihrer Ansicht konnte ich kein Jude sein, weil ich nicht Jiddisch sprach. Vor allem waren da die Kälte, der Hunger und alles übrige, aber darüber hinaus gab es auch das: eine Art geistiges Abenteuer.

Heute wird der Terminus »Lager« oft in bezug auf die Russen, die Irrenanstalten gebraucht. Wie wirkt das auf Sie?

Ich habe das erste Buch von Solschenizyn[6] gründlich studiert, um die Ähnlichkeiten und die Unterschiede zwischen den russischen und den deutschen Lagern zu erkennen, und ich kann eines sagen: In den russischen Lagern war der Tod ein Nebenprodukt, nicht der Zweck. Und das macht einen gewaltigen Unterschied. Was das übrige angeht ... Sicher, das Irrenhaussystem ist nicht schön. Aber wenn ich dann etwa höre: Die Fiat-Werke sind ein Lager ... Also nein, das ist verletzend.

»la Repubblica«, 24. Januar 1979

1 Musikethnologe.

2 Carlo Porta (1775-1821), Mailänder Dialektdichter, Autor zahlreicher Werke, darunter: *I desgrazi de Giovannin Bongee, Olter desgrazi de Giovannin Bongee* und *La Ninetta del Verzee*. Levi hat ihn in sein persönliches Lesebuch *La ricerca delle radici* (1981) aufgenommen.

3 Nelo Risi, Filmregisseur und Lyriker; Ludovico Barbiano di Belgioioso, Architekt, Begründer des Studios BBPR.

4 Es handelt sich um *Die Untergegangenen und die Geretteten*.

5 Über den Film *Der Nachtportier* von Liliana Cavani aus dem Jahr 1974 hat sich Levi mehrfach geäußert.

6 *Ein Tag im Leben des Iwan Denissowitsch* (russisches Original 1962).

Marco Belpoliti
Anmerkung zur Rezeptionsgeschichte
des *Ringschlüssels*

Das Erscheinen des *Ringschlüssels* (1978) löst in der Presse sofort erhebliches Interesse aus, teils weil Levi mit einem Buch von unerwarteter Thematik, der Arbeit eines Kranmonteurs, hervortritt, teils weil die Frage der Arbeit zu jenem Zeitpunkt im Zentrum der gesellschaftlichen und gewerkschaftlichen Debatten steht. Zudem gewinnt das Buch im Juli jenes Jahres den Premio Strega, und Levi antwortet schriftlich auf die Fragen der Zeitschrift »Uomini e libri«.[1] In einem der ersten Interviews, mit Giorgio Manzini[2], legt Levi im einzelnen die Themen dar, die dann in der auch von negativer Kritik begleiteten Diskussion über sein Buch immer wieder anklingen sollten: Die Arbeit ist eines der wenigen Instrumente, die dem Menschen zu seiner Selbstverwirklichung zur Verfügung stehen; gewiß ist sie kein weites Tor hin zu diesem Ziel, »aber es ist vielleicht das einzige Tor, zumal jetzt, in dieser Periode der Verwirrung und Unsicherheit, in der religiöse und politische Überzeugungen ihre Konturen einbüßen«. Die Tageszeitung »La Stampa« veranstaltet ein Gesprächsforum zu der Frage; Teilnehmer sind neben Levi zwei nationale Gewerkschaftsführer, Pierre Carniti (CISL) und Giorgio Benvenuto (UIL), sowie der Wirtschaftswissenschaftler Paolo Sylos Labini.[3] Der Schriftsteller antwortet auf die kritischen Bemerkungen der Gewerkschafter, die in der Berufung auf Professionalität – eine Zauberformel jener Jahre – die alte hierarchische Nostalgie erblicken, während die Realität der Fabrikarbeit am Fließband und in der dequalifizierten Arbeit zu finden sei; Levi gebraucht in seiner Erwiderung das Wort *competenza* (Fachkenntnis), Sylos Labini stimmt ihm zu. Die folgenden Interviews greifen analoge Fragestellungen auf; das Thema der Arbeitsverweigerung erscheint hochaktuell, und in einem anderen Gespräch erwähnt Levi eine Aufschrift an einer Mauer in der Nähe seines Wohnhauses: Über Arbeit wird nicht diskutiert, sie muß vernichtet werden.

In einem Gespräch, das in einer linksextremen Zeitung, »Il Quotidiano dei Lavoratori«[4], erscheint, bekennt der Schriftsteller, daß seine Erkundung der Arbeitswelt auch Gefahren birgt: »Es besteht die Gefahr, das Buch als rechtsorientiert zu begreifen, denn bei mir hat ›Il Borghese‹ [rechtsgerichtete Wochenzeitung – Anm. d. Hg.] angerufen und um ein Interview gebeten, was ich abgelehnt habe.« Poli fragt: »Aus welchen Gründen kann Ihrer Ansicht nach das Buch von rechter Seite instrumentalisiert werden?« »Weil es von den Pflichten und weniger von den Rechten handelt. Das ist in der Tat gefährlich. Es bedeutet, das Recht auf Protest zu dämpfen, zu unterdrücken. Das erkenne ich durchaus. Mir war klar, daß dieses Risiko besteht, aber ich habe das Buch trotzdem geschrieben. Denn die Tatsache an sich, daß jemand es nicht ablehnt, sich an den realen Dingen zu messen, weist gewiß weder auf eine rechte noch auf eine linke Position hin. Sie gehört zum Mechanismus des Tieres Mensch und muß als solche erkannt werden.«

Anderen Gesprächspartnern liegen dagegen die literarischen Themen des Buches am Herzen. Alfredo Cattabiani[5] befragt ihn danach. Levi antwortet: »Als ich den Roman schrieb, habe ich das Bedürfnis verspürt, eine dumpfe Polemik gegen die Literaten zu artikulieren, welche sich, im Unterschied zu den Technikern, oftmals ihren ›Produkten‹ gegenüber nicht verantwortlich fühlen. Eine schlechtgebaute Brücke und eine fehlerhafte Brille haben unmittelbar negative Folgen. Ein Roman nicht.« Und hinsichtlich des Anteils an Erfindung, den das Buch enthält: »Faussone existiert nicht, er ist vollständig von mir erfunden. Seine Abenteuer habe ich technischen Darstellungen in Fachzeitschriften entnommen. In der Vergangenheit habe ich immer authentische Geschehnisse erzählt, mit diesem Buch hingegen bin ich zum Fälscher geworden.«[6] Später wird er allerdings bei mehreren Gelegenheiten berichten, daß er in einer Schule, bei einem Vortrag im Rahmen des Arbeiterbildungsurlaubs, einem Arbeiter namens Faussone begegnet sei, der Mechaniker und Monteur war.

Gegenstand vieler Interviews ist das Thema der Sprache des Buches, des piemontesisch gefärbten Italienisch; in einem Gespräch erklärt Levi, daß er beim Schreiben keinen Plan hatte, sondern daß er »ein nichtliterarisches, ja antiliterarisches Buch schreiben wollte, das also möglichst wenige Zugeständnisse an den gehobenen Stil enthalten sollte. Aus diesem Grund habe ich meiner Figur eine im wesentlichen gesprochene Sprache zugeordnet, und vor allem die Sprache seines Berufs. [...] Gerade darum habe ich diese Figur ausgewählt: in einer Art subtiler Polemik gegen mich selbst, gegen die gehobene, elegante, saubere Form des Schreibens, eines Schreibens, das im Grunde dem alltäglichen Leben fernsteht.«

In einem langen Fernsehgespräch mit dem Historiker Nicola Tranfaglia[7] über das Thema der Arbeit behandelt Levi ausführlich diese Fragen, wobei er, wie bereits in anderen Interviews, den großen Unterschied zwischen der Fabrikarbeit und der Arbeit im Lager betont und die Arbeitsweisen und Hierarchien der Arbeit im Konzentrationslager schildert; hier spricht er erstmals ausführlich von der Arbeit des Schriftstellers und definiert sie abermals als eine Nichtarbeit. Daß *Der Ringschlüssel* ein paradigmatisches Buch auch hinsichtlich der Geschichte der Arbeit in Italien ist, wird in einem Interview von 1982 für die Zeitung »Il Sole-24 Ore« bekräftigt.[8]

1 *Scienza, tecnica e tecnologia possono costituire una ricca miniera di materia prima per chi intenda scrivere* (Wissenschaft, Technik und Technologie halten für jeden Schreibwilligen einen reichen Vorrat an Stoff bereit), Januar/Februar 1979.

2 Giorgio Manzini, *Elogio del libero lavoro* (Lob der freien Arbeit), in: »Paese Sera«, 11. Dezember 1978.

3 *Diventa sfida il lavoro ben fatto* (Die gutverrichtete Arbeit wird zur Herausforderung), zusammengestellt von Sergio Reggiani, »La Stampa«, 14. Januar 1979.

4 Francesco Poli, *Tino Faussone, la storia di un operaio specializzato* (Tino Faussone, die Geschichte eines Facharbeiters), 28. Februar 1979.

5 *Quando un operaio specializzato diventa un personaggio letterario* (Wenn ein Facharbeiter zur literarischen Figur wird), in: »Il Tempo«, 21. Januar 1979.

6 Giorgio De Rienzo, *Lavorare piace* (Arbeiten macht Spaß), in: »Famiglia Cristiana«, 21. Januar 1979.

7 *Con il sudore della fronte* (Mit Schweiß auf der Stirn), gesendet am 22. Mai 1981 auf Kanal RAI 3, Schul- und Bildungsfernsehen.

8 Salvatore Carrubba, *La prosa è un gioco di molecole* (Prosa ist ein Spiel mit Molekülen), 12. September 1982.

Aurelio Andreoli
Für Primo Levi ist dies eine andere Art,
»ich« zu sagen

In Primo Levis jüngstem Buch, *La ricerca delle radici* (Einaudi, 1981), sind Texte gesammelt, die den Leser als eine Art hypothetischer Universalbibliothek erwarten. Also eine Anthologie, zusammengestellt mit dem Gedanken, daß alle Literaturen seit Homer gleichzeitig existieren und eine einheitliche Ordnung bilden, trotz der Vielfalt der Gattungen: der satirischen, dramatischen, epischen. Unter den ausgewählten Texten: *Das Buch Hiob* oder die Erlebnisse eines Gerechten, das die Geschichte Platos vorwegnimmt, die Passage der *Odyssee*, in der Odysseus sich Niemand nennt, Thomas Manns *Geschichten von Jaakob* nach der jüdischen Überlieferung. *Moby Dick* oder die visionäre Welt von Herman Melville, *Il Milione*, die Erinnerung von Geschehnissen, fast ein Traum, wie ihn Marco Polo nach seiner Reise berichtete, *De rerum natura* von Lukrez, *Mord in der Kathedrale* von T. S. Eliot oder die christliche Hoffnung in Zeiten der Verzweiflung. [...]

Weshalb eine persönliche Anthologie?

Die Idee stammt von Giulio Bollati[1]. Es ist eine Sammlung von Texten, die die persönliche Lektüre des Autors zur Grundlage hat. Deshalb steht das Reflexive, der sich selbst befragende Autor, an zweiter Stelle. Wobei eine derartige Auswahl stets eine autobiographische Arbeit bedeutet. Aber ich bin nicht ganz darin aufgehoben. Ich bin kein geborener Schriftsteller, meine »Wurzeln« sind nur teilweise literarisch, dreißig Jahre lang habe ich den Beruf des Chemikers als Vollzeittätigkeit ausgeübt, mit Momenten der Begeisterung und Enttäuschung, ein Leben im Leben.

Warum der Titel Die Suche nach den Wurzeln *? Ist es vielleicht ein Versuch, jenen Teil der eigenen kulturellen Identität, der über Lektüre aufgenommen wurde, zu analysieren?*

Ich bin unfähig zur Selbstanalyse, meine Arbeit vollzieht sich nachts, sie ist oft dem Unbewußten ausgeliefert. Ich hätte das Buch gern genannt: »Eine andere Art, ›ich‹ zu sagen«. Im Vorwort stelle ich mir die Frage: Welchen Anteil an unseren Wurzeln haben die von uns gelesenen Bücher? Und in unserem Fall: Wieviel vom Geschriebenen leitet sich her von Lektüre? Viele Dinge kommen natürlich bei mir »von woanders«, nicht aus gelesenen Büchern, sondern zum Beispiel aus dem Erleben des Lagers (Verhaftung, Reise, Deportation), wovon mein erstes Buch *Ist das ein Mensch?* geprägt ist.

Wer ist der Leser Ihrer Anthologie? Kann dieses Buch auch ein Leitfaden zur Zusammenstellung einer persönlichen Bibliothek aus erzählender Prosa und Lyrik sein?

An einen didaktischen Gebrauch habe ich nicht gedacht. Auch wenn eine Variante dieses Buches eine Art persönliche Anthologie für eine Einaudi-Schulbuchreihe bilden soll. Meine Leser …? Zunächst meine Chemikerkollegen, die Leser meiner früheren Bücher, die Erforscher persönlicher und kollektiver »Wurzeln«, die Kritiker, falls ich damit nicht zu hoch strebe, vor allem aber junge Menschen, auch wenn mir eine erzieherische Absicht fernliegt.

Welche unserer italienischen Gegenwartsautoren können wir Ihrer Ansicht nach für eine angenommene Universalbibliothek bewahren?

Da bin ich ein wenig auf der Hut. Gewiß stürze ich mich nicht auf die gerade erscheinenden Bücher. Ich warte ab, ob sie überleben. Zum Glück bin ich kein Leser von Berufs wegen.

Ich bin der Pflicht enthoben, alles zu lesen, von allen und unverzüglich. Ohne Zweifel würde ich Calvino bewahren, Rigoni Stern, weil er ein mir verwandter Schriftsteller ist, D'Arrigo [2], um einem allzu häufig vergessenen Autor Gerechtigkeit widerfahren zu lassen, Elsa Morante, Natalia Ginzburg.

Warum haben Sie große klassische Autoren aus Ihrer Bibliothek ausgeschlossen?

Dante und Manzoni sind nicht enthalten, weil die *Göttliche Komödie* zu allen Universalbibliotheken gehört. Sinnvoll wäre es gewesen, Leopardi und Boccaccio aufzunehmen, aber auch in diesen Fällen habe ich Bücher, die zum geistigen Erbe aller gehören, nicht berücksichtigt. Trotzdem muß ich hinzusetzen, daß Leopardi nie zu meinen Autoren gezählt hat, aus tiefliegenden Gründen, glaube ich, weil ich die Welt nicht mit der Verzweiflung von Leopardi betrachte. Weil ich in ihr schwimme …

Und doch haben Sie in Ihre Sammlung, in den Abschnitt unter der Überschrift »Der Mensch leidet zu Unrecht«, Eliot und Babel aufgenommen?

Jawohl, doch ich spüre bei Eliot und Babel irgend etwas, was die Verzweiflung überwindet. Bei Eliot den Glauben, den ich nicht teile, und bei Babel den Lebenselan, der ihn aus einem Juden in einen Kosaken verwandelt. Mir scheint, die Verzweiflung, die wir bei Babel finden, ist postumer Natur, das heißt, sie wird ihm zugeschrieben wegen seines Schicksals, weil er umgebracht wurde. Mir kommt Babel eher wie ein Abenteurer vor, ein Erforscher des Geistes. Die reine Verzweiflung ist hingegen bei Celan zu finden, einem weiteren Autor, den ich aufgenommen habe.

Kommen wir zu einem anderen wichtigen Strang Ihrer Lektüre, den Sie selbst als »die Bewahrung des Lachens« bezeichnen, also Rabelais, Porta, Belli, Scholem Alejchem …

Was die Schriftsteller dieser Dynastie miteinander verbindet, ist der vergnügliche und geniale Gebrauch der Sprache. Es sind durchweg Erneuerer der Sprache, bewußt oder unbewußt Philologen. Bei ihnen allen entsteht das Lachen aus der Sprache, die sie verwenden. Swift taucht hier nicht auf, weil sein Lachen bitter ist. Vielleicht hätte ich Samuel Butler hinzunehmen sollen, als ironischen Zensor, phantasiebeflügelten Gelehrten. Die häufigste Frage meiner Freunde oder der Leser lautete: Weshalb hast du in die Anthologie nicht diesen Autor aufgenommen und jenen weggelassen? Doch ist ja begreiflich, daß ich andere Vorlieben haben kann.

Warum haben Sie unter den Zeitgenossen Jorge Luis Borges ausgelassen?

Ich kenne ihn nur unzureichend, und ich würde sagen, ich empfinde für ihn eine dumpfe Antipathie. Ich nehme bei Borges etwas wahr, was mir fremd und fern ist. Überdies wäre es vermessen, wollte ich all meine Sympathien und Antipathien rechtfertigen. Einige sind offenkundig, andere weniger. Gerade meine Sympathie für Rabelais ist anscheinend unbegreiflich. Und doch ist er von allen derjenige, dem ich mich am meisten verbunden fühle, fast wie ein Sohn. Wenn ich könnte, würde ich ihn als Vater erwählen.

Warum haben Sie, der Sie aus der jüdischen Tradition kommen, einen großen Schriftsteller wie Isaac Bashevis Singer ausgelassen?

Weil ich gar nicht so überzeugt bin, daß er ein großer Schriftsteller ist. Jedenfalls schreibt er zuviel, und außerdem erscheint er mir auch als ein verwässerter Schriftsteller. Gewiß ist er mir als Mensch lieb und teuer, aber ich würde lügen, wenn ich ihn unter die Schriftsteller einreihte, die ich lese und immer wieder lese – und das ist das Thema. Ich glaube nicht, daß er genug »Saft und Kraft« hat, um unter die erstrangigen Autoren eingereiht zu werden. Ich fürchte, eine Generation später wird er nur noch von Spezialisten gelesen. Wenn man einen Text von Singer dem des weniger bekannten, aber von mir angeführten jiddischen Schriftstellers Scholem Alejchem gegenüberstellt, so versteht man, welcher Unterschied in bezug auf »kraftvollen Stil« zwischen beiden besteht.

Und weshalb haben Sie Autoren der mitteleuropäischen Literaturtradition beiseite gelassen: Proust, Musil, Kafka?

Proust finde ich langweilig, Musil kenne ich nicht ausreichend, und Kafka flößt mir ebenfalls ambivalente Empfindungen ein, einerseits das Gefühl, grundgewichtige Bücher vor mir zu haben, andererseits einen Widerwillen psychoanalytischer Art.

Sprechen wir auch von Ihren literarischen Antipathien …

Antipathien sind nicht immer rational begründet, sie können zufälligen Ursachen oder Umständen gehorchen, sei es, daß man auf den falschen Text gestoßen ist, sei es, daß der Text zwar richtig, aber der Zeitpunkt falsch war. Unter den Autoren, deren Werk ich Antipathien entgegenbringe, ist Dostojewski zu nennen. Erst vor kurzem habe ich wieder versucht, in einen Text einzudringen, aber die mühselige Schreibweise stößt mich ab. Ich finde diese Mischung aus wunderbarer introspektiver Hellsichtigkeit und Konfusion im Schreiben schwer erträglich. Es wäre angebracht, seine Bücher auf ein Drittel ihres Umfangs zu kürzen. Man muß hinzufügen, daß es sich um Übersetzungen handelt. Ich weiß sehr wohl – auch

weil ich es selbst betrieben habe –, wie schwierig und gefährlich das Handwerk des Übersetzens ist. Und deshalb bleibe
ich gegenüber einem Autor, dessen Sprache ich nicht lesen
kann, wie bei Dostojewski und überhaupt den Russen, ein wenig auf der Hut. Balzac ist ein weiterer Autor, den ich abgelehnt habe, von ihm habe ich nur zwei Bücher gelesen und
die Hände erhoben, denn unser Leben ist zu kurz, um den
ganzen Balzac zu lesen.

*Auf welche Weise hat Ihre Erfahrung als Chemiker Ihre Lektüre und
Ihr Schreiben beeinflußt?*

Es handelte sich nicht nur um einen ausgeübten Beruf, sondern auch um eine existentielle Prägung, um bestimmte geistige Gewohnheiten, und darunter würde ich als erstes die
Klarheit nennen. Ein Chemiker, der sich nicht auszudrücken
versteht, ist ein schlechter Chemiker. Der Beruf des Chemikers in einer kleinen Farbenfabrik war für mich (wie für Italo
Svevo) von fundamentaler Wichtigkeit, auch weil er so viel an
Rohstoffen einbrachte, ein Kapital von Dingen, die es zu erzählen galt. Aber ich konnte erst nach sechs Uhr abends mit
dem Schreiben beginnen.

»Paese Sera«, 21. August 1981

1 Giulio Bollati (1924-1996), Essayist und Verlagsleiter bei Einaudi,
später Verleger, hat unter anderem den Band *L'italiano* (Das Italienische,
1983) veröffentlicht.

2 Stefano D'Arrigo (1919-1992), sizilianischer Lyriker und Erzähler,
Autor des Romans *Horcynus Orca* (1975).

Rosellina Balbi
Mendel der Tröster

Vor einigen Jahren schrieb er über *Ist das ein Mensch?*: »Das Bedürfnis zu erzählen war in uns dermaßen stark, daß ich mit dem Schreiben des Buches schon dort begonnen hatte, in jenem deutschen Labor, das erfüllt war von Kälte, Krieg und indiskreten Blicken, obwohl ich wußte, daß ich jene recht und schlecht hingekritzelten Notizen auf keinen Fall aufbewahren konnte, daß ich sie sofort wegwerfen mußte, denn hätte man sie bei mir gefunden, hätten sie mich das Leben gekostet. Aber ich habe das Buch unmittelbar nach meiner Heimkehr, innerhalb weniger Monate geschrieben: So sehr brannten mich jene Erinnerungen.«

Am Anfang von *Wann, wenn nicht jetzt?* [...] stand ursprünglich ein kurzer Vorspann, der dann gestrichen wurde. Darin heißt es unter anderem: »Die Akteure sind bereit, oder doch fast. Ihre Züge sind noch verschleiert, sie haben sich noch nicht aus dem Unbestimmten gelöst, aus dem Universum der Dinge, die noch nicht existieren, aber schon existieren möchten. Sie bewegen sich sacht, grau vor einem grauen Hintergrund; sie sprechen leise oder vielleicht auch gar nicht, sondern winseln und wimmern, wie neugeborene Hündchen: Sie warten, hoffen und fürchten, die Bühne zu betreten.«

Ich frage Primo Levi: Ich habe den Eindruck, daß Sie zum erstenmal seit Ist das ein Mensch? *wieder einen Drang, ein übermächtiges, unwiderstehliches Bedürfnis zu schreiben verspürt haben. Außerdem sind die Ereignisse von* Wann, wenn nicht jetzt? *ungefähr im selben Zeitraum angesiedelt, in dem sich das Geschehen abspielt, das zuerst in* Ist das ein Mensch? *und anschließend in der* Atempause *erzählt wird. Gibt es einen Grund für diese Rückwendung? Ich meine, ist sie vielleicht gewissen Stimmungen zuzuschreiben, die heute*

abermals in der Luft liegen, einer Welle von mehr oder weniger schlei-
chendem Antisemitismus? Erst vor ein paar Tagen kam die Meldung,
daß zwei deutsche Universitäten eine Benennung nach Heine bzw.
Einstein abgelehnt haben ...

Levi hört aufmerksam zu (später wird er mir sagen, ich sei bis
zu diesem Augenblick der einzige Mensch, der sein Buch
ganz gelesen habe – »bei Einaudi hat man es sogar gedruckt,
ohne es vorher zu lesen« –, und daß er deshalb äußerst neugierig auf die Fragen gewesen sei, die ich ihm stellen wollte).
Er überlegt einen Augenblick, dann schüttelt er den Kopf.
»Nein, das würde ich nicht sagen. Falls es in mir eine derartige Motivation gegeben hat, war ich mir ihrer zumindest
nicht bewußt. Was ich hingegen bewußt verspürt habe, das
war der Wunsch, vorzuführen, wie unbegründet der auch von
jüdischer Seite erhobene Vorwurf ist, die Juden seien inaktiv,
passiv geblieben und hätten sich wie Lämmer zur Schlacht-
bank führen lassen.

Vor zehn Jahren war ich sehr beeindruckt von einem Bericht meines Freundes Emilio Vita Finzi. Vita Finzi hatte
1945, gerade siebzehn Jahre alt, im Mailänder Wohlfahrtsamt
auf der Via Unione mitgearbeitet. Dort sah er sich eines Tages
einigen sonderbaren Gestalten gegenüber, die dann zu den
Protagonisten meines Buches geworden sind. Sie werden sich
fragen, weshalb ich, nachdem ich jene Geschichte gehört
habe, noch zehn Jahre wartete, bevor ich ans Schreiben ging.
Nun, damals war ich sehr mit anderen Dingen beschäftigt;
zum Beispiel war ich noch in meinem Beruf als Chemiker
tätig. So beschränkte ich mich auf eine knappe Seite rasch
hingeworfener Notizen. Und erst als ich die ›Schublade mit
den Projektideen‹ aufräumte, habe ich jenen Zettel wiedergefunden und beschlossen, daraus einen Roman zu entwik-
keln. Nur erinnerte sich Vita Finzi nicht mehr genau daran,
wie sich alles abgespielt hatte ... Also mußte ich eine Reihe
von Berichten lesen und Nachforschungen anstellen. Darum

ist vom Wiederfinden jenes Zettels bis zur Niederschrift des Buches fast ein Jahr verstrichen.

Wozu haben mir die Recherchen genutzt? Um festzustellen, daß es eine – an Zahl, aber auch an Tapferkeit und moralischer Stärke – sehr viel kraftvollere jüdische Widerstandsbewegung gab, als man denkt. Und es handelte sich nicht nur um Gruppen, die ausschließlich aus Juden bestanden; es gab auch sowjetische Trupps, die von jüdischen Offizieren oder Soldaten geführt wurden. Dies weist eine umfangreiche Dokumentation aus sowjetischer Quelle nach. Es wird dort nicht ausdrücklich von Juden gesprochen: aber bestimmte Namen sind sehr beredt.«

In diesem neuesten Buch von Levi wird die Geschichte einer Gruppe von Juden erzählt, die den Weg des Widerstands wählen (in einem gänzlich anderen Umfeld als den italienischen Bergen, wo die Partisanen Häuser in der Nähe wußten; hier dagegen bewegen wir uns zwischen unermeßlichen Wäldern, Sümpfen und eisigen Einöden, in einer endlosen Abgeschiedenheit ohne Hinterland). Nachdem sie sich teils mit anderen Gruppen vereinigt haben, teils von ihnen abgewiesen werden, gelangen sie nach einer Folge wechselvoller Ereignisse nach Italien. Als ich den Roman las, mußte ich an ein vorangegangenes Buch von Levi, *La ricerca delle radici*, denken, in dem der Schriftsteller bestimmte »Leserouten« anbietet, die alle vom *Buch Hiob* ausgehen – der Gerechte, unterdrückt von der Ungerechtigkeit – und über mehrere Etappen (verkörpert von jeweils einem Autor) zur »Errettung« fortschreiten: die Fähigkeit zur Ironie, die Erkenntnis, das Bewußtsein davon, was Menschsein bedeutet. Es kam mir vor, als ob der von den Figuren dieses Romans durchlaufene Weg der geistigen Route nicht unähnlich sei, die Levi uns seinerzeit vorschlug: Auch er geht aus von Unterdrückung und Ungerechtigkeit und führt über eine mehr oder weniger klare Bewußtwerdung zur Rettung. (Der Refrain des Liedes, das die

Männer Gedales – des Anführers – singen und das den Buchtitel bildet, entstammt einer im 2. Jahrhundert nach Christus verfaßten Sammlung von Rabbinersprüchen. Der Rabbiner Hillel »sagte trotzdem: ›Wenn ich nicht für mich bin, wer wird für mich sein? Und wenn ich auch an mich denke, was bin ich? Und wann, wenn nicht jetzt?‹«)

Ich frage: Haben Sie, Primo Levi, sich mit einer Ihrer Figuren identifiziert? Ich habe den Eindruck, Mendel steht Ihnen nahe ...

»So ist es. Im tiefsten Innern habe ich mich tatsächlich mit Mendel identifiziert. Ich meine, er tut das, was ich getan hätte oder, besser gesagt, was ich hätte tun müssen, wenn ich dazu imstande gewesen wäre.«

Mendel ist ein Uhrmacher aus Strelka, er hatte eine Frau, die dann »in der Gruppe« endete wie die übrigen Juden des Landes, er kämpfte in der Roten Armee und wurde schließlich, im Juli 1942, wie so viele andere, versprengt: »... man zählt die Lebenden und die Toten; die Versprengten sind weder lebendig noch tot und können nicht gezählt werden. Sie sind wie Gespenster.« Der Name Mendel »steht für Menachem, was ›Tröster‹ bedeutet, aber ich habe nie jemanden getröstet«. Vielleicht in seinem früheren Leben: aber im Laufe des ganzen Romans ist Mendel als Mensch stark und bewußt gegenwärtig – somit von tröstlicher Wirkung. Nicht daß er sich Illusionen machte, im Gegenteil: Er tut, was er tut, nicht, weil er diese oder jene Hoffnung nährt oder vielleicht von einer künftigen glücklichen Stadt träumt; er ist sich auch gar nicht sicher, ob er eine freie Entscheidung zu treffen hatte oder in Zukunft treffen haben wird. Gegen Ende des Romans, als Mendel sich zusammen mit ein paar Gefährten in einem reichen Mailänder Haus aufhält, »fühlte er sich desorientiert: in einem Salon voll schöner Dinge und liebenswürdiger Menschen, zugleich ein Bauer in einem riesenhaften und grausamen Spiel. Vielleicht seit jeher, ein Bauer seit jeher, seit er versprengt worden war, seit er Leonid begegnet war: du glaubst, einen Entschluß zu fassen, und folgst statt dessen dem Schicksal, das schon jemand festgeschrieben hat.« Unmittelbar darauf wird er zu Gedale sagen: »Gehen wir fort, Gedale: nehmen wir Abschied. Das ist nicht unser Platz.«

Jener Mailänder Salon ...

»Nun ja, jener Salon verkörpert in gewisser Weise die Kollision zwischen Überresten des aschkenasischen Judentums und dem so ganz anders gearteten bürgerlich-italienischen Judentum ... Übrigens ging es auch uns, den KZ-Heimkehrern, so, daß wir uns von solchen Leuten himmelweit entfernt fühlten. Sie hatten nichts begriffen.«

Vielleicht ist das die gleiche Situation, die Eduardo De Filippo in Neapel im Millionenrausch *schildert: Da ist der Mann, der nach einer Zeit des Grauens heimkommt und von diesem Grauen erzählen, es mit jemandem teilen will, um sich davon zu befreien, aber alle sagen zu ihm: »Ach, laß sein, es ist alles vorüber, jetzt iß und trink und denk nicht mehr daran.« Und sie sprechen von anderen Dingen.*

Levi nickt: »Es ist merkwürdig, daß Sie das sagen. Gerade vor ein paar Tagen hat ein KZ-Kamerad von mir ebenfalls *Neapel im Millionenrausch* zitiert ... Im übrigen erinnern Sie sich vielleicht – ich habe es in *Ist das ein Mensch?* erwähnt –, daß der immer wiederkehrende Traum der Deportierten im Lager ebenjene »Erzählung, der niemand zuhört« war.

(»Meine Schwester, einige nicht genau erkennbare Freunde von mir und viele andere Menschen sind da. [...] Ein intensives, körperliches, unbeschreibliches Wonnegefühl ist es, in meinem Zuhause und mitten unter befreundeten Menschen zu sein und über so vieles berichten zu können. Und doch, es ist nicht zu übersehen, meine Zuhörer folgen mir nicht, ja sie sind überhaupt nicht bei der Sache: Sie unterhalten sich undeutlich über andere Dinge, als sei ich gar nicht vorhanden.«)

Sie haben gesagt, Sie wollten mit diesem Buch die historische Wahrheit wiederherstellen: Die Juden haben gekämpft. Aber haben sie die Fähigkeit, sich aufzulehnen, zu kämpfen, überall in Europa gezeigt?

»Ich kann nur sagen, daß wir in Italien nicht darauf vorbereitet waren. Und ich meine nicht nur die Juden: Alle meine Altersgenossen trafen zu dieser Schicksalsstunde ungerüstet ein, und das nicht nur materiell. Was die Juden im besonderen angeht, so muß man sagen, daß ihr Widerstand mehr aus zionistischem als aus kommunistischem Keim wuchs. In Italien aber hatte der Zionismus nur geringen Widerhall gefunden: jene Riten, jene gemeinschaftlichen Tänze, jenes Alles-gemeinsam-Machen fand bei uns keinen großen Zuspruch.«

Auch die Figuren in Levis Buch sind keine Zionisten: jedenfalls fast keiner. Viele von ihnen werden nach Palästina gehen – das ahnt man, erfährt es nicht konkret –, aber nicht, um einen uralten Traum zu verfolgen, sondern nur, weil sie kein Zuhause mehr haben, in das sie zurückkehren, keine Lieben, die sie wiederfinden, keine Identität, die sie wiederannehmen könnten. Das einzige Signal der Hoffnung für Mendel ist wohl das Kind, das auf der letzten Romanseite geboren wird. Das Mädchen Line hat ihm, während sie auf Ròkheles Niederkunft warten, gesagt: Auch wir sind geboren worden, Rußland hat uns gezeugt, hat uns genährt, hat uns in seinem Dunkel heranwachsen lassen wie im Mutterleib; dann hat es Wehen bekommen, hat sich zusammengezogen und uns ausgepreßt, und jetzt sind wir hier, nackt und neu, wie eben geborene Kinder. Und er, Mendel, stellt sich die Frage nach dem Problem des »Neuanfangens«: neu anfangen, wo? Dann jedoch denkt er an die Frau, deren Niederkunft bevorsteht, an den blutjungen Vater, und er sagt sich: Sie haben recht gehabt, sie haben die Augen verschlossen und sich hingegeben, und so ist der Same des Mannes nicht verlorengegangen …

Als ob er meine Gedanken erriete, meint Levi: »Ich will Ihnen etwas sagen. Als ich mit dem Schreiben begann, war ich faszi- niert von dem Gedanken, daß ich mich zum erstenmal als Ro- mancier versuchte: für mich ein neuer Beruf. Ich mußte eine Handlung aus dem Nichts erschaffen, in unbeschränkter Frei- heit Figuren erfinden. Und ich habe eine ganze Schar von Gestalten erfunden, fähig zu Spitzbübereien, in der Lage, zu tanzen und zu schießen, Furcht und Mut zu empfinden. Nur Polina, die blutjunge Pilotin, hat wirklich existiert. So habe ich besonders während des ersten Teils der Niederschrift das paranoide Empfinden gehabt, ich hätte Kinder in die Welt gesetzt. Doch dann geschah es, daß diese Geschöpfe mir nach ihrer Geburt die Hand geführt, sich aufgelehnt haben, sie ha- ben – sozusagen – gewerkschaftliche Forderungen gestellt, haben ihr Recht auf freie Entscheidung eingefordert. Und so haben in der Tat sie entschieden: besonders, was die Ge- schichten der Frauen betrifft. Ich besaß ein ›Szenarium‹, an das ich mich dann überhaupt nicht mehr gehalten habe. Ich wollte racinesche Helden aus ihnen machen, und sie zogen statt dessen eine gewöhnliche, durchschnittliche Rolle vor, die mehr aus Mühsal als aus denkwürdigen Taten bestand …«

Ein wenig wie die sechs Personen bei Pirandello …

»Ja, ich denke, ich habe Pirandello erst jetzt verstanden … Und auch die Geschichte von Pygmalion: eine große Ge- schichte.«
Nach kurzer Pause fährt Levi fort: »Sicher ist eine Roman- figur ein höchst sonderbares Geschöpf. Es besteht aus Papier, ist schwarz und weiß gezeichnet, haust in einem Text. Und doch kann man sich in die Figur verlieben, kann sie verab- scheuen, kurz gesagt, man ist emotional verstrickt.

Dies geschieht auch mit Figuren, die von anderen erschaffen wurden. Und wenn man dann einer Figur Leben eingehaucht hat, dann bildet sich zu ihr – jedenfalls ist mir das so ergangen – jenes eigenartige Verhältnis heraus, von dem ich sprach, ein Verhältnis aus Gegenseitigkeit, Zusammenarbeit …«

Sie schließen also nicht aus, daß Ihre Figuren Druck auf Sie ausüben, Sie überreden oder gar nötigen könnten, sie auf die Bühne zurückzuschicken?

»Richtig, das schließe ich nicht aus. Jedenfalls, ich weiß es nicht. Sicher, sie streunen weiter um mich herum … Ich glaube wirklich, es wird ganz auf ihren Lebenswillen ankommen.«

Wann, wenn nicht jetzt?

»la Repubblica«, 14. April 1982

Giulio Nascimbeni
Levi: Die ungewisse Stunde
der Dichtung

Die Kastanienbäume auf dem Corso Re Umberto tragen herbstliche Farben. Ich bleibe stehen, um diese Bäume zu betrachten, weil Primo Levi einem von ihnen ein Gedicht in dem Band *Zu ungewisser Stunde* gewidmet hat [...].

Ich glaube, es ist dieser Baum, der direkt vor dem Haustor steht, er gleicht den anderen, steht aber näher am Haus und wird somit genauer beobachtet, mehr geliebt. Ich möchte dichter herantreten, um zu überprüfen, ob es stimmt, was in zwei Versen gesagt ist: »Unter seiner Rinde hängen tote / Insektenpuppen, die niemals zu Faltern werden.« Dies zu tun, stünde ganz im Einklang mit dem Interview, das ich führen will: In Levis Welt sind die rätselhaften Prozesse des Lebens immer gegenwärtig, das Kommen und Gehen von Leben und Tod, die Lebensadern der Natur und der Atmosphäre.

Der Schriftsteller zeigt mir die lange Reihe der Übersetzungen seiner Bücher. Seine Skulpturen aus Kupferdraht hängen von der Decke herab, andere stehen auf den Regalen: eine fliegende Möwe, ein grimmiger Eulenkopf, zwei Ungeheuer mit Lanzen in der Faust.

»Warum ich dieses Material verwende? Ich war dreißig Jahre lang Chemiker, spezialisiert auf Emailmäntel für Kupferleiter.«

An der Wand hängt ein altes Wahlplakat, auf dem ein Handschreiben von Garibaldi abgebildet ist: In dem am 6. Februar 1880 aus Caprera abgesandten Brief wird der Patriotismus eines Primo Levi jener Zeit gepriesen. Eingerahmt sehe ich ein Foto von Betonpfählen mit Stacheldraht, umhüllt von einem seltsamen Gitter dunkler Zeichen: es ist, als seien sie von einer Bleistiftspitze mit Riefen und Schraffuren überzo-

gen worden. Eine Bildunterschrift hält fest: »Tragische Überreste des Lagers Auschwitz«.

*Das neue Buch enthält siebenundzwanzig Gedichte, die bereits 1975
im Verlag Scheiwiller erschienen sind. Die übrigen vierunddreißig waren fast alle in der Zeitung »La Stampa« abgedruckt. Es folgen einige
Übertragungen eines anonymen schottischen Dichters sowie von Ge-
dichten Heines und Kiplings. Weshalb dieser Titel? Wieso kommt die
Dichtung »zu ungewisser Stunde«?*

Es ist eine Feststellung, die ich »nachträglich« getroffen
habe, als ich die Entstehungsdaten ordnete. Es gibt eine Häu-
fung von Texten zwischen 1945 und 1946 und eine zweite
zwischen 1983 und jetzt. Sie erscheinen wie zwei einzelne
Trauben. In den Jahren dazwischen sind meine Prosaarbei-
ten und der Beruf als Chemiker angesiedelt. Um nach täglich
acht Stunden in der Fabrik zu schreiben, mußte ich eine Methode, eine Regel anwenden. Die Lyrik fand darin keinen
Platz: ihr fehlte eben die »ungewisse Stunde«.

*Um Ihr Bild zu verwenden: Die »Traube« von 1945/46 ging der
Niederschrift von* Ist das ein Mensch? *voraus, also dem Buch über
Auschwitz, durch das Sie bekanntgeworden sind?*

Die Gedichte entstehen vorher, da war ich gerade erst nach
Italien heimgekehrt. Es war, als ob ich mich inmitten eines
Pilzfleckens befände: Man weiß nie, wo und wann ein Pilz her-
vorsprießt.

*Dabei hat Adorno gesagt, nach Auschwitz könne man keine Gedichte
mehr schreiben.*

Meine Erfahrung steht dem entgegen. Damals schien mir,
daß Lyrik geeigneter sei als Prosa, um das auszudrücken, was
mich innerlich belastete. Wenn ich Lyrik sage, denke ich

nicht an Lyrisch-Erhabenes. In jenen Jahren hätte ich allenfalls Adornos Worte umformuliert: Nach Auschwitz kann man keine Gedichte schreiben außer über Auschwitz.

Und die »Traube« von 1983/84?

Die betrachte ich als eine Art Ferien nach der Veröffentlichung von *Wann, wenn nicht jetzt?*. Es war eine Zeit, die mich sehr in Anspruch nahm. Das Erscheinen des Romans fiel zusammen mit der Libanonkrise, die eine Krise für alle, nicht nur für die Juden war. Es erschien mir abermals natürlich, den Weg zu öffnen für eine poetische Sprache. Nicht ohne Bedenken, muß ich bekennen, denn ich bin in bezug auf Lyrik ganz unbewandert; ich weiß wenig von Poetiktheorien, lese selten fremde Gedichte, und ich glaube auch nicht, daß meine Verse überragend sind.

Meinen Sie nicht, daß Sie sich da in einer paradoxen Position befinden?

Stimmt vollkommen. Ich bin ein Mensch, der nicht allzuviel von Lyrik hält und dennoch Lyrik produziert. Irgendeinen Grund gibt es dafür. Wenn meine Verse zum Beispiel auf der Kulturseite der »Stampa« publiziert werden, erhalte ich Briefe und Anrufe von Lesern, die Zustimmung oder abweichende Meinungen bekunden. Wenn eine Erzählung von mir veröffentlicht wird, ist die Reaktion nie so lebhaft. Ich habe den Eindruck, daß die Lyrik überhaupt im Begriff steht, zu einem wunderbaren Instrument menschlichen Kontakts zu werden.

Kehren wir zu der früheren Zeit zurück. In Ihrem Gedichtband habe ich die Verse wiedergefunden, mit denen Ihr Name unauslöschlich verbunden ist: jene Verse, die das Buch Ist das ein Mensch? *einleiten. Ich muß sie hier zitieren: »Ihr, die ihr sicher wohnt / In euren gewärmten Häusern; / Ihr, die ihr bei der Heimkehr am Abend / War-*

mes Essen findet und Freundesgesichter: / Fragt, ob das ein Mann ist, / Der arbeitet im Schlamm, / Der kennt keinen Frieden / Der kämpft um ein Stück Brot / Der stirbt auf ein Ja, auf ein Nein hin. / Fragt, ob das eine Frau ist, / Kahlgeschoren und ohne Namen / Ohne Kraft der Erinnerung mehr / Leer die Augen und kalt der Schoß / Wie eine Kröte im Winter.«* Meinen Sie, daß diese Verse noch aktuell sind?

Ja. Sie kennen meine Geschichte und wissen, daß sich das Erlebnis des Lagers nicht tilgen läßt. Es kann überwunden werden, es kann seine Schmerzhaftigkeit verlieren, es kann sogar nutzbar gemacht werden wie alle Lebenserfahrungen, aber es kann nicht getilgt werden. Es gehört zu meinen Momenten der Freiheit, daß ich weiterhin auf der damaligen Frage beharre – eben: Ist das ein Mensch? Die Frage bezieht sich nicht nur auf die Welt des Krieges und des Nazismus, sondern auch auf die heutige Welt, auf den Terroristen, auf den Bestechlichen oder Bestechenden, auf den schlechten Politiker, auf den Ausbeuter. Kurz, auf all jene Fälle, in denen man sich spontan fragt, ob die Menschlichkeit, im persönlichen Sinne des Wortes, bewahrt oder verloren ist – wiedererlangbar oder nicht.

Es gibt ein Gedicht, in dem Sie Plinius dem Älteren Stimme verleihen. Da heißt es: »Wenn seit Jahrhunderten die Atome meines alten Körpers / Frei in den Wirbeln des Weltalls wehen / Oder neu erstehen in einem Adler, in einem Mädchen, einer Blume ...« Was bedeutet das? Denken Sie an Formen der Reinkarnation?

Ich denke an nichts Metaphysisches. Der Gedanke ist so alt wie die Welt. Man findet ihn bei Pythagoras, bei Lukrez. Übri-

---

* Hier und im folgenden zitiert nach der Übertragung von Moshe Kahn im Band *Zu ungewisser Stunde*, München Wien 1998 (Anm. d. Übers.).

gens haben uns die Väter der Chemie aus dem vorigen Jahrhundert gelehrt, daß der Sauerstoff, den wir atmen, aus den Pflanzen kommt und daß die Substanz der Pflanzen, das Holz, aus dem Kohlendioxid entsteht, das wir und alle anderen Tiere während des Lebens und nach dem Tod abgeben.

Soeben hat die Hälfte geantwortet, die Sie als Ihre »rationale Hälfte« definieren. Und wie ist die andere beschaffen?

Irrational. Es ist ein Mechanismus, den ich nicht kenne und der sich plötzlich, aus unvorhersehbaren Impulsen, in Bewegung setzt: wegen einer Spinnwebe, eines jungen Triebs, eines Straßenpflasters in der Stadt.

Es sind wenig mehr als vierzig Jahre vergangen, seit Sie nach Auschwitz deportiert wurden. Wie erleben Sie jene Zeit jetzt in der Erinnerung?

Nicht mehr auf traumatische Weise, ich habe aufgehört, sie in meinen Träumen wiederzufinden. Aber ich denke noch daran. In gewisser Weise ist es eine Bezugsgröße, ein negativer Blickpunkt. Ab und an möchte ich sagen: Aufgepaßt, auch dies kann geschehen, und nicht nur in Deutschland.

Sind Sie noch einmal nach Auschwitz zurückgekehrt?

Zweimal, 1965 und 1982. Die Inschrift auf dem Gedenkstein am Eingang zum *memorial* der Italiener trägt keine Unterschrift, aber sie ist von mir. Ich kann Ihnen die Worte diktieren: »Besucher, betrachte die Überreste dieses Lagers und bedenke: Aus welchem Land du auch kommen mögest, du bist kein Fremder. Sorge, daß deine Reise nicht unnütz, daß unser Tod nicht unnütz gewesen sei. Für dich und deine Kinder möge die Asche von Auschwitz eine Mahnung sein: Sorge, daß die grausige Frucht des Hasses, deren Spuren du hier sahst, kein neuer Same werde, weder morgen noch jemals.«

Wie verlief die Rückkehr ins Lager als Besucher?

1965 weniger dramatisch, als man annehmen könnte. Ich fuhr zu einer polnischen Gedenkfeier. Zuviel Getöse, wenig innere Sammlung, alles in die rechte Ordnung gebracht, saubere Fassaden, eine Menge offizieller Reden …

Und 1982?

Da waren wir eine kleine Gruppe, es war tief bewegend. Ich habe erstmals das Mahnmal von Birkenau gesehen: Birkenau war eines der neununddreißig Lager von Auschwitz, das mit den Gaskammern. Die Bahnanlage ist erhalten geblieben. Ein verrostetes Gleis führt hinein in das Lager und endet am Rande einer Art von Vakuum. Davor steht ein symbolischer Zug aus Granitblöcken. Jeder Block trägt den Namen eines Volkes. Das ist das Mahnmal: das Gleis und die Steinblöcke.

Traten Ihnen in jenen Momenten Namen, Gesichter von Opfern, Gesichter von Peinigern vor die Augen?

Nein, ich fand Empfindungen wieder. Zum Beispiel den Geruch des Ortes. Ein harmloser Geruch. Ich glaube, er stammt von der Steinkohle.

Was ist für Sie das Gedächtnis?

Wie soll man darauf antworten? Ich habe mir einen Personalcomputer gekauft und weiß jetzt, was das Gedächtnis des Computers ist. Hier ist es, ich kann es Ihnen zeigen: eine Diskette von wenigen Zentimetern Durchmesser, auf der zweihundert Seiten gespeichert sind.

Hat auch diesmal Ihre »rationale Hälfte« geantwortet? Sie wissen, es gibt ein anderes Gedächtnis, ohne kleine oder große Scheiben, in dem man zweihundert Seiten oder zweitausend oder auch keine einzige speichern kann …

Ich bewahre viele Erinnerungen. Es sind so viele, daß ich sie in Kapitel aufteilen mußte: Kindheit, Schulzeit, die Berge, das Lager, die Fabrik.

Und es gibt kein Kapitel für die Wohnung?

Die Wohnung ist ein vergegenständlichtes Gedächtnis. Ich habe immer hier gewohnt, zwischen diesen Wänden, vor diesen Fenstern. Ich bin sogar in diesem Zimmer geboren worden, in dem wir jetzt miteinander reden.

»Corriere della Sera«, 28. Oktober 1984

Giorgio Calcagno
Primo Levi:
Verstehen heißt nicht verzeihen

Auf dem höchsten Regal in Primo Levis Arbeitszimmer stehen zehn große dunkelgrüne Aktenordner.

Sie enthalten die Briefe, die er während eines Jahrzehnts aus allen Teilen der Welt empfangen hat: zum großen Teil betreffen sie *Ist das ein Mensch?*. Doch in einer Ecke weiter unten, genau hinter dem Schreibtisch, steht der elfte Ordner, bestimmt für das Jahr 1986, der auch schon anzuschwellen beginnt: Die neuen Briefe betreffen *Die Untergegangenen und die Geretteten*. Mit vierzig Jahren Abstand ist der Schriftsteller zur Welt von Auschwitz zurückgekehrt; er ist in Erinnerung in die Kreise jenes alten Infernos hinabgestiegen, nun nicht mehr im Gewande des Zeugen, sondern des Fragenden. Und die Leser haben unverzüglich reagiert.

Die Untergegangenen und die Geretteten sollte nach Levis Absicht der Titel seines ersten Buches sein, und er findet sich im Buch versteckt, als Überschrift des zentralen Kapitels. Der Autor hatte ihn einer Terzine Dantes entnommen, mit der der vierte Graben geöffnet wird (»Ganz neue Pein muß ich im Reim nun meistern / Und Stoff verleihn dem zwanzigsten Gesang / Des ersten Lieds von den versenkten Geistern«*). Franco Antonicelli jedoch, sein erster Verleger im Jahre 1947, war an der Wendung *Ist das ein Mensch?* hängengeblieben, die in dem vorangeschickten Gedicht versteckt ist, und hatte ihm die Titeländerung empfohlen. So mußte der ursprüngliche Titel neununddreißig Jahre warten, bis er auf einem Umschlag erschien. Nicht mehr, wie damals, über ei-

---

* Zitiert nach der Übertragung von Wilhelm G. Hertz, München 1957 (Anm. d. Übers.).

nem Bild von Deportierten in der tristen KZ-Uniform, sondern über den verzweifelten oder flehenden Gesichtern des
Jüngsten Gerichts von Memling: vom Erlebnisbericht zur Geschichte und über sie hinaus.

Warum wollte Primo Levi, nachdem er so viele andere, auch
literarische, Erfahrungen gemacht hatte, zu jenem Thema zurückkehren? Aus einem Bedürfnis nach Wahrheit, antwortet
er sofort. Um gegen die Rhetorik anzugehen.

»Wir ehemaligen Deportierten sind den früheren Partisanen gleichgestellt, und das ist richtig so. Aber es gibt einen
substantiellen Unterschied zwischen der Erfahrung des sieg-
reichen Kampfes und dem passiven und herabsetzenden Erlebnis der Inhaftierung. Ich wollte diese Unterschiede wieder
herausarbeiten. Ich bin bereit, eine gewisse Quantität von Rhetorik zu tolerieren, sie ist zum Leben unerläßlich. Wir brau-
chen Monumente, Feiern: und Monument bedeutet etymologisch Mahnung. Doch es bedarf auch eines Gegengesangs,
eines gegen die Höhenflüge der Rhetorik gesetzten Kom-
mentars in Prosa: Ich habe versucht, ihn zu liefern, wohlwissend, daß ich damit manche Empfindlichkeiten verletze.
Diese Themen sind ziemlich tabu.«

Und zur Entstehung dieses Buches hat ein zweiter Grund
vorgelegen, der auf das Zentrum unserer Geschichte ab-
zielt. »Ich spüre, wie die Jahre vergehen, auch die meinen.
Und mit dem Vergehen der Jahre schien mir, daß ich in der
Art und Weise, wie diese Erinnerungen verstanden werden,
spüre, daß wir von ihnen forttreiben.« Levi trifft oft mit Jugendlichen in Schulen zusammen: »Bei ihnen ist eine emotionale Beteiligung vorhanden, sogar ungestümer Natur,
aber nicht historischer Natur. Wenn ich einen Klassenraum be-
trete, nehme ich aufblitzendes Staunen wahr, sobald sie den
Autor des gelesenen Buches vor sich sehen, der noch lebt
und Italienisch spricht, nicht Latein und auch nicht Griechisch.«

Der Autor, der Italienisch spricht, spürt eine wachsende

Kluft zu vielen Lesern der neuen Generationen. »Und ich wollte zeigen, daß diese Dinge einer nahen, nicht nur geographisch nahen Vergangenheit angehören. Der Samen von Auschwitz sollte nicht erneut aufkeimen; aber die Gewalt ist uns nahe, sie ist um uns herum, und es ist eine Gewalt, die ein Kind von Gewalt ist. Es gibt unterschwellige Verbindungen zwischen der Gewalt der beiden Weltkriege und der Gewalt, die wir miterlebt haben in Algerien, in Rußland, in der chinesischen Kulturrevolution, in Vietnam. Unsere Gesellschaft gibt uns zusammen mit den (ja doch so notwendigen) Informationsmitteln die Verbreitung von Gewalt. Sie verfügt über Mechanismen, die sie riesenhaft vergrößern.«

Die Erinnerung an das Lager wirft in dem neuen Buch lange Schatten herüber zu unserer Welt, hie und da lassen sich, so scheint es, beunruhigende Querverbindungen herstellen.

In dem – fundamentalen – Kapitel über die »Grauzone« findet sich eine ausführliche Analyse über die Macht, die der Mensch, auch wenn er Opfer ist, über den anderen Menschen, der noch mehr Opfer ist, zu erlangen trachtet. Ist *Die Untergegangenen und die Geretteten* ein Buch, das auf die Geschichtlichkeit jener Erfahrung gerichtet ist oder auf die Furcht, sie könnte Aktualität besitzen? »Es wäre ein Wunsch von mir gewesen, sie zu aktualisieren. Die entscheidende Frage lautet für mich: Werden wir noch einmal dahin kommen oder nicht? Ich bin kein Prophet. Ich glaube nicht, daß wir in Europa dahin zurückkehren, jedenfalls nicht in absehbarer Zeit. Aber daß die Gefahr droht, liegt auf der Hand. Das wenige, was wir über Kambodscha wissen, erinnert auf furchterregende Weise an die Geschehnisse in Deutschland: Man hat ein Drittel eines Volkes für ein fanatisches Ideal geopfert. Mit den Mitteln, die ich vorhin erwähnte, erreicht man es, daß alles geschluckt, alles geglaubt wird.«

Zwei Verben kehren in *Die Untergegangenen und die Geretteten* beharrlich wieder: verstehen, verzeihen, bisweilen im negativen Sinne gebraucht. Sind es die beiden Schlüssel zu einer richtigen Lesart?

»Verstehen, ja, das ist richtig. Seit vierzig Jahren bin ich auf dem Wege, um die Deutschen zu verstehen. Zu verstehen, wie es geschehen konnte, ist für mich ein Lebensziel. Doch in einem umfassenderen Sinne, weil es mich interessiert, auch anderes zu verstehen: Ich bin Chemiker, ich will die Welt um mich herum verstehen.«

Und verzeihen?

»Verzeihen ist nicht mein Wort. Es wird mir aufgedrängt, da alle Briefe, die ich bekomme, besonders von jungen und besonders von katholischen Lesern, dies zum Thema haben. Ich werde gefragt, ob ich verziehen habe. Ich glaube, daß ich auf meine Art ein gerechter Mensch bin. Ich kann einem Menschen verzeihen und einem anderen nicht; aber ich mag ein Urteil nur Fall für Fall abgeben. Hätte ich Eichmann vor mir gehabt, so hätte ich ihn zum Tode verurteilt. Ein pauschales Verzeihen, wie es von mir verlangt wird, liegt mir nicht. Wer sind die Deutschen? Ich bin kein gläubiger Mensch, für mich hat das ›Ich spreche dich frei‹ keinen bestimmten Sinn. Ich glaube, daß niemand, auch kein Geistlicher, die Macht hat, zu binden und zu lösen. Wer ein Verbrechen begeht, muß dafür büßen, falls er nicht bereut. Aber bereuen nicht nur in Worten. Ich gebe mich nicht mit verbaler Reue zufrieden. Ich bin bereit, den zu lösen, der durch Taten bewiesen hat, daß er nicht mehr der frühere Mensch ist. Und das nicht zu spät.«

Das Kapitel über die Intellektuellen in Auschwitz unterstreicht die Nachteile, die der gebildete Mensch dem Ungebildeten gegenüber im Lager hat. Aber das Kapitel Kommunikation und Verständigung demonstriert die absolute Notwendigkeit, um des Überlebens willen die Botschaften zu verstehen. Wenn die Sprache uns rettet, warum sollte die Intelligenz uns zugrunde richten?

»Ich habe von Kommunikation auf alltäglicher, vertrauter

Ebene gesprochen; nicht von intellektueller Kommunikation. Wir sind alle denkende Menschen. In Auschwitz aber wurden wir auch dieser Sprache beraubt, besonders wir Italiener. Sicher, zu verstehen war auch dort ein Vorteil. Der jedoch schon vom Tag der Einlieferung an durch starke Nachteile aufgewogen wurde. Wer erklärte, er sei Rechtsanwalt oder Professor oder Philosoph, bekam sofort Ohrfeigen. Dem Schuster oder Elektriker wurde ein besseres Los zuteil.«

Und doch waren es die Intellektuellen, die Auschwitz am besten zu analysieren verstanden und darüber als Zeugen berichtet haben.

»Aber erst nachher. Nachher, ja, da ist es hilfreich, Intellektueller zu sein: um das Erlebnis zu verarbeiten. Auschwitz hat mich, mit der Schulbildung, die ich mitbrachte, zum Intellektuellen gemacht. Ich bin es erst durch die Erfahrung des Lagers geworden. Ich denke an Lidia Rolfi[1], eine Grundschullehrerin aus Mondoví, die mit siebzehn nach Ravensbrück geschickt wurde, weil sie einen Partisanen beherbergt hatte. Sie hat überlebt – infolge ihres Willens, zu verstehen und sich einzugliedern, ähnlich dem meinen. Als sie heimgekehrt war, hat sie festgestellt, daß dies ihre Universität gewesen ist.«

Und wieviel haben diese vierzig Jahre an dem Menschen verändert, der dem Schicksal der Untergegangenen entronnen ist? Primo Levi fällt es nicht leicht, eine Antwort zu finden.

»Es waren vierzig Jahre Leben, Beruf, vierzig Jahre verbissenen Bemühens zu begreifen, dies vor allem.« Er schlägt die erste Seite des Buches auf, wo vier Verse von Coleridge stehen. Er hebt die ersten Worte hervor: »*Since then, at an uncertain hour* … Nicht, daß ich in jener Welt leben würde. Sonst hätte ich den *Ringschlüssel* nicht geschrieben, hätte keine Familie gegründet, würde nicht so viele Dinge tun, die ich gern tue. Aber es stimmt, daß zu ungewisser Stunde diese Erinnerungen zurückkehren. Ich bin ein Rückfälliger.« Das Zeichen von Auschwitz läßt sich nicht tilgen: nicht im Leben eines Menschen, nicht in der Geschichte der Welt.

»La Stampa«, 26. Juli 1986

1 Lidia Beccaria Rolfi (1925-1996) hat gemeinsam mit Anna Maria Bruzzone eine Sammlung von Erlebnisberichten deportierter Frauen, *Le donne di Auschwitz* (Die Frauen von Auschwitz, 1987), sowie *L'esile filo della memoria* (Der dünne Faden der Erinnerung, 1996), herausgegeben, beide erschienen im Verlag Einaudi, Turin.

Die Literatur

Giuseppe Grassano
Gespräch mit Primo Levi

Für die breite Öffentlichkeit ist Ihr Name noch immer mit exemplarischen Büchern wie Ist das ein Mensch? *und* Die Atempause *verbunden. Wie reagieren Sie auf eine derartige Etikettierung? Empfinden Sie sie heute als Einengung?*

Ein wenig schon, und nicht ohne Grund trete ich in meinem jüngsten Buch, *Der Ringschlüssel,* gar nicht in der Eigenschaft als Zeuge und ehemaliger Deportierter auf. Damit negiere ich nichts; ich habe nicht aufgehört, ein ehemaliger KZ-Häftling und ein Zeuge zu sein: Ich bin es, und sogar bis ins Innerste. Aber ich will nicht nur das sein, was ja in gewisser Weise die Einordnung in ein Schubfach bedeuten würde. Und somit fühle ich mich frei, jedes beliebige Thema zu behandeln; eine Rückkehr zum Lagerthema schließe ich nicht aus, ja, die habe ich sogar vor.

Wie erleben Sie in der heutigen Realität, die gekennzeichnet scheint durch neue Impulse zu destruktiver Gewalt, durch die Ablehnung von Rationalität und Toleranz, Ihre Erfahrung als Überlebender von Auschwitz?

Ich bin sicher, daß diese Art von Gewalt und jene andere nicht identisch sind: Jene andere war staatliche Gewalt, und mich überzeugt die These nicht, daß unser Staat absichtlich Gewalt ausübt. Ich glaube, daß die gegenwärtige Gewalt viele andere Wurzeln hat. Sie ist eine sekundäre, ja biologische Auswirkung von Überbevölkerung, Entwurzelung, Mißwirtschaft. Ich glaube nicht, daß unser Staat heute eindeutig die Absicht hat, Gewalt auszuüben. Daß der Staat schlecht regiert wird, davon bin ich überzeugt; aber daß eine bestimmte Absicht besteht, Gewalt zu erzeugen, das glaube ich nicht. Die

Gewalt in Auschwitz dagegen war von staatlicher Seite geplante Gewalt. Trotzdem glaube ich, daß es heilsam ist für alle und insbesondere für junge Menschen, über die damalige Gewalt nachzudenken. Ich meine, man muß sich wirklich vorstellen, daß der Mangel an Toleranz, also auch an Vernunft, denn Toleranz und Vernunft gehören zusammen, zu Auschwitz führt. Das erscheint mir als eine der Jugend leicht zu vermittelnde Lehre, darauf muß sie hingewiesen werden.

Die Kritik hat mehrfach hervorgehoben, daß Ihre ersten Bücher mit den jüngsten über die vorrangig autobiographische Inspiration hinaus verknüpft sind durch das Thema des Eintretens für die Würde und Achtung des Menschen. Es kommt mir so vor, als könne man jetzt, nach dem Periodischen System und dem Ringschlüssel, den Sinn dieser Verknüpfung noch deutlicher benennen: Die Befreiung der Arbeit, Arbeit, die aus einer Strafe und Zerstörung (das »Arbeit macht frei« des Lagers), aus einer entfremdeten und verhaßten Sache, wie in der Wirklichkeit der Fabrik, zu einer Selbstbestimmung, zu einer Sache von Kompetenz und Liebe werden muß.

Das »Arbeit macht frei« würde ich hier nicht nennen, denn die Arbeit dort war nicht wirklich eine Arbeit. Sie war eine reine Strafe. Und keineswegs eine biblische Strafe: »Im Schweiße deines Angesichts sollst du dein Brot verdienen.« Dort handelte es sich um ein Brot, das für andere verdient wurde; es bestand keinerlei Beziehung zwischen Ursache und Wirkung wie bei Arbeit, die einem den Lebensunterhalt ermöglicht. Das war keine Arbeit, es war wie Ausgepeitschtwerden.

Doch die Arbeit kann Rettung bedeuten: Für Sie ist die Arbeit als Chemiker im Lager zur Rettung geworden.

Aus Gründen, die vollständig außerhalb der Sache liegen. Es war eine Methode, um die eigene Haut zu retten, so wie ich auch, beispielsweise, ein Dokument fälschen oder irgend etwas anderes hätte tun können. Auch diese Arbeit habe ich nicht als Arbeit empfunden. Und dann muß ich eines klarstellen. Wir Überlebenden sind alle per Definition Ausnahmen, denn im Lager wurde gestorben.

Wer nicht umkam, für den ereignete sich irgendein Wunder. Er ist eine Ausnahme, ein Einzelfall, kein allgemeingültiger, ja, ein total spezifischer. Das kann man mit äußerster Verbindlichkeit so behaupten. Ich, der ich als Chemiker in einem Chemielabor arbeitete, habe mich eigentlich nur mit knapper Not retten können, durch ein unvorhersehbares Schicksal. Es unterscheidet sich gewiß vom Schicksal der Mehrheit, das Sterben hieß: Es war eingeplant, daß man bei der Arbeit den Tod fand. Darum ist mein Schicksal absolut nicht maßgebend. Meine Arbeit im Labor, die ich nicht als Arbeit empfand, die ich soweit wie möglich zu sabotieren versuchte ... Und sie war auch gar nicht mehr notwendig, denn die Russen standen bereits vor den Toren; somit habe ich im Grunde nichts getan. Auch wer schon vorher in derartige Positionen gelangt war, wer zu den wenigen gehörte, denen es geglückt war, beispielsweise Klempner oder Koch zu werden, empfand dies im Mechanismus des Lagers nicht als eine befreiende Arbeit, oder besser gesagt, befreiend im äußeren, nicht im inneren Sinne. Es war eine Arbeit, mit der man sich auf jeden Fall nicht identifizierte. Darum würde ich die Lagerarbeit hier herauslassen.

Hingegen ist richtig, daß meine beiden letzten Bücher, vor allem das neueste, eine bestimmte polemische Haltung gegen diejenigen einnehmen, die dieses, wie soll ich sagen, heilsame Vermögen der Arbeit negieren. Das meiner Ansicht nach zur menschlichen Kultur gehört. Ich würde sagen, die Quelle, aus der ich diese Auffassung von Arbeit geschöpft habe, sind die Bücher von Joseph Conrad, den ich aus tiefem Einklang heraus zitiert habe, weil ich bei ihm stets eine gewisse Analogie empfunden habe zu meiner Arbeit. Sie ist zwar ganz anders beschaffen als die eines Hochseekapitäns, aber ähnlich in dem Sinne, daß sie einen weiten Spielraum für Irrtümer bietet. Wer eine Arbeit tut, in der man nie etwas falsch machen kann, steht außerhalb des Menschlichen. Wer eine mechanische, sich wiederholende Arbeit ausführt, stellt sich außerhalb. Klar, so ergeht es vielen. Doch ich wollte von etwas anderem sprechen. Man hat mich gefragt: »Weshalb hast du nicht ein Buch über Fließbandarbeiter geschrieben?« Nun, ich wollte ein anderes Buch schreiben. Ich wollte eine Conditio humana schildern, nicht die des Arbeiters, der eine sich mechanisch wiederholende Arbeit ausführen muß – obwohl dies in der heutigen Welt sehr verbreitet ist –, sondern die eines Menschen, der einem uralten Schicksal, dem ewigen Schicksal folgt, eines Menschen, der sich vermittels seiner Arbeit mit der Außenwelt mißt und der Fehler begehen kann, der einen Versuch unzählige Male wiederholen muß, bis er schließlich den Bogen herausbekommt, fündig wird, ins Ziel trifft. Und meine Arbeit ist eben eine solche Schicksalsarbeit, eine Arbeit, die zur Conditio humana gehört.

Ebendieses Buch, Der Ringschlüssel, *hat Einwände hervorgerufen: Man hat Ihnen vorgeworfen, eine nicht zeitgemäße, jedenfalls eine gegen den Strom gerichtete Moral darzulegen. Mir scheint jedoch, daß dem Buch das Glück zuteil geworden ist, genau zum richtigen Zeitpunkt zu erscheinen, während manche schematische Auffassungen von der Arbeit – und nicht nur von ihr – in Frage gestellt werden.*

Aber das ist kein Glück; ich wußte das sehr genau. Ich selbst war wie viele andere verärgert über eine bestimmte Position, die albern ist: Es gilt die Arbeit zu verweigern! Wenn die Arbeit verweigert wird und alle sie verweigern, dann werden wir im Grunde genommen verhungern. Man muß darüber diskutieren. Eine Position wie die meine schließt Arbeitskämpfe keineswegs aus. Ich habe Faussone keine gewerkschaftliche Haltung zugeschrieben, aber ich hätte es durchaus tun können. Und im übrigen habe ich in der Fabrik gearbeitet und weiß wohl, daß gerade die besten Facharbeiter auch ihren Mann im gewerkschaftlichen Kampf stehen. So ist es jedenfalls häufig, wenn nicht immer. Das eine schließt das andere nicht aus. Ich habe Kommunisten und auch Katholiken kennengelernt, die recht eigensinnig gegenüber ihren Unternehmern auftraten, ihre Arbeit aber absolut ernst nahmen. Und sie glichen meinem Romanhelden, für sie galt die Regel, wenn du etwas machst, dann mach es ordentlich.

Lassen Sie uns ein wenig von Ihren Ausdrucksmitteln reden. Im Ringschlüssel *erleben wir eine sehr originelle sprachliche Gestaltung. Ist aber nicht das, was in diesem jüngsten Buch als Phänomen im großen sichtbar wird, in den früheren Büchern schon vorbereitet: eine Bereitschaft, das sprachliche Register je nach Person und Situation zu variieren? Ich denke dabei nicht nur an bestimmte Passagen der* Atempause *oder des* Periodischen Systems, *sondern auch an viele Texte in den* Storie naturali *und in* Vizio di forma, *wo eine technische, wissenschaftliche Sprache übernommen wird.*

Einige dieser Erzählungen sind eigentlich Parodien auf wissenschaftliche Rapporte. Doch das ist keine Entdeckung von mir, so ergeht es jedermann, der sich an das Unterfangen des Schreibens macht. Wollten alle Figuren dieselbe Sprache sprechen, dann würden sie platt wirken wie Abziehbilder. Vielleicht haben Sie bemerkt, daß Cesare in der *Atempause* eine eigene Sprache hat, aber auch ich wähle sie, wenn ich von Cesare erzähle. Wenn indirekte Rede vorkommt, in der von ihm gesprochen wird, rutscht sie auf seine Sprachebene. Ich meine, darauf kann man nicht verzichten, wenn man die Rede konkret gestalten will. Führt man eine Figur ein, dann muß sie aus einem Guß sein, sie muß ein Eigenleben und somit auch eine eigene Sprache haben. Wie Sie wissen, besteht für den Italienisch Schreibenden eine Hauptschwierigkeit darin, die direkte Rede zu verwenden, denn die italienische

Schriftsprache ist nur in geringem Maße eine gesprochene Sprache, und das gesprochene reine Italienisch wiederum ist eine ziemlich ärmliche Sprache. Oft ist der Dialekt oder Jargon reicher. Darum erschien es mir ganz natürlich, Faussone auf diese ihm eigene Weise reden zu lassen; es ist keine Erfindung von mir; es ist eigentlich die Sprache, die in den Fabriken, am Arbeitsplatz gesprochen wird, zumindest in Piemont. An anderen Arbeitsplätzen, in der Lombardei oder in Kampanien, mag man anders reden, hier aber spricht man so. Es fiel mir ganz spontan ein, ihn in dieser Mundart sprechen zu lassen, die syntaktisch ziemlich armselig ist, dafür aber extrem genau, sobald es um technische Dinge geht: die Dinge, die er kennt, deren Bezeichnung er weiß. Seine fachliche Kompetenz erstreckt sich auch auf die Sprache.

Sie haben mehrfach betont, daß Sie für Klarheit beim Schreiben eintreten, und Sie haben diese Erklärung verknüpft mit Ihrer Identität als schreibender Chemiker, der auch beim Verfassen eines Textes an wissenschaftliche Klarheit, ans Abwägen, Überprüfen gewöhnt sei. Meinen Sie nicht, daß in unserer Welt eine solche Position eine offenkundige politische Wertigkeit bekommt, da sie jede nebulöse Zweideutigkeit ablehnt und für die, sagen wir, »gesellschaftliche« Rolle des Schriftstellers eintritt, der von anderen verstanden werden will?

Ich war vor kurzem zum Festival der »Unità« in Mailand eingeladen und hatte eine Diskussion vor einem unaufmerksamen Publikum zu bestreiten; das Publikum dachte an Bratwürste und nicht an uns. Mein Diskussionspartner war Paolo Volponi[1], und wir sprachen auch über dieses Thema. Seine Auffassung stand im Gegensatz zu meiner eigenen. Ein Schriftsteller müsse sich als Lokomotive vor den Leser spannen, meinte er, er dürfe sich nicht auf dasselbe Niveau begeben wie er, sondern müsse ein höheres Niveau halten. Er müsse ihn ziehen, ihm Information und auch Bildung vermitteln. Darum kann, ja muß der Schriftsteller nach Volponis Meinung frei sein in seiner Sprache, er muß ganz nach seinem Belieben sprechen. Spürt er, daß eine komplizierte, auch abstruse Sprache passend ist, so kann, ja muß er sich ihrer bedienen. Und es ist Sache des Lesers, zu ihm zu gelangen. Ich bin gegen alle Vorschriften für den Schreibenden. Ich habe jedoch meinen Weg gewählt und würde es beispielsweise nicht wagen, ihn Volponi aufzudrängen. Ich denke, wer schreibt, soll schreiben, wie er will. Für mich selbst habe ich einen Weg nicht aus didaktischen, pädagogischen Erwägungen gewählt, sondern aus Gründen meiner eigenen inneren Klarheit. Ich meine, wenn der Gedanke klar ist, dann wird er automatisch auch in einer klaren Sprache dargelegt. Und wenn manche meiner Kollegen sich darauf berufen, sie verwendeten stilistische Wirrnis, um geistige Wirrnis auszudrücken, so kommt mir das abwegig vor. Viele erklären mir:»Ich will die heutige Wirrnis zum Ausdruck bringen, und darum schreibe ich wirr.« Mir scheint, daß dies keine Lösung darstellt, daß es die Dinge so beläßt, wie sie sind. Wir wissen, daß die Welt wirr ist, und somit hat es keinen Sinn, sie auf wirre Weise zu schildern. Bei alledem muß ich Ihnen sagen, daß ich einige dunkle Schriftsteller sehr mag. Beispielsweise Joyce. Das Warum zu erklären wäre kompliziert; ich habe den Eindruck, daß seine Dunkelheit nur vorgetäuscht ist. Mit einer gewissen Anstrengung vermag ich in seine Bücher einzudringen, und dann spricht er mich an. Zum Kern anderer Schriftsteller vermag ich nicht vorzudringen, sie bleiben definitiv rätselhaft für mich, und dann gebe ich mich geschlagen. Auch in der bildenden Kunst gibt es neben vielen ehrlichen Malern und Bildhauern auch Unehrliche, die unter dem Deckmantel des Gegenstandslosen das Nichts einschmuggeln. Dies geschieht auch unter den Schreibenden: Es gibt Schriftsteller, die unter dem Lärm eines aus den Fugen geratenen, zusammenhanglosen Diskurses gar nichts verbergen. Wie ich vorhin schon sagte, mag ich keine Vorschriften verkünden: Ihr müßt es alle so und so machen, ihr müßt alle Subjekt, Prädikat, Objekt verwenden.

Schreibt ruhig so, wie es euch beliebt. Mir jedoch erscheint es gesitteter, so zu schreiben, daß der Leser, wenn auch vielleicht unter Mühen, folgen kann. Der Leser ... Welcher Leser? Hier erhebt sich ein großer Streit, eine große Debatte. Leider gibt es Leser, die nicht in der Lage sind, irgend etwas zu folgen, die gar nicht lesen oder nur Comics lesen. Nun, es gehört zum Beruf des Schreibenden, daß er es schafft, auch diese Leser innerlich zu erfassen und zu erreichen, zu erobern. Und ich will Ihnen sagen, daß gerade dies eines der Ziele, wie soll ich sagen, der Wetten war, die ich mit mir selbst eingegangen bin, als ich den *Ringschlüssel* schrieb. Eine erfolgreiche Wette, denn ich habe erfahren, daß alle sechsundvierzig Monteure einer Fabrik hier in Turin das Buch gelesen haben. Und wenn sie es alle gelesen haben, dann darum, weil sie es sich untereinander weitergereicht haben. Und das erfüllt mich mit Freude, denn ich behaupte nicht, ich hätte Seelen errettet, aber ich habe in die Welt des geschriebenen Wortes Menschen eingeführt, die diese Welt noch nie betreten hatten.

Wenn wir den Weg Ihrer Bücher verfolgen, kommen wir über die doppelte Identität des Schriftstellers und Chemikers hinaus auf das Verhältnis Literatur–Wissenschaft–Technik–Technologie–Industrie, über das zahlreiche Debatten und Streitgespräche geführt wurden. Welches ist Ihre Position?

Ich wiederhole noch einmal: Ich will niemandem irgendwelche Vorschriften machen. Es mag sehr wohl ein Schriftsteller existieren, der von Wissenschaft und Technik absolut nichts versteht und der doch ein höchst ehrenwerter und guter Schriftsteller ist. Das kann vorkommen, keine Frage. So hat beispielsweise Montale außerhalb der Welt von Technik und Wissenschaft gelebt. Meiner Meinung nach wäre es jedoch nicht gut, daß der Schriftsteller in einem Elfenbeinturm, sagen wir ruhig, in einem Röhrensystem lebt, das bei Dante beginnt und ins Unendliche führt. Und daß er sich in diesem Röhrensystem bewegt, ohne jemals die Welt um sich herum zu erblicken. Wenn wir in einer von Technologie und Wissenschaft geprägten Welt leben, ist es nicht ratsam, sie zu ignorieren, auch weil *Die Wissenschaft* mit dem großen W und *Die Technologie* mit dem großen T wunderbare Inspirationsquellen sind. Nicht nur, daß sie existieren und sich darum irgendwie im geschriebenen Wort widerspiegeln müssen, sie sind meiner Meinung nach auch großartige Stimuli, sind es jedenfalls für mich. Wenn jemand heute nichts davon weiß, was die Astrophysiker mit ihren Instrumenten oder auf noch spektakulärere Weise mit den künstlichen Satelliten, den *Explorern* und so weiter anstellen, dann begibt er sich auf eine Stufe, die selbst einem Kant gegenüber zurückbleibt, um nur einen Namen zu nennen: Kant hat Astronomie studiert, bevor er seine Bücher schrieb. Mir erscheint dies als eine freiwillige Blindheit. Es bedeutet, den Sinn für das Maß des Universums, in dem wir leben, einzubüßen … Die Tatsache, daß es zweierlei Kulturen gibt, ist an sich schon abträglich. Es sollte eine einzige sein: für Galilei gab es nur eine einzige Kultur, und ebenso für Spallanzani, auch für Magalotti.[2] Sie empfanden keine Brüche, nahmen keine wahr. Galilei war ein großartiger Schriftsteller, weil er eigentlich gar kein Schriftsteller war. Er war ein Mann, der darstellen wollte, was er gesehen hatte.

In einigen Werken, wie im Periodischen System *und im* Ringschlüssel, *erkennt man eine Absicht zur Popularisierung, den Willen, die Bedeutsamkeit und den Reiz von Wissenschaft und Technik zu vermitteln. Doch man wird auch auf eine komplexere Interpretation, auf eine existentielle Wertung verwiesen. Der Hinweis auf den Großen Krummen, auf die Hyle, auf die Materie, die sich gegen den menschlichen Formwillen sträubt, um weiter im* Periodischen System *zu bleiben, das alles unterstreicht doch wohl, daß die Wissenschaft nichts anderes verkörpert als den Kampf, die Anstrengung, die der Mensch auf allen Gebieten unternehmen muß, um sich selbst und die Wirklichkeit beherrschen zu lernen.*

Das haben Sie gut gesagt, und ich kann es nur bestätigen. In einem Buch von Russell[3], *Eroberung des Glücks,* habe ich einen Satz dieses Sinnes gefunden, in dem es heißt, es gebe kein Glück ohne Anstrengung. Und zwar aus biologischen Gründen, denn wir sind Jäger. Wenn wir im Schlaraffenland lebten, auf dem Rücken liegend, während uns die Speisen in den Mund fielen, würden wir wahrscheinlich sterben oder krank werden, zumindest geistig krank, oder wir würden verkümmern und verdummen. Sich selbst herauszufordern, sich mit den anderen auseinanderzusetzen, mit der materiellen Welt, das ist unerläßlich, mag es auch Mühsal und Schmerz bereiten. Ein Leben ohne Auseinandersetzung, mithin ohne Niederlagen, ist nicht denkbar.

Kehren wir zur Conradschen Auffassung vom Dasein zurück. Sie zitieren häufig Autoren, die Ihnen in gewisser Weise als vorbildhaft gelten – neben Conrad würde ich noch Dante, Thomas Mann, Rabelais nennen –, und ich möchte Sie an dieser Stelle fragen: Welches sind Ihre Lieblingsschriftsteller und -werke, die Ihr Schreiben beeinflußt haben; kurz, welche Lektüre hat Sie vor allem geprägt?

Es sind in erster Linie die von Ihnen genannten, dazu aber noch eine Vielzahl von anderen. Ich bin ein kauziger Leser. Derzeit lese ich zum Beispiel Proust, was ein wenig spät ist. Außerdem habe ich viele Fachtexte gelesen, die mir ebenso von Nutzen waren wie die von Ihnen erwähnten Großen. Um den *Ringschlüssel* zu schreiben, habe ich ein wunderbares Buch über Brücken gelesen, das mir als beinahe ebenso fundamental erscheint wie die *Göttliche Komödie.* Doch jetzt bin ich vielleicht ein bißchen vom Thema abgekommen, denn das sind keine Bücher in dem von Ihnen gemeinten Sinn, es sind Dokumentationen. Es sind Werke von Schriftstellern, die gemeinhin wenig auf ihren Stil achten, sie kümmern sich mehr um die Dinge, über die sie schreiben. Doch das schadet mir nicht, es stört mich nicht, ja, ich würde sagen, oft entsteht aus diesem Erfordernis der Vermittlung ein äußerst lebendiger und konkreter Stil. Unlängst habe ich ein Buch von Spallanzani gelesen, das mir großartig gefallen hat. Er erzählt darin, wie er es anstellte, den Fröschen Hosen anzulegen, um zu beobachten, wie die Befruchtung vor sich geht. Vorhin habe ich auch von Magalotti gesprochen, weil ich gerade seinen *Bericht über China* lese. Es ist ein Büchlein von hundert Seiten, aber großartig. Das gleiche gilt für Marco Polos *Il Milione*.

Sprechen wir ein wenig über Ihre Beziehung zur Kritik. Beppe Fenoglio[4] bekannte, wie überrascht er von dem sei, was die Kritiker in seiner Arbeit zu entdecken wußten, darüber sei er ebenso überrascht wie über das, was sie nicht herausgefunden hätten. Teilen Sie, auf sich selbst bezogen, einen solchen Eindruck?

Dem kann ich zustimmen. Fenoglio hat das sehr treffend gesagt. Es stimmt, Kritiker haben mir oft geholfen, mir über mich selbst klarzuwerden, und oft haben sie Dinge gefunden, die ich nicht bewußt oder auch überhaupt nicht hineingebracht hatte. Ich meine, recht typisch ist der Streit, der mein Schreiben von Anbeginn begleitet, nämlich über das Verhältnis zwischen den ersten beiden Büchern und den Erzählungsbänden *Storie naturali* und *Vizio di forma*. Das ist eine Sache, die Leuten, die mich lesen, klarer ist als mir selbst. Ich glaube, daß im Grunde das Motiv der Rückkehr zum Lager kaum eine Rolle spielt, die Tatsache, daß meine Erzählungen die Lagerwelt in der heutigen Welt erkennbar reproduzieren würden oder wollten. Ich bin damit überhaupt nicht einverstanden, daß nämlich die Entfremdung in der heutigen Welt nichts anderes sei als die Entfremdung im Lager. Kommen Sie erst mal in ein Lager ... Das wirkt auf mich genauso wie die Schmiererei an Häuserwänden:

PS = SS*. Die Polizei mag unangenehm sein, aber die SS war
wirklich etwas ganz anderes. Vor kurzem habe ich Gedichte
von Sante Notarnicola⁵ zugeschickt bekommen. Sie sind
recht gut, aber da ist eine Widmung, die mich stört. Er hat sie
mir gewidmet mit den Worten: »Wie du siehst, erstehen in
der heutigen Welt die Lager neu.« Ich habe ihm geantwortet,
seine Gedichte seien gut, aber in Auschwitz starben jeden Tag
zehntausend Menschen, und wenn heute ein politischer oder
krimineller Häftling im staatlichen Gefängnis stirbt, ist das
ein Skandal. Es ist mit Recht ein Skandal: Er darf nicht sterben. Aber es ist einer. Und das macht den Unterschied aus.
Und in Auschwitz erschienen keine Gedichtbände. Im übrigen wird der Leser wahrscheinlich in meinen Erzählungen
Züge des gefangenen Menschen finden, die ich nicht bewußt
hineingelegt habe. Das ist wahrscheinlich. In ein paar Erzählungen ist es offensichtlich. In »Vertamin« und »Engelgleicher
Schmetterling«** habe ich absichtlich an frühere Erlebnisse
angeknüpft. In anderen Erzählungen mag es eine solche Verbindung ebenfalls geben, aber ich habe sie nicht absichtlich
hergestellt. Klar, die Erfahrung des Lagers ist traumatisch,
und das Trauma trägt man in sich, und es tritt auch auf eine
vom Schreibenden unbemerkte Weise hervor.

*Kommen wir zu jüngeren Ereignissen: Ich möchte an die polemische
Stellungnahme erinnern, die Ihnen in bezug auf den Ringschlüssel
vorwarf, Sie wollten über die Situation des Arbeiters schreiben, ohne
selbst Arbeiter zu sein.*

In »Lotta continua«⁶ ist eine gegen mich gerichtete scharfe
Zuschrift erschienen, in der es hieß: »Wieso nimmst du dir

---

* PS, Pubblica Sicurezza, öffentliche Sicherheit, auch Bezeichnung
für die Polizei (Anm. d. Übers.).

** Zwei Texte aus *Storie naturali*, deutsche Übersetzungen enthalten
im Band *Der Freund des Menschen* (Anm. d. Übers.).

heraus, von der Situation des Arbeiters zu erzählen, wenn du selbst kein Arbeiter bist? Laß das unsere Sache sein.« Dies bedeutet, allen den Mund zu stopfen.

Meinen Sie, daß die Kritik alles in allem Ihr Werk korrekt behandelt hat?

Im großen und ganzen ja. Es gibt gute und schlechte Kritiker, unaufmerksame, die nichts gelesen und dann das Buch resümiert haben. Doch wenn ich noch einmal auf das Thema zurückkomme, das wir zuvor besprochen haben, das Thema der zwei Kulturen, die eine einzige sein sollten, so scheint mir, daß die Kritiker, die fast alle von der humanistischen Kultur herkommen, es nicht sehr gut erfaßt haben. Exakt erfaßt hat es hingegen Roberto Vacca[7], und der ist Ingenieur. Seine Rezension des *Ringschlüssels* hat mir besser gefallen als viele andere. Eine sehr gute Rezension ist auch noch die in »Battaglie del lavoro« erschienene von Bruschi, einem Gewerkschafter. Das ist vielleicht die Kritik, die mir die größte Freude bereitet hat. Sie ist zweistimmig: Der Gewerkschafter diskutiert mit einem Autonomen. Sie hat meines Erachtens den Kern sehr genau getroffen.

Man hat hinsichtlich Ihres Schreibens häufig die Freude, die Lust am Erzählen hervorgehoben – und Sie selbst haben das ja übrigens explizit sowohl im Periodischen System *als auch im* Ringschlüssel *getan. Jetzt frage ich Sie: Wie entstehen Ihre Bücher?*

Sie entstehen zumeist als mündliche Erzählungen. Faussones Geschichten sind fast alle entweder Erzählungen von Abenteuern, die ich von anderen gehört habe, oder aber Abenteuer, die ich Faussone, einem Faussone, zugeschrieben habe. Sie entstehen also zunächst aus einer mündlichen Form. Auch *Ist das ein Mensch?*. Ich bin aus dem Lager zurückgekehrt mit einem geradezu krankhaften Drang zu erzählen. Ich erinnere mich noch gut an manche Fahrten mit der Eisenbahn im Jahr 1945, gleich nach meiner Heimkehr, als ich in Italien umherreiste, um mir wieder eine Stellung im Arbeitsprozeß aufzubauen: Ich suchte eine Arbeit. Und ich erinnere mich, wie ich im Zug meine Geschichten den erstbesten Leuten erzählte. Ich habe in diesem Zusammenhang den alten Seemann von Coleridge zitiert, der seine Geschichte Leuten erzählt, die sich auf die Hochzeit vorbereiten und sich keinen Deut um ihn kümmern. Nun, ich habe genau das gleiche getan. Wenn Sie mich fragen, weshalb ich erzählen wollte, kann ich Ihnen das nicht sagen. Wahrscheinlich war es ein ziemlich berechtigter instinktiver Drang: Ich wollte mich davon befreien. Doch ich habe oft an Odysseus gedacht, als er an den Hof der Phäaken kommt. So müde, wie er ist, bringt er die Nacht damit zu, seine Abenteuer zu erzählen. Das ist allen Heimkehrern gemeinsam: Sie wollen erzählen, was sie getan haben. Sie kennen doch Tibull: Ich hatte mir gemerkt »ut mihi potanti possit sua dicere facta miles et in mensa pingere castra mero« [»so daß er mir, während ich trinke, seine Erlebnisse als Krieger erzählen und mit einem in den Wein getauchten Finger die Umrisse der Feldlager auf den Tisch malen könne«]. Für mich war es genauso. Es gab kein Warum, es war zutiefst selbstverständlich, offensichtlich, daß ich das tun mußte. Ich hätte gelitten, wenn man mir verwehrt hätte, zu »pingere castra mero«.

Das gilt für die ersten beiden Bücher ...

Aber in etwas geringerem Maße auch für die übrigen. Ich würde sagen, ich bin so konstruiert: Ich erzähle gern von meinen Erlebnissen. Und ich erzähle in der Tat in stärkerem Maße das, was mir selbst zugestoßen ist, oder auch, was mir erzählt wird. Wenn ich es wiedererzähle, kommt es mir vor, als reihte ich mich ein in eine tausendjährige Dynastie, die bis zu den volkstümlichen Geschichtenerzählern in Afrika und

Asien zurückreicht. Wenn Sie mich nach dem Grund fragen, dann antworte ich: Bitte wenden Sie sich an einen Psychoanalytiker, denn ich weiß nicht genau, wo die Wurzel des Menschen zu finden ist. Das ist nicht nur eine Eigenschaft von mir: Die Lust am Erzählen kennen viele, wenn auch nicht alle. Doch jeder, der die Gabe des Wortes besitzt, wendet diese Gabe gern an. Nein, nicht jeder, denn ich kenne auch Leute, die wirklich gar nichts erzählen, die anders leben, die diese befreiende Freude nicht kennen, eine Geschichte zu erzählen.

Diese Lust am Erzählen verbindet sich nach meinem Eindruck mit einem Gefühl von Gleichgewicht, von Optimismus. Antonicelli hat dies sogar schon bei Ist das ein Mensch? *festgestellt, einem Tagebuch infamer Geschehnisse, das aber dennoch die Sehnsucht nach Leben zu vermitteln vermag.*[8]

Das stimmt. Es liegt zum Teil in meiner Natur. Ich bin als ein ziemlicher Optimist zur Welt gekommen. Teils ist es gewollt. Es erscheint mir als ein schlechter Dienst am Leser, meinetwegen an der Menschheit, an der Gesamtheit der Leser eines Buches, wenn man ihnen Pessismismus einträufelt. Pessimist sein heißt im Grunde, die Hände zu erheben und zu sagen, überlassen wir uns dem Verderben. Da das Risiko des Zugrundegehens besteht, liegt die einzige Abhilfe darin, die Ärmel hochzukrempeln; und um etwas anzupacken, um sich vor etwas zu schützen, muß man nun einmal optimistisch sein, andernfalls nimmt man den Kampf nicht auf. Und es ist ein Kampf zu bestreiten. Man kann nicht in den Krieg ziehen mit der Überzeugung, daß man unterliegen wird, und hier zieht man in den Krieg. Diese Haltung erwächst bei mir aus einer Wurzel, die nicht auf Überlegung und Entschluß gegründet, sondern die konstitutionell ziemlich optimistisch beschaffen sein muß. Doch ich habe sie so rationalisiert, das heißt, es ist ein kollektiver Vorteil, wenn man eine nichtdefätistische Botschaft vermittelt. Natürlich ist es nicht immer leicht, optimistisch zu sein. Es erfordert viel Gleichmaß, doch ich denke, es ist eine Pflicht, optimistisch zu sein, zumindest da, wo es möglich ist.

Wie sehen Ihre künftigen Projekte aus? Sie haben uns daran gewöhnt, daß es bei Ihnen zu unvermuteten Abschweifungen der Inspiration kommt, zu »Ausrutschern«, wie Sie es selbst nennen …

Es stimmt, daß ich mir Ausrutscher geleistet habe, und ich werde das vielleicht auch weiter tun, eben weil ich ein wenig Zentaur bin. Ich bin ein Gymnasialabsolvent mit humanistischer Bildung, aber zugleich auch Chemiker – und schließlich noch ehemaliger KZ-Häftling. Somit verfüge ich über mindestens drei unterschiedliche Quellen des Schreibens. Bringen wir Studium und Lektüre zusammen auf einer Seite unter, ist da immer noch die Erfahrung Auschwitz. Lidia Rolfi sagt, das Lager sei ihre Universität gewesen, und ich habe mir diese Behauptung zu eigen gemacht. Auch für mich ist Auschwitz die zweite Universität gewesen. Und schließlich der Beruf, ein konkreter Beruf, der des Industriechemikers. Ich möchte auf keine dieser drei Erfahrungen verzichten. Jetzt ist, wenn wir so wollen, eine vierte hinzugekommen, die des Schreibens. Die Erfahrung, daß es mir gelungen ist, Ideen, Informationen, Nachrichten, Berichte auf schriftlichem Wege weiterzugeben, ist eine vierte Erfahrung, die zu den anderen hinzukommt, sie überlagert und ihrerseits Quelle von etwas sein kann. Eine Spur dieses Verlangens zu erzählen, eine theoretische Darlegung darüber, wie die Dinge erzählt werden sollten, ist im *Ringschlüssel* zu finden.

Doch was erwartet uns jetzt? Wohin wird jene experimentelle Tendenz führen, von der Giovanni Raboni[9] in seiner Rezension des Ringschlüssels *spricht?*

Ich weiß nicht. Ich glaube nicht, daß ich einen zweiten *Ringschlüssel* schreiben werde. Doch habe ich etwas im Kopf ... im Kopf ... eigentlich im Bauch, im Magen, etwas ziemlich schwer Verdauliches, das an das Thema des Lagererlebnisses anknüpft, in einer Neubetrachtung aus fünfunddreißig Jahren Abstand; nach all den Streitgesprächen über die Identifizierung des Opfers mit dem Unterdrücker, das Thema der Schuld, der extremen Ambivalenz, die vorhanden war, jener Grauzone, die die Unterdrückten von den Unterdrückern trennte. Ich habe in »La Stampa« einige Erzählungen veröffentlicht, sie handeln alle davon. Ich weiß noch nicht, ob ich diese Erzählungen wiederaufnehmen und umgestalten oder ob ich Essays schreiben werde oder etwas anderes. Ich möchte auf ein Thema zurückkommen, das schon in *Ist das ein Mensch?* und in der *Atempause* angeschnitten ist und das ich bereits bei Manzoni vorgefunden habe: die Szene, als Renzo Tramaglino den Don Abbondio mit dem Messer bedroht. Manzoni merkt an, daß der Unterdrücker, Don Rodrigo, auch für die kleinen Unterdrückungen verantwortlich ist, die seine Opfer begehen. Das ist ein mir wohlbekanntes Thema. Es ist ein törichter Irrtum, alle Dämonen auf einer Seite und alle Heiligen auf der anderen zu sehen. So war es nicht. Diese Heiligen oder Unterdrückten waren in mehr oder weniger hohem Maße zu Kompromissen genötigt, manchmal auch zu schrecklichen, über die ein Urteil sehr schwer fallen kann. Ich bin kein Jurist und meine, daß man über diese Dinge äußerst schwer urteilen kann. Aber sie müssen dennoch beurteilt und vor allem bekannt werden, sie dürfen nicht ignoriert werden. Eine Einteilung in Schwarz und Weiß bedeutet, das Wesen des Menschen nicht zu kennen. Es ist ein Irrtum, er taugt nur für Festreden. Beispielsweise die deutschen politischen Häftlinge: Wie soll man über Menschen urteilen, die seit zehn Jahren im Lager saßen? Es ist klar, daß einige von ihnen schließlich stillschweigende Kompromisse mit den Nazis eingegangen sind. Einige waren wirklich stark, sie haben bis zuletzt standgehalten; aber das waren äußerst wenige. Viele haben dies und das getan: Sie haben Funktionen übernommen, haben beispielsweise ihre Untergebenen geschlagen. Auch darüber läßt sich schwer ein Urteil fällen, denn das Prügeln, also Ohrfeigen und Fausthiebe austeilen, war im Grunde eine Sprache: eine andere gab es nicht. Was konnte man sonst tun, wenn man bei seinem Untergebenen ein bestimmtes, vielleicht ihm selbst Nutzen bringendes Verhalten herbeiführen wollte? Man mußte ihn einfach schlagen, weil er es anders nicht begriffen hätte. Das sind Extremfälle …

Sie erwähnten vorhin die in »La Stampa« erschienenen Erzählungen. Einige verarbeiten Erlebnisse aus dem Lager, andere hingegen sind leichte, phantastische, surreale Geschichten.[10] *Sind letztere gewissermaßen als »Ferien« zu betrachten?*

Es sind Ferien. Wenn mir eine Erzählung einfällt, die mir amüsant oder hübsch oder auch irgendwie nutzbringend vorkommt, aber selbst wenn sie ganz ohne Nutzen ist, nur ein Fabulierritt, weshalb sollte ich sie nicht niederschreiben? Ich bin mir selbst gegenüber nicht so streng, daß ich nur erzieherisch Bedeutsames schreibe.

Und die Gedichte, die bisweilen in der »Stampa« erscheinen: welchen Sinn, welche Bedeutung haben sie?

Meines Erachtens nur eine sehr begrenzte. Es liegt nicht in meiner Natur, Gedichte zu schreiben; hin und wieder jedoch werde ich von dieser merkwürdigen Infektion erfaßt, wie von einer Hautkrankheit, die Ausschlag verursacht. Ich werde nie systematisch Gedichte schreiben. Es ist schon vorgekommen, daß ich im Laufe von zwei, drei Tagen fünf oder sechs Gedichte schrieb, etwa die Eingangsgedichte des Bändchens *L'osteria di Brema*[11]. Auch jetzt unterläuft mir das, ich weiß nicht, weshalb, vielleicht weil ich mehr Freizeit habe, aber es ist ein total unkontrolliertes Phänomen. Irgendwann trägt man die Keimzelle eines Gedichts mit sich herum, die erste Verszeile oder irgendeine andere, und dann kommt alles übrige nach. Manchmal hat es Bestand, ein andermal werfe ich es weg, auf jeden Fall ist es ein Phänomen, das ich nicht verstehe, nicht erkenne, das ich nicht theoretisch zu fassen vermag, ja, dessen Mechanismus ich ablehne. Es gehört nicht zu meiner Welt. Meine Welt besteht darin, etwas zu denken, es zu entwickeln, fast wie ... wie ein Monteur, das ist das passende Wort, es stückweise aufzubauen. Diese andere Art des Produzierens durch blitzartige Einfälle verunsichert mich. Und in der Tat habe ich in vierzig Jahren nur dreißig Gedichte geschrieben.

Sind Sie ein Schriftsteller, der mit Leichtigkeit schreibt, der ohne Stocken produziert, wenn erst einmal die Richtung gefunden ist?

In der Regel ja. *Ist das ein Mensch?* habe ich mit größter Leichtigkeit geschrieben. Das habe ich schon oft erklärt: Ich habe es im Zug, in der Straßenbahn, im Labor geschrieben. Auch die *Atempause* fiel mir leicht, obwohl ich dabei sehr methodisch vorgegangen bin, ein Kapitel pro Monat. Aber immer abends nach dem Essen, denn damals arbeitete ich in der Fabrik. Auch die Erzählungen entstehen mit einer gewissen Leichtigkeit. Und schließlich habe ich meine letzte Arbeit, den *Ringschlüssel*, mit größter Leichtigkeit geschrieben. Ich habe das Manuskript noch: Es ist direkt in die Maschine getippt, fast ohne Korrekturen. Es erschien mir sehr leicht, auf diese Weise zu schreiben, gleichsam als ob ich mich befreite von den Zwängen des literarisch gebildeten Schriftstellers. Und es kam mir wirklich so vor, als ob ich mit dem Tonband festhielte, was mir jemand erzählte.

Dennoch ist dieses letzte auch das Buch, in dem Sie sich erklärtermaßen der Fiktion des Schreibens hingeben, in dem Sie »Geschichten«

kreieren. Kurz, wie Sie selbst erklärten: Sie sind hier zum »Fälscher«
geworden.

Dieser Status des Fälschers beschäftigt mich nach wie vor.
Denn ich fühle mich auch selbst ein wenig als Fälscher. Ich
stelle mir oft selbst Aufgaben. Zum Beispiel ist da das Thema
des erneuten Besuchs im Lager, über das ich schreiben sollte;
da müßte ich Dinge erzählen, die ich vor fünfunddreißig Jahren erlebt habe. Aber bin ich denn sicher, daß es wahrhaftige
Geschehnisse sind, und bin ich verpflichtet, nur solche zu erzählen, oder kann ich sie zum Beispiel so zurechtbiegen, daß
sie mir gelegen kommen, oder gar neue erfinden? Gibt es
eine klare Grenze zwischen dem Erzähler, der beansprucht
und fordert, daß man ihm aufs Wort glaubt, und einem Mann
wie Boccaccio, der Novellen zu anderen Zwecken erzählt, nicht
mit dokumentierender Absicht, sondern einfach aus Spaß, zur
Erbauung? Das sind Fragen, die ich noch nicht gelöst habe
und über die ich weiter nachdenke.

Giuseppe Grassano, *Primo Levi*, La Nuova Italia, Florenz 1981,
S. 3-17 (aufgenommen 1979)

1 Der Schriftsteller Paolo Volponi (1924-1994) hat einen Großteil seines erzählerischen Werks den Widersprüchen der Industriegesellschaft
und der Entfremdung im Arbeitsprozeß gewidmet, zum Beispiel in dem
Roman *Memoriale* (1962, dt. *Ich der Unterzeichnete*, 1964).

2 Lazzaro Spallanzani (1729-1799), experimenteller Forscher, Begründer der modernen Biologie, aber auch Autor von Reisebüchern
und wissenschaftlicher Prosa; Lorenzo Magalotti (1637-1712), Literat
und Naturwissenschaftler, Autor wissenschaftlicher Essays und Reise-
bücher.

3 Bertrand A. W. Russell, *Eroberung des Glücks*, Frankfurt/Main 1977.
Russell wurde von Levi in seine persönliche Anthologie *La ricerca delle radici* aufgenommen.

4 Giuseppe Fenoglio (1922-1963) schilderte in seinen Romanen den Faschismus und den Partisanenkampf.

5 Sante Notarnicola, wegen krimineller Delikte zu Gefängnishaft verurteilt, beteiligte sich an den Bewegungen für die Rechte der Gefangenen und an den vorangegangenen Häftlingsrevolten.

6 Linksextremistische Tageszeitung, mit der gleichnamigen politischen Bewegung verbunden; Enrico Deaglio hatte hier am 10. Januar 1979 den *Ringschlüssel* besprochen; daraufhin schrieb der Arbeiterschriftsteller Tommaso Di Ciaula, Autor von *Tuta blu. Ire e ricordi di un operaio del sud* (1978, dt. *Der Fabrikaffe und die Bäume,* 1979) am 14. Januar 1979 einen polemischen Leserbrief: *L'operaio Faussone per caso è analfabeta?* (Ist der Arbeiter Faussone vielleicht Analphabet?)

7 Roberto Vacca, Ingenieur und Schriftsteller, Zukunftsforscher (*Medioevo prossimo venturo,* 1971), besprach den *Ringschlüssel* am 10. Februar 1979 in »Tuttolibri«; Levi erwähnt ihn in einer Erzählung, er war einer seiner ständigen Gesprächspartner.

8 Der Interviewer bezieht sich auf Antonicellis am 31. Mai 1958 in »La Stampa« veröffentlichte Besprechung der im selben Jahr erschienenen Neuausgabe von *Ist das ein Mensch?* im Verlag Einaudi.

9 Giovanni Raboni, Lyriker und Literaturkritiker; der Interviewer bezieht sich auf die in »Tuttolibri« am 23. Dezember 1979 erschienene Rezension.

10 Es handelt sich um Erzählungen, die in den Kapiteln »Futuro anteriore« und »Presente indicativo« des Buches *Lilít e altri racconti* (1981) enthalten sind.

11 Titel von Levis erstem Gedichtband, der 1975 im Mailänder Verlag Scheiwiller erschienen war; die Gedichte wurden zusammen mit späteren wieder aufgenommen in den Band *Ad ora incerta.*

Giovanni Tesio
Ich glaube, mein inneres Schicksal
ist die Zerrissenheit[1]

Ich habe nicht den Eindruck, daß diese neuen Erzählungen[2] deine »Weltsicht« verändern, die – du selbst weist hier ausdrücklich darauf hin – von einem »Optimismus« geleitet ist, den man gleich dem von Lukrez als »relativ« bezeichnen könnte. Hat sich in diesem Sinne in dir seit dem Beginn des Schreibens nichts verändert?

Ich bin nicht in der Lage, über meinen Optimismus Theorien aufzustellen (und ebensowenig über den anderer Leute). Wenn Optimismus das Vertrauen darauf ist, daß die Welt gut vorankommen oder jedenfalls besser werden wird, daß das Morgen besser sein wird als das Heute – also dann bin ich kein Optimist. Aber das Morgen ist nirgendwo festgeschrieben; es wird gut, besser, schlechter, ganz schlimm sein, je nachdem, was wir alle tun. Verantwortlich dafür sind wir, so wie wir für die vergangenen Ereignisse unsere Väter zur Verantwortung gezogen haben. Ich würde sagen, meine Geistesverfassung ist, auch jetzt noch, da ich nicht mehr als Techniker tätig bin, die eines »Wartungstechnikers«: Das Telefon- oder Gasnetz wird dann gut funktionieren (eine notwendige, aber nicht hinreichende Bedingung), wenn er beflissen, aufmerksam und erfahren ist. Falls er es ist oder gewesen ist, mag zwar trotzdem ein Defekt am Netz auftreten, aber er wird zumindest ein ruhiges Gewissen haben. Selbstverständlich ist es schwieriger, einen Staat oder auch nur eine Schule oder einen Betrieb zu verwalten als ein technisches System; aber ich bin überzeugt, daß man das besser tun kann, als es derzeit geschieht. Ich erinnere mich nicht, ob ich bereits 1946 so dachte, als ich mit dem Schreiben begann; ich glaube nicht, damals war ich weniger verantwortlich, war mehr Zeuge und mehr Opfer.

Mir scheint, die Kritiker vermitteln von dir ein Bild von geradezu übermäßiger Ernsthaftigkeit. Mir dagegen kommt es vor, als ob ein anderer Aspekt für deine Texte sehr unmittelbar zutrifft, nämlich »Humor«. Stimmst du dem zu?

Ich glaube eigentlich, daß mein inneres Schicksal (mein Planet, würde Don Abbondio sagen) der Zwiespalt, die Zerrissenheit ist. Italiener, aber Jude. Chemiker, aber Schriftsteller. Deportierter, aber nicht sehr (oder nicht immer) zur Klage und Anklage aufgelegt. Also, »seine Antwort auf die Frage lautet«: Ist es zulässig, nicht durchweg ernsthaft zu sein, sondern manchmal ja und manchmal nein? Meiner Meinung nach ist es zulässig, und ich mache davon Gebrauch; vielleicht ist eben das der Grund, weshalb ich Rabelais liebe, der ein sehr ernsthafter, gelehrter, gebildeter Mann, ein berühmter Arzt war, aber dennoch Lust daran fand, zu lachen und andere zum Lachen zu bringen. Manchmal befinde ich mich vor dem leeren Blatt in einer Gemütsverfassung, die ich sabbatisch nennen möchte: Dann empfinde ich Vergnügen daran, allerlei verschrobenes Zeug zu Papier zu bringen, und ich kultiviere die Vorstellung, daß mein Leser ein entsprechendes Vergnügen empfinden wird. Es stimmt, daß manche Kritiker und viele Leser meine ernsthaften Texte vorziehen; das ist ihr Recht, doch mein Recht ist es, die Grenzen zu überschreiten. Wenn nicht aus anderen Gründen, so jedenfalls zur Selbstentschädigung, und auch, weil ich im allgemeinen gern auf der Welt bin.

Dies ist abermals ein Band mit Erzählungen. Fürchtest du nicht, daß man schließlich behaupten wird, du seist ein »schwachbrüstiger« Autor?

Das kann passieren: Es ist ein Risiko, das ich eingehen muß. Ein Buch entsteht, wie jedes menschliche Unternehmen, aufgrund einer Bilanzrechnung Risiken gegen Gewinne. Wenn der Autor einen Erzählungsband herausbringt, besteht das Risiko für ihn darin, daß man ihn als Schwachmatikus beurteilen mag; für den Leser liegt es darin, daß er womöglich sein Geld und seine Zeit schlecht angelegt hat. Der Gewinn (oder jedenfalls die Hoffnung auf Gewinn) liegt darin, daß ich einige Erzählungen vor dem Nichts bewahre, die ich als Autor mit Freude geschrieben habe, und andere, die einigen mir nahestehenden Menschen gefallen haben, auf deren Urteil ich traue. Doch überhaupt: Wieso soll ein Erzählungsband weniger vornehm oder schwächer sein als ein Roman? Das ist ein Vorurteil, das, so glaube ich, im Kopf von Buchhändlern entstanden ist; ich als Leser lese zum Beispiel gern Erzählungen, weil ich sie als spontaner empfinde.

Ich könnte verschiedene Schriftsteller nennen, die nach allgemeiner Übereinkunft in der Erzählung Besseres leisten als im Roman, als erste fallen mir Maupassant, Cortázar, Singer und natürlich Boccaccio ein.

»Nuovasocietà«, 208, 16. Januar 1981.

1 Auf die Fragen dieses Interviews hat Levi schriftlich geantwortet.
2 *Lilít.*

Federico De Melis
Eine Aggression namens Franz Kafka

In diesen Tagen liegt in den Schaufenstern der Buchhand-
lungen ein schmuckloses Bändchen, wie aus früheren Zeiten.
Die Farbe ist die von Zuckerpapier, das Format kleiner als
das eines Taschenbuchs. Es ist der erste Band der neuen
Einaudi-Reihe »Schriftsteller übersetzt von Schriftstellern«.
Sie wird eröffnet mit dem Roman *Der Prozeß* von Franz Kafka.
Der Übersetzer ist Primo Levi. Wir haben uns mit dem Autor
von *Ist das ein Mensch?* in seiner Heimatstadt Turin getroffen.

Können Sie uns etwas über diese verlegerische Initiative sagen?

Die Idee von Einaudi ist es, einige Klassiker in der Überset-
zung durch moderne Schriftsteller neu herauszubringen.
Mein Bändchen ist das erste in einer Reihe, das zweite wird
Madame Bovary von Gustave Flaubert in der Übersetzung von
Natalia Ginzburg sein. Die Idee ist klug, originell und provozierend, ja, sie ist ebendarum klug, weil sie provozierend ist.
Es ist klar, daß jedes dieser Bücher für sich diskutiert werden
muß, es könnte Gegenstand interessanter und unterhaltsa-
mer Analysen sein. Es handelt sich in jedem Fall um unechte
Werke, weil sie von zwei Autoren stammen. Man sieht es schon
am Umschlag: der Buchtitel und der Name des Übersetzers
erscheinen in Weiß, der des Autors in Schwarz. Kreuzungen
sind immer fruchtbar. Das ist die Idee. Ich mußte die Erfahrung in eigener Person machen, weil ich eigentlich – das muß
ich gestehen – ständig mit mir selbst im Streit lag, einerseits
das philologische Gewissen, Kafka respektieren zu müssen,
und andererseits meine persönlichen Reflexe, meine persönlichen Gewohnheiten als Schriftsteller, das, was man so Stil
nennt, der bei mir unterdes verfestigt ist. Ein Stil, der mir

selbst gar nicht so sehr vertraut ist, den meine Leser besser kennen als ich, wie es mit dem eigenen Gesicht im Profil der Fall ist. Wir kennen uns kaum in Profilansicht, sehen uns fast nie im Profil.

Warum die Kopplung Franz Kafka – Primo Levi?

Die Wahl habe nicht ich getroffen, sondern der Verlag, mir wurde der Vorschlag gemacht, und ich habe ihn angenommen. Um die Wahrheit zu sagen, ein wenig leichtfertig, denn ich glaubte nicht, daß der Auftrag mich derart gründlich absorbieren würde. Ich muß sagen, Kafka hat nie zu meinen Lieblingsautoren gezählt, und ich muß auch erklären, weshalb nicht: Es ist nicht gesagt, daß man die Autoren bevorzugt, zu denen man eine Affinität besitzt, oft geschieht gerade das Gegenteil. Ich denke, Kafka gegenüber war meinerseits nicht so sehr Desinteresse oder Langeweile im Spiel, sondern ein Gefühl von Abwehr, das habe ich festgestellt, als ich den *Prozeß* übersetzte. Mir war, als ob von diesem Buch eine Aggression ausginge, und ich mußte mich dagegen wehren. Gerade weil es ein sehr starkes Buch ist, das einen wie eine Lanze, wie ein Pfeil durchbohrt. Jeder von uns fühlt, daß ihm selbst der Prozeß gemacht wird. Außerdem ist es eine Sache, ein Buch im Sessel sitzend zu lesen, in einem Zug ohne Pause, und eine andere, es Wort für Wort, Scholle um Scholle zu durchpflügen, wie man es beim Übersetzen tut. Nun, ich muß sagen, daß ich beim Übersetzen des *Prozesses* den Grund meiner Abneigung gegen Kafka begriffen habe, es ist eine Abwehr, die auf Angst gründet. Vielleicht auch aus einem bestimmten Grund, Kafka war Jude, ich bin Jude, *Der Prozeß* beginnt mit einer unvorhersehbaren und ungerechtfertigten Verhaftung, und meine Laufbahn begann mit einer unvorhersehbaren und ungerechtfertigten Verhaftung, Kafka ist ein Autor, den ich bewundere, ich liebe ihn nicht, aber ich bewundere ihn, fürchte ihn wie eine große Maschine, die dich niederwalzt, wie den Propheten, der dir dein Todesdatum verkünden wird.

Welche Entscheidungen haben Sie in Ihrer Übersetzerwerkstatt getroffen, welche Ingredienzien haben Sie verwendet?

Ich habe versucht, den Leser die syntaktische Dichte des Deutschen nicht als Belastung spüren zu lassen. Der deutschen Sprache ist eine Komplexität des Satzbaus zu eigen, an die der italienische Leser nicht gewöhnt ist. Giorgio Zampa hat sie in seiner Übersetzung des *Prozesses* aus dem Jahre 1973 respektiert, durchgehend. Ich nicht immer. Bei einigen schwerfälligen, mühseligen Stellen habe ich die Feile angesetzt, habe einige Satzgebilde zerlegt. Ich hatte dabei keine Skrupel, wenn ich nur den Sinn wahren konnte. Kafka scheut nicht vor Wiederholungen zurück, innerhalb von zehn Zeilen wiederholt er drei-, viermal dasselbe Substantiv. Das habe ich möglichst vermieden, weil das nach den im Italienischen geltenden Konventionen nicht üblich ist. Mag sein, daß es sich um eine Willkür handelt, daß vielmehr auch im Italienischen die Wiederholung funktionell sein kann, um einen bestimmten Effekt zu erzielen. Aber ich habe Erbarmen gehabt mit dem italienischen Leser, ich habe versucht, ihm etwas darzubieten, was nicht allzusehr nach Übersetzung schmeckt.

Beim Übersetzen gibt es zwei entgegengesetzte Pole. An dem einen Extrem steht Vincenzo Monti mit seiner Fassung der *Ilias*[1]: Er erzählt uns die Geschehnisse in einer Sprache, die nichts mit der ursprünglichen gemein hat, die von seinem zeitgenössischen Geschmack geprägt ist. Am anderen Extrem befindet sich die Interlinearübersetzung, die in der Schule gepflegte Wort-für-Wort-Übersetzung, die versucht, den Sinn des Textes möglichst genau wiederzugeben. Das erste Verfahren bringt den Leser dahin, etwas zu genießen, was er gewohnt ist, das zweite läßt in ihm beständig den Eindruck bestehen, daß er einen übersetzten Text liest. So ist Zampa mit dem *Prozeß* verfahren, aus seiner höchst respektablen und bewußten Entscheidung heraus. Und mir schien, zwischen diesen beiden Extremen könnte man einen Mittelweg finden, auch damit ich mich als Schriftsteller nicht zu sehr verstümmeln müßte. Vor allem bei den Dialogen kam es mir gekünstelt vor, ein entsprechendes, nach Maß gefertigtes Italienisch nachschaffen zu wollen, das die Ausdrucksweise einer in Zeit und Raum ziemlich fernen Sprache reproduziert, wie es das Prager Idiom der zwanziger Jahre ist. So sprechen meine Romanfiguren, bei Josef K. angefangen, heutiges Italienisch.

In Ihrer Nachbemerkung zum Prozeß *sprechen Sie von Ihrer mangelnden Affinität zu Kafka …*

Die mangelnde Affinität, die ich meinte, rührt meines Erachtens daher: Kafka ist ein von Visionen erfüllter Schriftsteller, der endlos seine Halluzinationen schildert, die großartig, bewunderungswürdig sind. Er verläßt diese Bahn nie, reicht dir nie die Hand, um zu erklären, was dahintersteckt, was sie bedeuten. Er überläßt dem Leser die gesamte Bürde der Deutung, und tatsächlich gibt es unendlich viele Deutungen Kafkas; allein für dieses Buch, *Der Prozeß*, sind es mindestens zwanzig. Ich habe, wobei ich mir des abgrundtiefen Qualitätsunterschieds zwischen mir und Kafka wohl bewußt bin, in meinen Büchern einen anderen Weg eingeschlagen. Ich habe angefangen, indem ich über das Lager schrieb, dann habe ich weiter über Dinge geschrieben, die ich selbst erlebt habe, dabei habe ich immer versucht, zu erklären, Knoten zu lösen. Man hat mir diese Tendenz zum Didaktischen auch vorgeworfen. Die Hälfte von *Ist das ein Mensch?* ist dem Versuch gewidmet, mir selbst und somit dem Leser den Grund dieser scheinbaren Anomalie, wie es die deutschen Lager darstellen, zu erklären. Ebenso habe ich im *Periodischen System* meine zweideutige und zwiespältige Position zwischen Chemie und Literatur zu erläutern versucht. Ich habe nie –

oder beinahe nie, in ein paar Erzählungen habe auch ich es getan – den Weg von Kafka gewählt, das heißt, dem freie Bahn zu gewähren, was aus dem Bauch kommt, aus dem Unbewußten.

Kafka gilt als ein Schriftsteller, der das Leben abtötet, der das Fehlen von Leben und Liebe und die Sehnsucht danach besingt. Seine sterilen atmosphärischen Welten sind das Destillat eines Lebens, das zugrunde ging. Bei Primo Levi gibt es das nie, und schon gar nicht, wenn er vom Lager erzählt ...

Wir haben sehr unterschiedliche Schicksale gehabt. Kafka ist aufgewachsen in einem schlimmen Konflikt mit seinem Vater, er war das Produkt dreier vermischter Kulturen – der jüdischen, der Prager und der deutschen –, unglücklich in seinen Liebesbeziehungen, frustriert von seiner Arbeit, schließlich schwer krank. Er ist jung gestorben. Mir ist, trotz der Episode des Lagers, die mich tief gezeichnet hat, ein andersartiges, weniger unglückliches Leben zuteil geworden. Der für mich persönlich so glückliche Ausgang, die Tatsache, daß es mir gelang, das Lager zu überleben, hat mich zu einem törichten Optimisten gemacht. Heute bin ich nicht mehr optimistisch. Damals war ich es. Damals habe ich den für mich persönlich glücklichen Ausgang – der mich alles in allem bereichert hat, indem er mich zum Schriftsteller machte – unlogischerweise auf alle menschlichen Tragödien übertragen. *Ist das ein Mensch?* besitzt, obwohl es von furchtbaren Dingen handelt, eigentlich wenig Affinität zu Kafka. Viele haben bemerkt, daß es ein optimistisches und heiter-ausgeglichenes Buch ist, in dem man diesen Weg aufwärts spürt, vor allem im letzten Kapitel. Zu denken, daß aus dem Abgrund, aus der Grube, aus dem Lager nicht eine bessere Welt entstehen sollte, erschien absurd. Heute denke ich ganz anders. Ich denke, daß aus dem Lager nur das Lager entstehen kann, daß aus dieser Erfahrung nur Übel hervorgehen kann. Nachdem man miterlebt hat, wie ein moderner, organisierter, technisierter, bürokratisierter Staat Auschwitz hervorbringen konnte, muß man mit Grausen an die Möglichkeit denken, daß jene Erfahrung sich erneuert. Jene Erfahrung kann sich erneuern, ich sage nicht, sie muß sich erneuern, aber daß es möglich ist, das sehe ich und das befürchte ich.

Sie haben Zeugnis abgelegt von der Barbarei der nazistischen Lager. Kafka hat sie vorausgeahnt: Stimmen Sie dem zu?

Ein gewisses Vermögen jenseits der gängigen Vernunft muß man Kafka unbedingt zuschreiben. Er besaß sicherlich ein fast animalisches Empfindungsvermögen, so wie man von den Schlangen behauptet, daß sie Erdbeben vorausahnen. Da er in den ersten Jahrzehnten unseres Jahrhunderts schrieb, vor und nach dem Ersten Weltkrieg, hat er viele Dinge vorausgesehen. Inmitten vieler anderer verwirrender Signale, inmitten eines Wirrwarrs von Ideologien hat er die Vorzeichen dessen herausgelesen und erkannt, was zwanzig Jahre später, zwanzig Jahre nach seinem Tod, Europas Schicksal werden sollte.

Im *Prozeß* gibt es eine frühe Vorahnung, daß die Gewalt von der Bürokratie kommt, von dieser wachsenden Macht, dieser unwiderstehlichen Macht, die Frucht unseres Jahrhunderts ist. Kafkas Schwestern sind alle im Lager umgekommen, Opfer dieser verderbten und niederträchtigen Apparatur, die er vorausgesehen hatte. Ich muß hinzufügen, daß diese meine Deutung des *Prozesses* vielleicht zu persönlich ist, ich weiß, daß es noch sehr viele andere gibt. Eine Lesart ist die, daß die den Prozeß führende Instanz kein bürokratisches Gericht ist, sondern daß die Verurteilung in der Krankheit steckt, die Kafka in sich verspürte. Oder aber, es gibt eine theologische Deutung, wonach das Gericht der unbekannte Gott ist, der Gott, den wir nicht zu erkennen vermögen.

Kafkas Bücher, und besonders *Der Prozeß,* sind widersprüchlich, Josef K. fühlt sich abwechselnd unschuldig und schuldig. Darin liegt kein Widerspruch. Der Mensch ist sich nicht immer gleich. Kafka ist sich nicht gleich. Man kann sich, nacheinander oder gleichzeitig, unschuldig und schuldig fühlen. Eine rationale Schlüssigkeit, eine innere Konsequenz in einem Text wie dem *Prozeß* suchen zu wollen, das hieße, seine Natur zu leugnen, ihn zu negieren, zunichte zu machen.

Die Verrohung ereilt auch den Henker, nicht nur das Opfer, und sie läßt die Unterschiede, die Abstände verschwimmen. Dies ist vielleicht das Thema von Ist das ein Mensch?*, und es ist ein Thema bei Kafka …*

Am Anfang des Buches tritt ein ungarischer Arzt auf, der in Italien studiert hat und das Italienische mit einem stark fremdländischen Akzent spricht. Er ist der Zahnarzt des Lagers. Er ist ein Krimineller, so sagt er selbst. Er ist ein »privilegierter« *Häftling**, ein Opfer, das zum Peiniger geworden ist. Er ist verrückt, auf uns wirkt er verrückt, vielleicht ist er es, weil er die Einzelheiten des Lagerlebens minutiös, präzise schildert und uns damit aus unserem Eindruck, niedergewalzt zu werden, löst. Zum Beispiel sagt er, wer boxen kann, der könne Koch werden. Das erscheint uns als eine sinnlose und wahnwitzige Aussage. Aber später werden wir begreifen, daß es wirklich so ist, daß es für den Koch unerläßlich ist, Fausthiebe auszuteilen, weil er das von ihm bereitete Essen verteidigen muß. Sicherlich steckt darin etwas Kafkaeskes. Diese Verzerrung der Lagerwelt ist kafkaesk. Im Lager stößt man unentwegt auf etwas Unerwartetes, und es ist recht typisch für Kafka, daß jemand eine Tür aufmacht und nicht das vorfindet, was er erwartet, sondern etwas anderes, etwas vollständig anderes.

* Im Original deutsch.

Ich muß sagen, daß ich beim Übersetzen des *Prozesses* vielfältige und gegensätzliche Empfindungen hatte, Interesse, sogar Begeisterung, Freude über die Lösung eines Problems, über den gelösten Knoten. Aber auch Beklemmung, tiefe Traurigkeit. Und während ich meine eigenen Bücher immer voll Begeisterung an alle Leute verteilt habe, gebe ich diesen *Prozeß* nicht so gern jedermann in die Hand. Dann frage ich mich, ob es gut ist, wenn ein solches Buch von einem Fünfzehnjährigen gelesen wird. Ich würde es ihm ersparen. Mir erschien es als ein Buch voll tiefer Vorahnung. »Mehr sag ich nicht; doch sei dein Leben leicht, / Und kommt dein Festtag spät, sei nicht betrübt.«[2] *Der Prozeß* läßt einen bewußter werden. Man denke nur daran, wie dieses Buch endet, an die letzte Szene: der blaue Himmel und die Hinrichtung auf diese Weise, durch die Hand zweier solcher Individuen, das heißt im Grunde zweier Automaten, die fast nicht sprechen, die alberne und vollkommen belanglose Höflichkeiten wechseln. Sie achten sehr auf die Hinrichtungsmodalitäten, sie wollen, daß alles penibel durchgeführt wird, gemäß ihren Instruktionen. Aber es ist ein Todesurteil, und sie drehen das Messer im Herzen um. Und dieser Schluß ist derart grausam, von unerwarteter Grausamkeit, daß ich ihn einem kleinen Sohn, wenn ich denn einen hätte, ersparen würde. Mir scheint, daß er ein Unbehagen, ein Leiden zum Ausdruck bringt, das sicherlich die Wahrheit ist. Ungefähr so werden wir sterben, ein jeder von uns.

»il manifesto«, 5. Mai 1983

---

1 Vincenzo Monti (1754-1828), klassizistischer Dichter, seine Fassung der *Ilias* (1810) gilt als sein Meisterwerk.

2 Giacomo Leopardi, *Il sabato del villaggio (Der Sonnabend im Dorf)*, Verse 51-52, aus: *Canti*, zitiert in der Nachdichtung von Michael Engelhard, aus: *Canti/Gesänge*, Berlin 1990.

Roberto Di Caro
Das Notwendige und das Überflüssige[1]

»Nein, alles kann ich Ihnen nicht erzählen. Entweder nenn
ich das Land oder die Tatsachen. Aber wenn ich Sie wär, würd
ich auf die Tatsachen setzen, denn die geben was her. Und
wenn Sie es denn absolut wiedererzählen wollen, dann nehmen Sie sie, richten sie ein bißchen her, feilen die Grate
ab, schmirgeln sie und schleifen sie rund, und dann haben
Sie Ihre Geschichte.« So beginnt *Der Ringschlüssel*, mit der
Wortmontage des Schriftstellers Primo Levi, die von seiner
Romanfigur Libertino Faussone erzählt wird, einem welten-
bummelnden Monteur von Kränen, Stahlkonstruktionen,
Bohrtürmen und Hängebrücken. Dabei denkt der Erzähler
über sein Handwerk des Schreibens gar nicht viel anders als
die Figur über ihr Handwerk. Nachdem Levi dreißig Jahre
zugebracht hat »mit dem Zusammenfügen langer Moleküle,
die aller Voraussicht nach für die Mitmenschen von Nutzen
waren«, hat er mit fünfundfünfzig (vor zwölf Jahren) »nicht
ohne Wehmut, aber jedenfalls ohne Reue« den Weg des Ge-
schichtenerzählers gewählt, die Arbeit, Worte und Gedanken zusammenzufügen. So sind nach *Ist das ein Mensch?* und
Die Atempause Bücher wie *Storie naturali* und *Vizio di forma, Das
periodische System, Der Ringschlüssel, La ricerca delle radici, Zu ungewisser Stunde* und andere erschienen, bis hin zu dem Band
Die Untergegangenen und die Geretteten.

*Das Schreiben als Montagearbeit, Herrichten, Grateabfeilen, Rund-
schleifen: für Sie nicht weniger als für Faussone. Stimmt das?*

Es besteht kein großer Unterschied zwischen der Konstruktion eines Apparats für das Labor und der Konstruktion einer
guten Erzählung. Es wird Symmetrie verlangt und Zweck-
dienlichkeit. Man muß das Überflüssige beseitigen. Das Not-

wendige darf nicht fehlen. Und am Ende muß alles funktionieren.

Ist also auch das Schreiben ein technisches Problem?

Für mich ja. Übrigens war ich stets mit technischen Problemen befaßt: mit Projektierung, Produktion, Vertrieb. Über zwanzig Jahre, auch als ich schon Betriebsleiter war, habe ich die Zeit im Labor zugebracht, dem Hirn des Betriebes. Dort habe ich eigenhändig Apparaturen montiert, meßbar nach Dezimetern und Metern, wohlgemerkt. Ich sehne mich zurück nach dieser präzisen, zweckgerichteten Arbeit, deren Resultate man am selben Tage oder wenige Tage später sehen kann, nicht erst nach fünf oder zehn Jahren wie bei den Großprojekten.

Und das Schreiben ist eine weniger präzise Arbeit?

Im Gegenteil, für mich ist es eine sehr präzise Arbeit.

»Wenn mich keiner sah, dann griff ich auch schon mal zum Hammer, der richtet alles, und deswegen heißt er bei Lancia auch ›der Ingenieur‹«, sagt Faussone an anderer Stelle. Kommt beim Schreiben auch manchmal der »Hammer« zum Einsatz?

O Gott, lassen Sie mich einen Augenblick überlegen … Es gibt schiefe, schlechtgebaute Wendungen, die gestrichen und ersetzt werden müssen. Gleich nach der Niederschrift ist ein Text unlesbar, er hat keinen Sinn, es ist, als ob man in den Spiegel blickt und ewig dasselbe Gesicht sieht. Man muß ihn ruhen lassen, Tage oder Wochen, und ihn sich dann wieder vornehmen. Dann können ein paar Hammerschläge schon helfen. Oder noch besser gesagt: Die Drahtschere hilft. Ebendarum ist der Macintosh ein wunderbares Instrument: Er schneidet alles ohne Erbarmen weg, und es ist nicht die Spur einer Streichung zu sehen.

Macht es einen großen Unterschied, ob man ein Buch mit dem Computer oder auf der Maschine schreibt?

Der Unterschied ist größer als zwischen dem Schreiben mit der Hand und dem Gebrauch des Computers. Wenn man mit der Feder schreibt, kann man leicht Schere und Leim zur Hand nehmen und Textstellen einfügen, verändern, zurechtklopfen. Am Computer ist das noch einfacher, man macht alles am Bildschirm. Beim Schreiben auf der Maschine hingegen führt die kleine Mühe, das Blatt herauszuziehen oder Tipp-Ex aufzutragen, dazu, daß man es aus Trägheit oder Faulheit häufig unterläßt, eine Wendung oder einen Satz ins Lot zu bringen. Ich glaube jedoch, daß kein Philologe imstande ist, herauszufinden, ob ein Text mit der Feder, mit der Maschine oder mit dem Computer geschrieben wurde.

Sie sehen sich zurück nach der Zweckgerichtetheit Ihrer früheren Arbeit als Chemiker. Wenn man eine Maschine oder ein Gerät fürs Labor konstruiert, besteht der Zweck darin, daß es funktioniert und eine bestimmte Arbeit verrichtet. Und wenn man ein Buch schreibt?

Es muß den Leser befriedigen. Ich schreibe nicht für mich, oder wenn ich es tue, dann zerreiße, vernichte ich das Geschriebene. Ich glaube nicht, daß es richtig ist, für sich selbst zu schreiben. Natürlich steht es jedermann frei, das zu tun, es schadet niemandem: Aber mir erscheint es als Zeitvergeudung. Meine Bücher sind in der Regel für ein Publikum geschrieben, genauer: für ein italienisches Publikum, dem italienischen Leser gemäß. Ich bringe diesem Leser Respekt und Rücksicht entgegen. Und die Briefe, die ich erhalte, bestätigen das.

Erinnern Sie sich an bestimmte Briefe?

Es sind derart viele … Ja, ich erinnere mich an einen ohne Unterschrift: Eine Frau hatte die *Atempause* gelesen und

schrieb mir, dies hätte ihr geholfen, ernsthafte Probleme –
die sie allerdings nicht nannte – zu lösen. Es macht mir große
Freude, wenn meine Bücher jemandem helfen. Das brauche
ich. Ich wäre froh, wenn sie mir selbst ebenso helfen würden.

Und das tun sie nicht?

Je nachdem. Früher war das Schreiben ... wie soll ich sagen?

Ein Vergnügen?

Ein Bedürfnis, das mich allabendlich überkam. Ich habe mindestens drei Bücher geschrieben, während ich noch als Chemiker arbeitete: *Ist das ein Mensch?*, *Die Atempause,* die *Storie
naturali* und einen Teil des *Periodischen Systems.* Mir will gar
nicht mehr in den Kopf, woher ich die Zeit nahm, beides ne-
beneinander zu tun. Heute habe ich massenhaft Zeit zur Verfügung und schreibe weniger als damals und mit weniger Intensität. Aber es ist auch etwas anderes, ob man dreißig oder
fast siebzig ist. Die Zeit hat ein anderes Tempo. Hin und wieder habe ich den Eindruck, als hätte ich das Magazin der
Dinge, die zu sagen, der Geschichten, die zu schreiben waren,
ausgeschöpft.

Wissen Sie, welches Buch Sie als nächstes schreiben werden?

Ja, ich schreibe schon daran. Aber lustlos. Und ich mag lieber
nicht darüber reden. Die Wahrheit ist, ich lebe ein neuroti-
sches Leben, mit kräftezehrenden Pausen zwischen einem
Buch und dem nächsten; so wie jetzt nach den *Untergegangenen und den Geretteten.*

Denkpausen?

Nein. Pausen für die Öffentlichkeitsarbeit, die sehr lästig ist: Man muß das Buch vorstellen, allerorts darüber reden, ein Gesellschaftsleben führen, was ich nicht mag. Wie seinerzeit, als ich im Kundendienst arbeitete (denn auch das habe ich getan, ich erzähle davon in einem Kapitel des *Periodischen Systems*) und die Kunden aufsuchte, sie überzeugen, günstig stimmen mußte. Das habe ich stets ungern getan.

Und jetzt wird von Ihnen verlangt, das gleiche für Ihre eigenen Bücher zu tun?

Manchmal ja. Beispielsweise spüre ich in dieser Hinsicht starken Druck aus Amerika. Man will mich an die Brandeis University holen, um mir eine Ehrendoktorwürde zu verleihen, aber ich glaube, ich werde nicht hinfahren: Das Reisen ist für mich sehr schwierig, zum einen aus familiären Gründen, zum anderen darum, weil ich die Hinderungsgründe am Ende verinnerlicht habe und inzwischen einen Widerwillen gegen das Reisen empfinde. Vor zehn Jahren wäre das anders gewesen, da hätte ich viel mehr Energie gehabt und die Lust, mich um viel mehr Dinge zu kümmern. Jetzt bin ich müde. Und außerdem frage ich mich: »Wozu?« Wenn einstmals die Übersetzung eines meiner Bücher ins Haus kam, war das ein Festtag, heute beeindruckt mich das überhaupt nicht mehr. Und auch die Durchsicht der Übersetzungen in die Sprachen, die ich kann, Englisch, Französisch und Deutsch (eine Klausel, die ich in all meine Verträge aufgenommen habe), ist bloß noch eine langweilige Zusatzarbeit, nichts weiter. Man wird unempfindlich gegen Gift, wenn man es in langsam gesteigerten Dosen schluckt. Außerdem, was wollen Sie, der Kulturbetrieb ist im höchsten Maße auf Wahrscheinlichkeitsüberlegungen aufgebaut, er funktioniert per Zufall. Der große Erfolg, den meine Bücher voriges Jahr im Ausland erlebten, ist der Tatsache zu verdanken, daß das *Periodische System* einem Italianisten in die Hände gefallen war, der es übersetzt und

Saul Bellow zum Lesen gegeben hat. Das hat ausgereicht, damit ein Interesse ausbrach, das so weit ging, daß Summit Books, ein Imprint von Simon and Schuster, alle meine Bücher angekauft hat, einschließlich der noch zu schreibenden. Danach sind die Engländer auf den Plan getreten, dann die Deutschen, die sich jedoch auf die bereits geschriebene Produktion beschränkt haben.

Kommen wir zurück auf die Technik des Schreibens. Wollen Sie versuchen, auf die Vorgänge des Erzählens, der Komposition, des Fabulierens einzugehen?

Versuchen wir es. Zunächst ist zwischen Lyrik und Prosa zu unterscheiden. Ich bin Gelegenheitslyriker: Alles in allem habe ich meinem Leben wenig mehr als ein Gedicht pro Jahr geschrieben, auch wenn es Perioden gibt, in denen es mich spontan ankommt, Verse zu schreiben. Aber das ist eine Tätigkeit, die nichts mit irgendeiner anderen mir bekannten geistigen Tätigkeit zu tun hat. Es ist etwas vollkommen anderes: Es ist wie ein Pilz, der in einer Nacht aufsprießt, man wacht morgens mit einem Gedicht oder zumindest der Keimzelle eines Gedichts im Kopf auf. Danach kommt eine Arbeit vielfachen Variierens und ständigen Korrigierens, und der Computer ist ein perfektes Instrument, um das zu tun, den späteren Philologen zum Hohn, die keine Handschriften mit den allmählichen Annäherungen vorfinden werden. Man beobachtet so den reinen *contrappasso**: Vor Jahren habe ich in den *Storie naturali* die Geschichte von einem Dichter erzählt, der sich einen mechanischen, automatischen »Reimwerker« gekauft hatte; es genügte, das Thema, die Epoche, das Metrum, den Umfang und das Motiv anzugeben, und die Ma-

---

* Vergeltung; Rechtsprinzip, wonach der Missetäter zur Strafe genau die gleiche Qual erleiden muß, die er seinem Opfer zugefügt hat; wird z. B. in Dantes *Hölle* befolgt (Anm. d. Übers.).

schine spuckte von ganz allein das gewünschte Manuskript aus.

Der heimliche Traum von wer weiß wie vielen angehenden Dichtern.

Das glaube ich nicht. Mein Dichter war ein kommerzieller Verfertiger von Versen, der nach Stückzahl entlohnt wurde; man bestellte bei ihm etwa eine Ode auf den Sieg von Inter Mailand über Juventus … Selbstverständlich setzt ein Werk wie der *Rasende Roland* eine komplizierte Montagearbeit voraus; aber das betrifft mich nicht, ich schreibe Gedichte, keine Spanne lang.

Und die Prosa?

Das entscheidende Element des erzählerischen Vorgehens ist für mich eine kluge Ausgewogenheit zwischen dem Notwendigen und dem Überflüssigen. Ich lese alles mögliche, ziehe jedoch die Schriftsteller vor, die sich nicht allzusehr dem Überflüssigen hingeben; aber ach, ich mag auch den *Tristram Shandy* von Sterne gern, der voller Abschweifungen steckt, oder den überquellenden *Horcynus Orca* von Stefano D'Arrigo.[2] Aber ich würde niemals so schreiben. Meine Bücher enthalten, dessen kann ich mich wohl rühmen, nichts Überflüssiges. Für mich ist es eine ganz spontane und natürliche Sache, auf die Ausschmückung, die nur um der »Schönheit« des Textes hingeschriebenen Zusätze zu verzichten.

Ein sehr piemontesischer Zug.

Vermutlich ja: Der Gegenstand ist ein Gegenstand, er bedarf keiner Schnörkel und Verzierungen. Gewiß, auch wir haben ein Barock gehabt, aber es ist im Grunde importiert worden, und es war jedenfalls in Piemont weitgehend arm an Zierat und Flitter. Während die Lyrik durch den Rhythmus eine enge Verwandtschaft mit der Musik eingeht, ist der literarische Text in gewisser Weise mit der manuellen Arbeit verwandt. Man macht, zumindest im Kopf, einen Entwurf, erstellt ein Szenarium, eine Skizze, und dann versucht man, das gefertigte Werk dem Entwurf möglichst ähnlich zu gestalten. Natürlich, und diese Bemerkung habe ich Faussone in den Mund gelegt, ist die Gefahr beim Schreiben eines Buches sehr viel geringer als beim Bauen einer Brücke; wenn eine Brücke einstürzt, kann das großen Schaden anrichten, kann auch Menschenleben fordern. Wenn ein Buch in sich zusammenfällt, dann schadet es nur seinem Autor.

Schreiben ist also ein Beruf mit niedriger Risikorate?

Es gibt ein einziges Risiko: schlechtes Zeug zu schreiben.

Und unnützes?

Schlechtes und Unnützes ist dasselbe. Jedenfalls für mich, denn schließlich gibt es auch schlecht geschriebene und dennoch nützliche Bücher, wie etwa bestimmte Handbücher, oder aber die frei von der Leber weg geschriebenen Erinnerungen irgendwelcher Leute. Manchmal bekomme ich Manuskripte in die Hand, die gar nicht übel sind, von Leuten, die nicht schreiben können, aber Dinge zu sagen haben. Man könnte Lust bekommen, sie zu nehmen und umzuschreiben.

Haben Sie das je getan?

Nein. Aber viele haben mich darum gebeten, sie haben mir ihren Lebensbericht angeboten, »mon cœur mis à nu«[3], das Autorenhonorar teilen wir dann halbe-halbe: kurz gesagt. Schreiben als Auftragsarbeit für Dritte. Ich will aber nicht leugnen, daß, falls sich mir eine gute Gelegenheit böte, also ein erzählenswertes Leben, auch ich mich auf einen derartigen Vertrag einlassen könnte. Warum nicht?

Also ist es möglich, im Auftrag Dritter zu schreiben …

Papillon[4] scheint so entstanden zu sein, und wenn jemand von dem Trick nichts weiß, merkt er es nicht.

Damit kommen Sie zum zweiten- oder drittenmal auf die Unergründlichkeit des geschriebenen Textes zu sprechen. Hegen Sie einen Groll gegen die Philologen und Exegeten, oder geht es Ihnen darum, der literarischen Arbeit die Aura des Mysteriums zu erhalten?

Nein, ich glaube nicht, daß der geschriebene Text von einem wie auch immer gearteten Mysterium umgeben ist; außer natürlich, wenn er von Autoren, über die wir praktisch nichts wissen, über eine Kluft von Jahrhunderten zu uns herüberkommt. Was aber die enorme Arbeit mechanisierter Philologie angeht, die seit einiger Zeit im Schwange ist, wo man die Häufigkeit des Vorkommens von Wörtern zählt und versucht, so die Einordnungen zu erhärten, so erscheint sie mir sehr auf Randerscheinungen orientiert – und somit alles in allem unnütz.

Leiden Sie sehr beim Schreiben?

Nun, bisweilen ja.

Wegen des Erzählten oder wegen des Schreibens an sich?

Nein, nicht wegen der Dinge, die ich erzähle. Manchmal verspüre ich das Ungenügen am Instrument. Das Unsagbare, heißt es, ein wundervolles Wort. Unsere Sprache ist menschlich, sie ist entstanden, um Dinge nach Menschenmaß zu schildern. Sie bricht zusammen, sie zerfällt, sie ist unangemessen (das gilt für alle Sprechweisen, und es wird immer so sein), sobald es darum geht, zu erzählen, was beispielsweise während einer Supernova vor sich geht, wie ich es einmal in der Erzählung *Ein ruhiger Stern* versucht habe.

Aber wie groß ist der Anteil der Person des Schriftstellers, der sich in seinen Texten wiederfindet?

Es gibt Schriftsteller, die sich in ihren Büchern so dargestellt haben, wie sie waren, ohne jede kosmetische Operation. Zum Beispiel Henri Frédéric Amiel[5]. Aber das sind seltene Fälle. Zumeist entscheidet sich der Autor im Augenblick, da er sich ans Schreiben begibt, für den Teil seiner selbst, den er für den besten hält. Ich habe mich in meinen Büchern abwechselnd als tapfer und als feige, als vorausschauend und als ahnungslos dargestellt, aber immer, so glaube ich, als einen ausgeglichenen Menschen.

Und das sind Sie nicht?

Das bin ich in recht geringem Maße. Ich erlebe lange Zeiträume des mangelnden Gleichgewichts, die vielleicht mit meiner Erfahrung im Konzentrationslager zusammenhängen. Ich komme mit Schwierigkeiten ziemlich schlecht zu Rande. Und darüber habe ich nie geschrieben.

Und darüber werden Sie nie schreiben?

Es kann sein, daß ich es eines Tages tue. In vielen Briefen, die ich erhalte, wird die Kraft bewundert, mit der ich ein Jahr KZ-Haft durchgestanden habe; aber es war eine passive Kraft, die Kraft, mit der ein Felsbrocken den Aufprall eines Sturzbachs erträgt. Ich bin kein starker Mensch. Überhaupt nicht.

Aber es braucht Kraft, jene Erlebnisse zu erzählen.

Im Gegenteil. Sie zu erzählen ist ein Bedürfnis, Kraft braucht es, nicht darüber zu schreiben, nicht darüber zu reden. In meinen Büchern, in den allerersten, aber auch im jüngsten, *Die Untergegangenen und die Geretteten*, erkenne ich allenfalls ein starkes Bedürfnis, Ordnung zu schaffen, Ordnung hineinzubringen in eine chaotische Welt, sie mir selbst und anderen zu erklären. Im Alltag hingegen lebe ich ein andersgeartetes, leider sehr viel weniger methodisches und systematisches Leben. Schreiben ist eine Art und Weise, Ordnung zu schaffen. Und zwar die beste, die ich kenne, allerdings kenne ich nicht sehr viele.

Somit gibt es eine Kluft, eine Spaltung zwischen dem Autor in Fleisch und Blut und dem Autor, wie Sie ihn mit Hilfe Ihrer Texte rekonstruieren. Der Leser stellt Sie sich anders vor, als Sie sich selbst empfinden ...

Vollkommen anders, jedenfalls nach den Briefen zu urteilen, die ich erhalte. Man sieht in mir eine Art Guru. Vielleicht verströmen meine Bücher eine Weisheit, die ich nicht zu besitzen vermeine: Für mich ist es nichts weiter als ein Maß, es besteht darin, die Schritte nicht länger zu machen, als es die Beine hergeben: vielleicht eine piemontesische Tugend. Im Vorwort zu dem von »La Stampa« vor ein paar Monaten herausgebrachten Band mit Erzählungen und Essays[6] habe ich geschrieben: »Ich bitte den Leser, nicht nach Botschaften zu suchen. Botschaft ist ein Wort, das ich verabscheue, weil es mich in eine Krise versetzt, weil es mich in Kleider steckt, die nicht meine eigenen sind, die vielmehr zu einem menschlichen Typus gehören, dem ich mißtraue: dem Propheten, dem Seher, dem Weisen.« Die Propheten sind die Pest unserer Zeit. Oder vielleicht die Pest aller Zeiten.

Warum sollte die Zukunft nicht erkundet werden?

Weil es fast unmöglich ist, einen wahren Propheten von einem falschen zu unterscheiden. Die Sprache ist die gleiche.

Also ist die Sprache trügerisch, hat in sich etwas konstitutionell Mystifikatorisches?

Entschuldigen Sie, sind Sie Philosoph?

Nein. Aber Sie haben das in einem Ton gesagt, der von Mißtrauen gegenüber den Philosophen kündet. Stimmt das?

Hm, ja. Wohl aus Unwissenheit. Ich habe immer Lacke hergestellt, wissen Sie, ich bin gewöhnt an ein konkretes Leben, in dem ein Problem entweder gelöst oder verworfen wird. Die Probleme der Philosophen dagegen sind immer noch dieselben wie bei den Vorsokratikern, man umkreist sie, kommt immer wieder auf sie zurück ... Und außerdem pflegt jeder Philosoph die Unsitte, sich seine eigene Sprache zu erfinden, man muß sich mühen, in sie einzudringen, ehe man versteht, was er sagen will. Nein, das liegt mir nicht ...

»Piemonte vivo«, 1. Januar 1987

1 Eine nach Levis Tod in der Wochenzeitung »L'Espresso« (26. April 1987) veröffentlichte Kurzfassung wurde eingeleitet mit folgender Vorbemerkung: »Ich war Primo Levi noch nie begegnet. Bei drei, vier Gelegenheiten ein paar Worte am Telefon, seit der Gymnasialzeit hatte ich fünf, sechs Bücher von ihm gelesen, aus den merkwürdigsten Motiven einige seiner Artikel in einem Zettelkasten gesammelt. Weiter war nichts gewesen bis zu jenem Sonntag vor ein paar Monaten, als er mich mit freundlicher Geste in seinem Wohnzimmer Platz nehmen ließ, das ebenso schmucklos wie angenehm war, weil nichts darin fehl am Platze war. Die einzige moderne Note – in einer Ecke beinahe versteckt – bildete der kleine Personalcomputer, auf dem er seit etwas über einem Jahr

seine Texte schrieb. Walter Barberis, Historiker bei Einaudi und Herausgeber der von der Turiner Sparkasse veröffentlichten Zeitschrift ›Piemonte vivo‹, hatte mich um ein Gespräch mit Levi über das Schreiben und über seine Arbeit als Schriftsteller ersucht. (In der ersten Nummer der neuen Folge der Zeitschrift erscheint in wenigen Tagen der volle Wortlaut dieses Interviews.) Levi hat es sogar zu einem intimeren Bekenntnis gemacht, indem er Erfahrungen erwähnte, über die er nicht gern schrieb und sprach: in gemessenem Ton, ohne Dramatisierungen und Übertreibungen, hin und wieder sogar mit einem Ausdruck von Glück. Mit Worten am rechten Fleck, die gesetzt wurden, um präzise Dinge deutlich zu sagen. Denn, wie er mir sogleich erklärte: ›Es macht keinen großen Unterschied‹ …«

2 *Horcynus Orca*, nach einer sehr langen Entstehungsphase 1975 erschienen, ein höchst eigenartiges Erzählwerk, das Levi liebte und in seine persönliche Anthologie *La ricerca delle radici* aufnahm (vgl. Anmerkung 2, S. 114).

3 *Mon cœur mis à nu*, postumes Werk von Baudelaire, auch unter dem Titel *Intime Tagebücher* bekannt.

4 Henri Charrière, *Papillon*, Paris 1969; die abenteuerliche Lebensgeschichte eines französischen Sträflings.

5 Henri Frédéric Amiel (1821-1881), Schweizer Schriftsteller und Essayist; nach seinem Tode wurden seine Tagebücher herausgebracht, die ein Beispiel der Selbstanalyse darstellen.

6 *Racconti e saggi*, erschienen im Verlag »La Stampa«, 1986. Deutsche Ausgabe: *Die dritte Seite. Liebe aus dem Baukasten und andere Erzählungen und Essays*, Basel und Frankfurt/Main 1992.

Das Lager

Primo Levi antwortet
auf Fragen seiner Leser

Diesen Anhang habe ich 1976 für die Schulausgabe von Ist das ein
Mensch? *geschrieben, um Fragen zu beantworten, die mir wiederholt
von meinen Lesern im Schulalter gestellt wurden. Sie stimmen weitgehend mit den Fragen überein, die erwachsene Leser an mich richten.*

Jemand hat vor langer Zeit geschrieben, daß Bücher ebenso wie Menschen ihr Schicksal haben, ein unvorhergesehe-
nes Schicksal, anders als man es erwünschte und erwartete. Auch dieses Buch hat ein sonderbares Schicksal gehabt.
Sein Geburtsdokument liegt weit zurück, Sie können es auf
Seite 135* finden, wo zu lesen ist: »Dann nehme ich Bleistift
und Heft und schreibe, was ich niemandem zu sagen vermöchte.« Das Bedürfnis zu erzählen war in uns so stark, daß
ich den Text schon dort begonnen hatte, in jenem eisigen
deutschen Labor, umgeben von Krieg und indiskreten Blik-
ken, obwohl ich wußte, daß ich diese rasch hingekritzelten
Notizen auf keinen Fall aufheben konnte, daß ich sie sogleich
wegwerfen mußte, denn wären sie bei mir gefunden worden,
hätten sie mich das Leben gekostet.

Doch ich habe das Buch gleich nach meiner Heimkehr geschrieben, im Laufe weniger Monate: so sehr brannten diese Erinnerungen. Von einigen großen Verlagen abgelehnt,
wurde das Manuskript 1947 schließlich von einem kleinen
Verlag, geleitet von Franco Antonicelli, angenommen: Es
wurden 2500 Exemplare gedruckt, später ging der Verlag

---

* Alle Verweise auf Buchseiten in diesem Text beziehen sich auf die
deutsche Ausgabe von *Ist das ein Mensch? Die Atempause*, München Wien
1991 (Anm. d. Übers.).

unter, und das Buch geriet in Vergessenheit, auch weil die Menschen in jener schweren Nachkriegszeit kein großes Verlangen verspürten, sich erinnernd den eben erst überstandenen leidvollen Jahren zuzuwenden. Erst 1958 kehrte das Buch, vom Verlag Einaudi neu herausgebracht, ins Leben zurück, und seither hat es ihm an Leserinteresse nicht mehr gemangelt. Es wurde in sechs Sprachen übersetzt, für den Funk und die Bühne bearbeitet.

Auch in den Schulen hat es eine positive Aufnahme gefunden, die meine Erwartungen und die des Verlegers bei weitem übertraf. Hunderte von Schülergruppen aus allen Gegenden Italiens haben mich eingeladen, das Buch zu kommentieren, schriftlich oder möglichst im persönlichen Gespräch. Soweit es mir meine sonstigen Verpflichtungen erlaubten, habe ich all diese Bitten erfüllt, so daß ich meinen zwei Berufen bereitwillig einen dritten hinzugefügt habe, den des Einführers und Kommentators meiner selbst oder, genauer, jenes weit zurückliegenden Ichs, das das Abenteuer Auschwitz erlebt und erzählt hat. Im Laufe dieser zahlreichen Treffen mit meinen Lesern an den Schulen mußte ich viele Fragen beantworten: naive und bewußt formulierte, bewegte und provozierende, oberflächliche und aufs Wesentliche zielende. Mir fiel bald auf, daß einige dieser Fragen ständig wiederkehrten, niemals fehlten; sie mußten somit einer motivierten und wohlbegründeten Wißbegier entspringen, auf die der Text des Buches in gewisser Weise keine befriedigende Antwort gab. Auf diese Fragen will ich hier zurückkommen.

1. In Ihrem Buch finden sich keine Äußerungen von Haß, von Groll oder Rachsucht gegenüber den Deutschen. Haben Sie ihnen verziehen?

Ich neige von Natur aus nicht zu Haß. Ich halte Haß für ein animalisches und rohes Gefühl, und ich möchte, daß mein

Tun und Denken nach Möglichkeit der Vernunft entspringt; aus diesem Grund habe ich in mir selbst nie Haß kultiviert, als ein primitives Verlangen nach Vergeltung, nach Leiden, das dem wirklichen oder eingebildeten Feind zugefügt werden sollte, nach persönlicher Rache. Ich muß hinzufügen, daß Haß nach meiner Auffassung personengebunden ist, er richtet sich gegen eine Person, einen Namen, ein Gesicht. Unsere damaligen Verfolger aber hatten, wie sich aus meinem Buch ergibt, weder Namen noch Gesicht – sie waren fern, unsichtbar, unerreichbar. Das Nazisystem hatte es wohlbedacht so eingerichtet, daß direkte Kontakte zwischen den Sklaven und den Herren auf ein Minimum reduziert blieben. Sie werden bemerkt haben, daß in diesem Buch nur ein einziges Zusammentreffen des Autors und Protagonisten mit einem SS-Mann geschildert wird (auf Seite 151), und nicht zufällig kommt es dazu erst in den letzten Tagen, während der allmählichen Auflösung des Lagers, als das System zusammenbricht.

Zudem erschienen Nazismus und Faschismus in jenen Monaten, als das Buch geschrieben wurde, also 1946, tatsächlich gesichtslos; sie schienen im Nichts versunken, verflogen wie ein Alptraum, gerechter- und verdientermaßen, so wie Spukgesichter beim ersten Hahnenschrei zerstieben. Wie hätte ich gegen eine Schar von Gespenstern Groll kultivieren, auf Rache sinnen sollen?

Nur wenige Jahre später haben Europa und Italien erkannt, daß dies eine naive Illusion war: Der Faschismus war durchaus nicht tot, er war lediglich versteckt, hatte sich verpuppt; er bereitete seine Häutung vor, um in neuem Gewand zu erscheinen; nicht so gut erkennbar, etwas respektierlicher, besser angepaßt an die neue Welt, die aus der vom Faschismus selbst ausgelösten Katastrophe des Zweiten Weltkrieges hervorgegangen war. Ich muß gestehen, daß ich beim Anblick mancher durchaus nicht neuer Gesichter, mancher alter Lügen, mancher um Achtbarkeit bemühter Gestalten, mancher Nachsicht und manch heimlichen Einverständnisses die Versuchung zu einem – sogar ziemlich heftigen – Haß empfinde. Aber ich bin kein Faschist, ich glaube an Vernunft und Diskussion als oberste Instrumente des Fortschritts, und darum steht bei mir die Gerechtigkeit vor dem Haß. Eben aus diesem Grund habe ich beim Schreiben dieses Buches absichtlich die gelassene und nüchterne Sprache des Augenzeugen gewählt, nicht die klagreiche des Opfers, nicht die zornbebende des Rächers. Ich meinte, mein Wort würde um so glaubwürdiger und nutzbringender sein, je objektiver es erschiene, je weniger gefühlsbestimmt es klänge; nur so wird der Zeuge vor Gericht seiner Funktion gerecht, die darin besteht, den Boden für den Richter vorzubereiten. Die Richter sind Sie.

Ich möchte jedoch nicht, daß mein Verzicht auf ein explizites Urteil für generelles Verzeihen gehalten wird. Nein, ich habe keinem der Schuldigen verziehen, es sei denn, er habe bewiesen (und zwar durch Taten, nicht nur mit Worten, und nicht allzu spät), daß er sich all die Schuld und Fehler des Faschismus, des italienischen wie des ausländischen, bewußtgemacht hat und entschlossen ist, sie zu verdammen, sie aus seinem Bewußtsein und dem der anderen zu verbannen. In diesem Fall bin ich als Nichtchrist bereit, dem jüdischen und christlichen Gebot, meinem Feind zu vergeben, Folge zu leisten; ein reumütiger Feind jedoch ist kein Feind mehr.

2. *Wußten die Deutschen Bescheid? Wußten die Alliierten Bescheid? Ist es möglich, daß sich im Herzen Europas der Genozid, die Vernichtung von Millionen Menschen, ereignen konnte, ohne daß jemand etwas davon wußte?*

Die Welt, in der wir Menschen des Westens leben, weist viele schwere Mängel und Gefahren auf, der Welt von gestern gegenüber genießt sie jedoch einen gewaltigen Vorteil: Alle können sogleich alles über alles erfahren. Die Information ist heutzutage die »vierte Gewalt«: Zumindest theoretisch haben der Berichterstatter und der Journalist überall freie Bahn, niemand kann sie stoppen oder fernhalten oder zum Schweigen bringen. Alles ist einfach: Wenn du willst, hörst du den Rundfunk deines Landes oder irgendeines anderen Landes; du gehst zum Kiosk und wählst deine bevorzugte Zeitung aus, eine italienische beliebiger Couleur oder auch eine amerikanische oder sowjetische, innerhalb eines weiten Spektrums von Möglichkeiten; du kaufst und liest die Bücher, die du lesen willst, ohne Gefahr, wegen »italienfeindlicher Aktivitäten« beschuldigt zu werden oder dir eine Haussuchung durch die politische Polizei einzuhandeln. Es ist natürlich nicht leicht, sich *allen* Beeinflussungen zu entziehen, aber zumindest kann man den Einfluß wählen, der einem am liebsten ist.

In einem autoritären Staat ist es nicht so. Dort gibt es nur eine, und zwar eine von oben verkündete Wahrheit; die Zeitungen sind alle gleich, alle plappern dieselbe einzige Wahrheit nach; das gleiche tun die Rundfunksender, und du kannst die Stationen anderer Länder nicht hören, erstens weil es ein Vergehen ist und dir Gefängnis einbringen kann, zweitens weil die Sender deines Landes auf den entsprechenden Frequenzen ein Störsignal ausstrahlen, das die fremden Botschaften überlagert und das Hören unmöglich macht. Was Bücher betrifft, so werden nur die dem Staat genehmen herausgebracht und übersetzt; die übrigen mußt du dir im Ausland beschaffen und auf eigene Gefahr in dein Land schmuggeln, denn sie werden für gefährlicher als Drogen und Sprengstoff erachtet, und wenn man sie an der Grenze bei dir findet, werden sie beschlagnahmt, und du wirst bestraft. Die nicht oder nicht mehr genehmen Bücher früherer Epochen werden öffentlich auf Scheiterhaufen verbrannt. So war es in Italien zwischen 1924 und 1945; so war es im nationalsozialistischen Deutschland; und so ist es nach wie vor in vielen Ländern, zu denen man leider die Sowjetunion zählen muß, obwohl sie heldenhaft gegen den Faschismus kämpfte. In einem autoritären Staat gilt es als zulässig, die Wahrheit zu verfälschen, aus der Rückschau die Geschichte umzuschreiben, Nachrichten zu verzerren, wahre Meldungen zu unterdrücken, falsche zu erfinden. An die Stelle der Information tritt die Propaganda. In einem solchen Land bist du kein Bürger mit Rechten, sondern ein Untertan, und als solcher bist du dem Staat (und dem Diktator, der ihn verkörpert) fanatische Treue und rückhaltlosen Gehorsam schuldig.

Es ist klar, daß es unter diesen Bedingungen möglich wird (wenn auch nicht immer leicht, denn der menschlichen Natur grundlegende Gewalt anzutun läßt sich nie ohne Mühe bewerkstelligen), selbst große Fragmente der Realität auszulöschen. Im faschistischen Italien verlief eine Operation recht erfolgreich: die Ermordung des sozialistischen Abgeordneten Matteotti und das Totschweigen der Tat nur wenige Monate später. Hitler und sein Propagandaminister Joseph Goebbels aber erwiesen sich Mussolini bei der Kontrolle und Verschleierung der Wahrheit noch als weit überlegen.

Dennoch war es nicht möglich, dem deutschen Volk die Existenz des riesigen Apparats der Konzentrationslager zu verbergen, und es war auch (vom Standpunkt der Nazis) nicht wünschenswert. Denn der Nationalsozialismus verfolgte auch das Ziel, im Land eine Atmosphäre unbestimmten Schrekkens aufrechtzuerhalten: Das Volk sollte wissen, daß es höchst gefährlich war, sich Hitler zu widersetzen. So wurden gleich in den ersten Monaten der Naziherrschaft Hunderttausende Deutsche in Lager gesperrt: Kommunisten, Sozialdemokraten, Liberale, Juden, Protestanten, Katholiken, und das ganze Land wußte davon, und es wußte, daß in den Lagern gelitten und gestorben wurde.

Trotzdem stimmt es, daß die große Masse der Deutschen über die grausigsten Details der späteren Geschehnisse in den Lagern nichts wußte: Die systematische und mit industriellen Methoden betriebene Vernichtung von Millionen

Menschen, die Giftgaskammern, die Krematorien, die niederträchtige Ausplünderung der Leichen, all das sollte nicht bekannt werden, und tatsächlich erfuhren es bis Kriegsende nur wenige. Um das Geheimnis zu wahren, wurden, neben anderen Vorkehrungen, in der amtlichen Sprache lediglich vorsichtige, zynische Euphemismen gebraucht: Man schrieb nicht »Ausrottung«, sondern »Endlösung«, nicht »Deportation«, sondern »Überführung«, nicht »Tötung durch Gas«, sondern »Sonderbehandlung« und so weiter. Hitler fürchtete nicht ohne Grund, daß bei einer Verbreitung dieser grauenhaften Nachrichten der blinde Glaube, den das Land ihm zollte, und die Moral der kämpfenden Truppen angeschlagen werden könnten; außerdem wären sie den Alliierten bekannt geworden und hätten als Argument der Propaganda gedient – was übrigens tatsächlich geschehen ist, aber gerade wegen der Ungeheuerlichkeit wurden die im Rundfunk der Alliierten mehrfach geschilderten Greuel der Lager nicht allgemein geglaubt.

Das überzeugendste Resümee der damaligen Situation in Deutschland habe ich in dem Buch *Der SS-Staat* von Eugen Kogon gefunden; der Verfasser war einst Häftling in Buchenwald, später Professor für Politologie an der Universität München:

»Was hat der Deutsche von den Konzentrationslagern gewußt? Außer der Existenz der Einrichtung beinahe nichts, denn er weiß heute noch wenig. Das System, die Einzelheiten des Terrors streng geheimzuhalten und dadurch den Schrecken anonym, aber um so wirksamer zu machen, hat sich zweifellos bewährt. Viele Gestapobeamte kannten, wie ich gezeigt habe, das Innere der Konzentrationslager, in die sie ihre Gefangenen einwiesen, nicht; die allermeisten Häftlinge hatten vom eigentlichen Getriebe des Lagers und von vielen Einzelheiten der dort angewandten Methoden kaum eine Ahnung. Wie hätte das deutsche Volk sie kennen sol-

len? Wer eingeliefert wurde, stand einer ihm neuen, abgründigen Welt gegenüber. Das ist der beste Beweis für die allgewaltige Wirksamkeit des Prinzips der Geheimhaltung. Und dennoch! Kein Deutscher, der nicht gewußt hätte, daß es Konzentrationslager gab. Kein Deutscher, der sie für Sanatorien gehalten hätte. Wenig Deutsche, die nicht einen Verwandten oder Bekannten im Konzentrationslager gehabt oder zumindest gewußt hätten, daß der oder jener in einem Lager war. Alle Deutschen, die Zeugen der vielfältigen antisemitischen Barbarei geworden, Millionen, die vor brennenden Synagogen und in den Straßenkot gedemütigten jüdischen Männern und Frauen gleichgültig, neugierig, empört oder schadenfroh gestanden haben. Viele Deutsche, die durch den ausländischen Rundfunk einiges über die Konzentrationslager erfahren haben. Mancher Deutsche, der mit Konzentrationären durch Außenkommandos in Berührung kam. Nicht wenige Deutsche, die auf Straßen und Bahnhöfen Elendszügen von Gefangenen begegnet sind. In einem am 9. November 1941 an alle Staatspolizeileitstellen, an alle Befehlshaber, Kommandeure und Inspekteure der Sicherheitspolizei oder des Sicherheitsdienstes sowie an alle Kommandanten der Konzentrationslager und den Inspekteur der KL ausgegebenen Rundschreiben des Chefs der Sipo und des SD heißt es: ›Insbesondere ist festgestellt worden, daß bei Fußmärschen, zum Beispiel vom Bahnhof zum Lager, eine nicht unerhebliche Zahl von Gefangenen wegen Erschöpfung unterwegs tot oder halbtot zusammenbricht … Es ist nicht zu verhindern, daß die deutsche Bevölkerung von diesen Vorgängen Notiz nimmt.‹ Kaum ein Deutscher, dem nicht bekannt gewesen wäre, daß die Gefängnisse überfüllt waren und daß im Lande unentwegt hingerichtet wurde. Tausende von Richtern und Polizeibeamten, Rechtsanwälten, Geistlichen und Fürsorgepersonen, die eine allgemeine Ahnung davon hatten, daß der Umfang der Dinge schlimm

war. Viele Geschäftsleute, die mit der Lager-SS in Lieferbe-
ziehungen standen, Industrielle, die vom SS-Wirtschafts-
Verwaltungs-Hauptamt KL-Sklaven für ihre Werke anfor-
derten, Angestellte von Arbeitsämtern, die wußten, daß die
Karteikarten der Gemeldeten Vermerke über die politische Zuverlässigkeit trugen und daß große Unternehmen
SS-Sklaven arbeiten ließen. Nicht wenige Zivilisten, die am
Rande von Konzentrationslagern oder in ihnen selbst tätig
waren. Medizinprofessoren, die mit *Himmlers* Versuchssta-
tionen, Kreis- und Anstaltsärzte, die mit den professionel-
len Mördern zusammenarbeiteten. Eine erhebliche Anzahl
von Luftwaffenangehörigen, die zur SS kommandiert worden sind und etwas von den konkreten Zusammenhängen
erfahren haben. Zahlreiche höhere Wehrmachtsoffiziere,
die über die Massenliquidierungen russischer Kriegsgefan-
gener in den Konzentrationslagern, außerordentlich viele
deutsche Soldaten und Feldgendarmen, die über die entsetzlichen Greueltaten in Lagern, Ghettos, Städten und
Dörfern des Ostens Bescheid gewußt haben.
Ist eine einzige dieser Feststellungen falsch?«*

Meines Erachtens ist keine dieser Feststellungen falsch, aber
um das Bild zu vervollständigen, muß man noch eine weitere
hinzufügen: Trotz verschiedener Informationsmöglichkeiten
wußte die Mehrzahl der Deutschen nichts davon, weil sie es
nicht wissen wollten – weil ihnen das Nichtwissen lieber war.
Sicher ist wahr, daß der Staatsterrorismus eine sehr starke
Waffe ist, der man schwer widerstehen kann; aber wahr ist
auch, daß das deutsche Volk in seiner Gesamtheit Widerstand
nicht versucht hat. In Hitlerdeutschland war ein eigenartiger
Verhaltenskodex weit verbreitet: Wer etwas wußte, redete nicht
darüber, wer nichts wußte, stellte keine Fragen, und wer Fra-

---

* Zitiert nach der Ausgabe des Wilhelm Heyne Verlages, München
1991, S. 413f. (Anm. d. Übers.).

gen stellte, erhielt keine Antwort. Auf diese Weise erwarb und verteidigte der typische deutsche Bürger seine Unkenntnis, die ihm als hinreichende Rechtfertigung seiner Nazigefolgschaft erschien: Indem er sich Mund, Augen und Ohren zuhielt, schuf er sich die Illusion, nicht Bescheid zu wissen und somit nicht mitschuldig an dem zu sein, was vor seiner Tür geschah.

Zu wissen und das Wissen weiterzugeben war eine (im Grunde nicht allzu gefährliche) Art, sich vom Nazismus zu distanzieren; ich denke, daß das deutsche Volk in seiner Gesamtheit davon keinen Gebrauch gemacht hat, und dieser bewußten Unterlassung erachte ich es für vollauf schuldig.

3. Sind Häftlinge aus den Lagern geflohen? Warum gab es keine massiven Aufstände?

Diese Fragen werden mir mit am häufigsten gestellt, also müssen sie einer Neugier oder einem besonders starken Wissensbedürfnis entspringen. Ich deute das optimistisch: Die jungen Menschen von heute empfinden die Freiheit als ein Gut, auf das man *in keinem Fall* verzichten kann, und darum verknüpft sich für sie die Vorstellung von Gefangensein sofort mit dem Gedanken an Flucht oder Revolte. Überdies ist der Kriegsgefangene nach dem Militärgesetzbuch vieler Länder angehalten, auf jedwede Weise seine Befreiung zu versuchen, um seinen Platz als Kombattant wieder einzunehmen, und nach der Haager Konvention darf der Fluchtversuch nicht bestraft werden. Die Idee des Ausbruchs als einer moralischen Pflicht wird immer wieder bekräftigt von der romantischen Literatur (man denke an den *Grafen von Monte Christo*), von der populären Literatur und vom Film, wo der zu Unrecht (oder vielleicht auch zu Recht) inhaftierte Held stets – selbst unter unglaubwürdigen Umständen – einen Fluchtversuch unternimmt, der unweigerlich von Erfolg gekrönt ist.

Vielleicht ist es gut, daß die Situation des Häftlings, die Unfreiheit, als ein ungerechter, anormaler Zustand empfunden wird; sozusagen als eine Krankheit, für die eine Heilung durch Flucht oder Rebellion versucht werden muß. Doch leider besitzt dieses Bild kaum Ähnlichkeit mit der wahren Situation in den Konzentrationslagern.

Die Zahl der Häftlinge, die einen Fluchtversuch wagten, war niedrig; in Auschwitz beispielsweise waren es wenige Hunderte, und gelungen ist er nur ein paar Dutzend. Die Flucht war schwierig und äußerst gefährlich: Die Häftlinge waren nicht nur demoralisiert, sondern auch durch Hunger und Mißhandlungen geschwächt, ihre Köpfe waren kahlrasiert, sie trugen leicht erkennbare gestreifte Sträflingskleidung, Holzpantinen, die eine schnelle und geräuschlose Fortbewegung unmöglich machten; sie besaßen kein Geld und sprachen in der Regel die Landessprache Polnisch nicht; auch hatten sie keinerlei Kontakte in dem Gebiet, das ihnen zudem auch geographisch nicht vertraut war. Außerdem wurden zur Unterdrückung von Fluchtversuchen grausame Repressalien ausgeübt: Wer dabei gefaßt worden war, wurde öffentlich auf dem Appellplatz gehenkt, oft nach grausamen Folterungen; wurde eine Flucht entdeckt, so galten die Freunde des Flüchtigen als seine Komplizen und man ließ sie in den Zellen des Karzers verhungern, die ganze Baracke mußte zur Strafe vierundzwanzig Stunden lang stehen, und manchmal wurden die Eltern des »Schuldigen« verhaftet und ihrerseits ins KZ deportiert.

SS-Angehörige, die einen Häftling beim Fluchtversuch töteten, bekamen als Prämie Sonderurlaub; deshalb geschah es häufig, daß ein SS-Mann, nur um die Prämie zu erhalten, auf einen Häftling schoß, auch wenn der gar keine Fluchtabsicht hegte. Dies hat die amtliche Zahl der statistisch registrierten Fälle von Flucht künstlich aufgebläht; wie schon gesagt – die tatsächliche Zahl war sehr klein. Unter solchen Umständen gelang die Flucht aus den Lagern von Auschwitz nur einigen polnischen Häftlingen »arischer Abstammung« (das bedeutet in der damaligen Terminologie: Nichtjuden), die nicht allzuweit vom Lager entfernt wohnten, somit ein Fluchtziel hatten und auf Schutz durch die Bevölkerung rechnen konnten. Für die anderen Lager gilt analog das gleiche.

Hinsichtlich der ausgebliebenen Rebellion liegt die Sache ein wenig anders. Vor allem muß man hervorheben, daß in einigen Lagern tatsächlich Aufstände stattfanden: in Treblinka, Sobibór, auch in Birkenau, einem der zu Auschwitz gehörenden Lager. Die Zahl der Teilnehmer war nicht groß; ebenso wie beim Aufstand im Warschauer Ghetto liefern sie vor allem Beispiele von außergewöhnlicher moralischer Stärke. Die Aufstände wurden in allen Fällen von Häftlingen geplant und geleitet, die auf irgendeine Weise privilegiert und darum in besserer körperlicher und geistiger Verfassung waren als die normalen Häftlinge. Das darf nicht erstaunen: Nur auf den ersten Blick erscheint es paradox, daß der rebelliert, der weniger leidet. Auch außerhalb der Lager wurden die Kämpfe kaum je von den Subproletariern geführt. Das »Lumpenproletariat« rebelliert nicht.

In den Lagern für oder mit einem Übergewicht an Politischen erwies sich deren konspirative Erfahrung als wertvoll, und es kam häufig zu recht effizienten Aktivitäten von Selbstverteidigung, weniger zu offenen Revolten. Je nach Lager und Zeitraum gelang es beispielsweise, SS-Leute zu erpressen oder zu korrumpieren und damit ihre unbegrenzte Macht einzuschränken; die Arbeit für die deutschen Rüstungsbetriebe zu sabotieren; Ausbrüche zu organisieren; über Funk mit den Alliierten zu kommunizieren und ihnen Nachrichten über die grauenhaften Zustände in den KZs zu liefern; die Krankenbehandlung dadurch zu verbessern, daß inhaftierte Ärzte an die Stelle der SS-Ärzte traten; die Selektionen zu »steuern«, indem Spitzel oder Verräter in den Tod geschickt und andere Häftlinge gerettet wurden, deren Überleben aus irgendeinem Grund von besonderer Bedeutung war; ferner gelang es, sich für den Fall, daß die Nazis beim Näherrücken der Front die Totalliquidation der Lager beschließen sollten (was in der Tat in vielen Fällen geschah), auch militärisch auf den Widerstand vorzubereiten. In den Lagern mit überwiegend jüdischen Gefangenen, wie denen des Gebietes um Auschwitz, war eine aktive oder passive Verteidigung besonders schwierig. Hier verfügten die Häftlinge in der Regel über keinerlei organisatorische oder militärische Erfahrung; sie stammten aus allen Ländern Europas, bedienten sich unterschiedlicher Sprachen und konnten sich nicht miteinander verständigen; vor allem aber waren sie noch ausgehungerter, geschwächter und erschöpfter als die übrigen, weil ihre Lebensverhältnisse härter waren und weil sie häufig bereits eine lange Zeit des Hungers, der Verfolgung und Erniedrigung in den Ghettos hinter sich hatten. Daraus ergab sich weiter, daß ihre Verweildauer im Lager tragisch kurz war, es war eine fluktuierende Population, ständig durch den Tod ausgedünnt und durch laufend eintreffende Transporte erneuert. Es ist verständlich, daß in einem derart geschädigten und derart instabilen menschlichen Gewebe der Keim der Revolte nicht leicht Wurzeln schlagen konnte.

Man mag sich fragen, weshalb die Verschleppten nicht gleich nach dem Verlassen der Züge rebellierten, wenn sie stundenlang (bisweilen tagelang!) auf den Gang in die Gaskammern zu warten hatten. Über das schon Gesagte hinaus muß ich ergänzen, daß die Deutschen für dieses Unternehmen des kollektiven Todes eine diabolisch hinterlistige und geschickte Strategie ersonnen hatten. Die Neuankömmlinge wußten zumeist nicht, was sie erwartete: Sie wurden mit kalter Effizienz, aber ohne Brutalität in Empfang genommen, wurden aufgefordert, sich »zum Duschen« zu entkleiden, manchmal bekamen sie sogar Handtuch und Seife, und man versprach ihnen einen heißen Kaffee nach der Dusche. Die Gaskammern selbst waren als Duschen kaschiert, ausgestattet mit Rohrleitungen, Wasserhähnen, Umkleideräumen, Kleiderhaken, Bänken und so weiter. Sobald aber Häftlinge durch das geringste Anzeichen verrieten, daß sie das ihnen bevorstehende Los kannten oder ahnten, schritten die SS und ihre Helfer blitzartig mit äußerster Brutalität ein, mit Gebrüll, Drohungen, Fußtritten, Schüssen, sie hetzten ihre Bluthunde auf diese verstörten und verzweifelten Menschen, die von fünf oder zehn Tagen Fahrt in versiegelten Waggons zermürbt waren.

Angesichts dieser Situation erscheint die bisweilen vorgebrachte Behauptung, die Juden hätten sich aus Feigheit nicht aufgelehnt, absurd und beleidigend. Niemand lehnte sich auf. Es genügt, daran zu erinnern, daß die Gaskammern von Auschwitz an einer Gruppe von dreihundert russischen Kriegsgefangenen erprobt wurden, jungen Männern, militärisch ausgebildet, politisch geschult, nicht eingeengt durch die Anwesenheit von Frauen und Kindern – nicht einmal sie haben rebelliert.

Schließlich möchte ich noch eines zu bedenken geben. Ein tiefwurzelndes Bewußtsein, daß man Unterdrückung nicht hinnehmen, sondern ihr widerstehen muß, war im faschistischen Europa nicht sehr verbreitet, und besonders schwach war es in Italien. Es mag die Grundüberzeugung eines begrenzten Kreises von politisch aktiven Menschen gewesen sein, aber Faschismus und Nazismus hatten sie isoliert, ausgewiesen, terrorisiert oder sogar vernichtet; man sollte nicht vergessen, daß die ersten Opfer der deutschen Lager, nach Hunderttausenden zählend, gerade die Kader der antinazistischen politischen Parteien waren. Da sie nicht in der Lage waren, den Volkswillen zum Widerstand zu beleben und den Widerstand zu organisieren, ist dieser erst viel später erwacht, vor allem dank des Beitrags der kommunistischen Parteien Europas, die sich in den Kampf gegen den Nazifaschismus warfen, nachdem Deutschland im Juni 1941 die Sowjetunion überfallen und den Ribbentrop-Molotow-Pakt vom September 1939 gebrochen hatte. Schließlich beinhaltet der Vorwurf an die Häftlinge, sie hätten nicht rebelliert, vor allem eine falsche historische Sicht: Man verlangt von ihnen ein politisches Bewußtsein, das heute beinahe Gemeingut ist, damals aber nur einer Elite eigen war.

4. Haben Sie nach Ihrer Befreiung Auschwitz noch einmal besucht?

Ich habe Auschwitz 1965 besucht, anläßlich einer Feier zum Gedenken an die Befreiung der Lager. Wie ich in meinen Büchern erklärt habe, bestand das KZ-Imperium von Auschwitz nicht nur aus einem einzigen Lager, sondern aus etwa vierzig; das eigentliche Lager Auschwitz war am Rande der gleichnamigen Kleinstadt (polnisch Oświęcim) errichtet worden, es war groß genug für etwa zwanzigtausend Häftlinge und stellte sozusagen die administrative Hauptstadt des Komplexes dar; weiterhin gab es das Lager Birkenau (oder genauer die Lagergruppe, zu verschiedenen Zeitpunkten waren es zwischen drei und fünf) mit bis zu sechzigtausend Häftlingen, darunter etwa vierzigtausend Frauen, hier wurden die Gaskammern und Krematorien betrieben; und schließlich war da eine ständig wechselnde Zahl von Arbeitslagern, die Hunderte Kilometer von der »Hauptstadt« entfernt angesiedelt sein konnten; mein Lager namens Monowitz war unter ihnen das größte, es umfaßte zuletzt zwölftausend Gefangene. Es lag ungefähr sieben Kilometer östlich von Auschwitz. Das gesamte Gebiet befindet sich heute auf polnischem Territorium.

Ich war nicht sehr beeindruckt vom Besuch des zentralen Lagers: Die polnische Regierung hat es in eine Art nationale Gedenkstätte umgewandelt, die Baracken wurden gesäubert und frisch gestrichen, Bäume wurden gepflanzt, Blumenbeete angelegt. Es gibt ein Museum, in dem grauenerregende Erinnerungsstücke ausgestellt sind: Tonnen von Menschenhaar, Hunderttausende Brillen, Kämme, Rasierpinsel, Puppen, Kinderschuhe; trotzdem ist es ein Museum, etwas Statisches, Geordnetes, von fremder Hand Geformtes. Das ganze Lager erschien mir als ein Museum. Mein eigenes Lager existiert nicht mehr; die Gummifabrik, an die es angeschlossen war, ist jetzt in polnischer Hand und hat sich so vergrößert, daß sie das Gebiet des ehemaligen Lagers völlig in Beschlag genommen hat.

Dagegen erfaßte mich ein Gefühl heftiger Beklemmung, als ich das Lager Birkenau betrat, das ich als Häftling nie gesehen hatte. Hier hat sich nichts verändert. Hier war Schlamm, und hier ist noch immer Schlamm – oder aber, im Sommer, erstickender Staub; die Baracken sind (sofern sie nicht beim Durchzug der Front in Flammen aufgingen) so geblieben, wie sie waren: niedrig, dreckig, lose Bretter an den Wänden, der Fußboden aus gestampftem Lehm; es gibt keine Schlafkojen, sondern nackte Holzpritschen bis zur Decke hinauf. Hier ist nichts verschönert worden. Eine Freundin begleitete mich, eine Überlebende von Birkenau, Giuliana Tedeschi. Sie hat mir gezeigt, wie auf jeder Pritsche von 1,80 mal 2 Metern bis zu neun Frauen schliefen. Sie machte mich auch darauf aufmerksam, daß man aus dem kleinen Fenster die Trümmer des Krematoriums sehen kann; seinerzeit stiegen Flammen aus dem Schornstein. Sie hatte die schon länger inhaftierten Frauen gefragt: »Was ist das für ein Feuer?« und zur Antwort erhalten: »Da verbrennen wir.«

Diese Stätten rufen uns mit Macht die trostlose Vergangenheit ins Gedächtnis, und angesichts dessen verhält sich jeder von uns Zurückgekehrten anders, aber es lassen sich zwei typische Kategorien ausmachen. Zur ersten Kategorie gehören jene, die sich weigern, jemals wieder dahin zurückzukehren oder auch nur über das Thema zu sprechen; dann jene, die vergessen möchten, es aber nicht schaffen und von Alpträumen gequält werden; schließlich jene, die im Gegenteil alles vergessen und verdrängt und mit dem Leben wieder bei null angefangen haben. Mir ist aufgefallen, daß das in der Regel Menschen sind, die »durch Pech« ins Lager gekommen sind, also ohne ein bestimmtes politisches Engagement; für sie war das Leiden ein traumatisches Erleben, das aber keinen Sinn und keine Lehre enthielt, gleich einem Unfall oder einer Krankheit: Die Erinnerung ist für sie ein schmerzender Fremdkörper, der in ihr Leben eingedrungen ist, und sie haben versucht, ihn zu entfernen (oder sie tun es immer noch). Die zweite Kategorie hingegen besteht aus ehemaligen »politischen« Häftlingen oder jedenfalls solchen, die eine politische Bildung oder eine religiöse Überzeugung oder ein starkes moralisches Gewissen besitzen. Für diese Überlebenden ist das Erinnern eine Pflicht: Sie wollen nicht vergessen, und vor allem wollen sie nicht, daß die Welt vergißt, weil sie begriffen haben, daß ihre Erfahrung nicht sinnlos und daß die Lager kein Betriebsunfall waren, kein unvorhersehbares Ereignis der Geschichte.

Die nazistischen Lager waren der Gipfelpunkt, die Krönung des Faschismus in Europa, seine monströseste Erscheinungsform; aber Faschismus gab es auch schon vor Hitler und Mussolini, und er hat in offener oder maskierter Form seine Niederlage im Zweiten Weltkrieg erlebt. Überall in der Welt, wo man damit anfängt, die Grundfreiheiten des Menschen und die Gleichheit der Menschen zu negieren, steuert man auf das KZ-System zu, und auf diesem Wege ist schwer innehalten. Ich kenne viele ehemalige Häftlinge, die wohl verstanden haben, welch schreckliche Lektion ihre Erfahrung birgt, und die alljährlich in »ihr« Lager zurückkehren, um es Gruppen junger Leute zu zeigen. Ich selbst würde das gern tun, wenn die Zeit es mir erlaubte und wenn ich nicht wüßte, daß ich dasselbe Ziel erreiche, indem ich Bücher schreibe und mich bereit erkläre, sie vor Schülern zu erläutern.

5. Warum sprechen Sie nur von den deutschen Lagern und nicht auch von den russischen?

Wie ich in meiner Antwort auf die erste Frage schrieb, ziehe ich die Rolle des Zeugen der des Richters vor: Ich habe ein Zeugnis abzulegen über das, was ich durchlitten und erlebt habe. Meine Bücher sind keine Geschichtswerke; beim Schreiben habe ich mich rigoros darauf beschränkt, die Geschehnisse wiederzugeben, die ich direkt erlebt habe, unter Ausschluß all dessen, was ich später aus Büchern und Zeitungen erfuhr. Sie werden beispielsweise bemerkt haben, daß ich weder Zahlen über den Massenmord in Auschwitz anführe noch Einzelheiten der Gaskammern und Krematorien schildere. Denn als ich im Lager war, kannte ich diese Daten und Fakten nicht, ich habe sie erst erfahren, als alle Welt sie erfuhr.

Aus demselben Grund spreche ich gemeinhin nicht von den russischen Lagern: Zum Glück bin ich dort nicht gewesen, und ich könnte nur wiedergeben, was ich gelesen habe, also das, was alle wissen, die sich für dieses Thema interessiert haben. Klar ist jedoch, daß ich mich damit nicht der Pflicht entziehen will und kann, die jeder Mensch hat, nämlich sich ein Urteil zu bilden oder eine Meinung zu formulieren. Neben offensichtlichen Ähnlichkeiten zwischen den sowjetischen und den nazistischen Lagern glaube ich substantielle Unterschiede feststellen zu können.

Der Hauptunterschied besteht im Zweck. Die deutschen Lager stehen in der zweifellos blutigen Geschichte der Menschheit als etwas Einzigartiges da: Neben das altbekannte Ziel, politische Gegner aus dem Weg zu räumen oder abzuschrekken, stellten sie ein modernes und ungeheuerliches Ziel, nämlich das, ganze Völker und Kulturen von der Erde zu tilgen. Etwa ab 1941 werden die Lager zu riesigen Maschinen des Todes: Gaskammern und Krematorien waren bewußt so entworfen worden, daß sie Menschenleben und menschliche

Körper in der Größenordnung von Millionen vernichten konnten; das grausige Primat kommt hierbei Auschwitz zu: mit 24000 Toten an einem einzigen Tag im August 1944. Die sowjetischen Lager waren und sind ohne Zweifel keine angenehmen Aufenthaltsorte, doch in ihnen wurde, selbst in den finstersten Jahren des Stalinismus, der Tod der Häftlinge nicht ausdrücklich angestrebt. Zwar trat er recht häufig ein und wurde mit brutaler Gleichgültigkeit geduldet, aber er war substantiell nicht gewollt; er war sozusagen ein Nebenprodukt von Hunger, Kälte, Infektionen, Strapazen. Bei diesem makabren Vergleich zwischen zwei Modellen von Hölle muß man noch folgendes hinzufügen: In die deutschen Lager kam man in der Regel, um sie nicht mehr zu verlassen; als Abschluß war nur der Tod vorgesehen. Dagegen hat in den sowjetischen Lagern stets eine Abschlußfrist existiert: Zu Stalins Zeiten wurden die »Schuldigen« bisweilen, mit entsetzlicher Leichtigkeit, zu äußerst langen Strafen (bis zu fünfzehn oder zwanzig Jahren) verurteilt, dennoch blieb eine kleine Hoffnung auf Freiheit bestehen.

Aus diesem fundamentalen Unterschied leiten sich alle übrigen ab. Das Verhältnis zwischen Bewachern und Häftlingen ist in der Sowjetunion weniger unmenschlich: Alle gehören demselben Volk an, sprechen dieselbe Sprache, sie sind nicht, wie unter dem Nazisystem, »Übermenschen« und »Untermenschen«. Die Kranken werden ärztlich versorgt, wenn auch vielleicht schlecht; angesichts einer allzu schweren Arbeit ist ein individueller oder kollektiver Protest denkbar; körperliche Züchtigungen sind selten und nicht gar zu grausam; es ist möglich, von daheim Briefe oder Lebensmittelpakete zu empfangen; kurz, die Persönlichkeit des Häftlings wird nicht negiert und geht nicht vollständig verloren. In den deutschen Lagern dagegen wurde der Massenmord, zumindest an Juden und Zigeunern, beinahe total vollstreckt: Man machte nicht einmal vor Kindern halt, die zu Hunderttausenden in den Gaskammern getötet wurden, ein einmaliger Vorgang inmitten all der Greuel der Menschheitsgeschichte. Daraus ergibt sich die generelle Konsequenz, daß die Mortalitätsraten in beiden Systemen sehr verschieden hoch ausfallen. In der Sowjetunion soll sich in den schlimmsten Perioden die Zahl der Todesfälle um die dreißig Prozent, bezogen auf alle Eingelieferten, bewegt haben, und das ist ohne Frage eine nicht tolerierbar hohe Quote; in den deutschen Lagern aber lag die Sterberate bei neunzig bis achtundneunzig Prozent.

Als äußerst unheilvoll erscheint mir die seit kurzem eingeführte sowjetische Neuerung, manche intellektuelle Dissidenten eilends für geistesgestört zu erklären, in psychiatrischen Anstalten einzusperren und »Behandlungen« zu unterwerfen, die nicht nur grausames Leiden verursachen, sondern auch die mentalen Funktionen verändern und schwächen. Dies beweist, daß der Dissens gefürchtet wird: Man belegt ihn nicht mehr mit Strafe, sondern versucht, ihn durch Medikamente (oder die Furcht vor Medikamenten) zu zerstören. Vielleicht ist diese Technik nicht sehr verbreitet (im Jahr 1975 soll es nicht mehr als etwa hundert dieser politischen Psychiatrieopfer gegeben haben), aber sie ist abscheulich, weil sie einen niederträchtigen Gebrauch der Wissenschaft und eine unverzeihliche Prostitution seitens der Ärzte bedeutet, die sich derart servil bereit finden, dem Willen der Machthaber gefügig zu sein. Diese Praxis läßt eine extreme Mißachtung der demokratischen Auseinandersetzung und der Freiheiten des Bürgers erkennen.

Hingegen bleibt festzustellen, daß quantitativ gesehen das Phänomen der Lager in der Sowjetunion gegenwärtig im Rückgang begriffen ist. Es scheint, daß um 1950 die politischen Häftlinge nach Millionen zählten: Nach den Angaben von Amnesty International (einer nichtpolitischen Organisation, die das Ziel verfolgt, politischen Gefangenen in allen Ländern und unabhängig von ihren Ansichten Unterstützung zu gewähren), sollen es heute (1976) etwa zehntausend sein.

Abschließend möchte ich feststellen, daß die sowjetischen Lager auf jeden Fall eine beklagenswerte Erscheinung von Gesetzwidrigkeit und Unmenschlichkeit bleiben. Sie haben nichts zu tun mit dem Sozialismus, ja, sie treten als ein häßlicher Makel des sowjetischen Sozialismus hervor; sie müssen eher als ein barbarisches Erbe des zaristischen Absolutismus angesehen werden, von dem die sowjetischen Regierungen sich nicht freizumachen verstanden oder wünschten. Wer Dostojewskis 1862 geschriebene *Aufzeichnungen aus einem Totenhaus* liest, erkennt darin mühelos die gleichen Grundzüge des Kerkersystems, die Solschenizyn hundert Jahre später schilderte. Doch es ist möglich, ja leicht möglich, sich einen Sozialismus ohne Lager vorzustellen; in vielen Teilen der Welt ist er verwirklicht. Ein Nazismus ohne Lager ist hingegen nicht denkbar.

6. *Welche der in* Ist das ein Mensch? *erwähnten Personen haben Sie nach der Befreiung wiedergesehen?*

Die Mehrzahl der Personen, die in diesem Buch vorkommen, müssen leider als tot gelten, sie kamen entweder schon während der Lagerzeit oder aber auf dem furchtbaren Evakuierungsmarsch, der auf S. 148 erwähnt ist, ums Leben; andere sind danach an ansteckenden Krankheiten gestorben, die sie sich während der Haft holten, und wieder andere vermochte ich nicht mehr aufzufinden. Einige wenige leben noch, mit ihnen konnte ich den Kontakt halten oder wiederherstellen.

Einer, der am Leben ist und dem es gutgeht, ist Jean, der »Pikkolo« aus dem »Gesang des Odysseus«: Seine Familie wurde vernichtet, aber er hat nach der Rückkehr geheiratet, hat jetzt zwei Kinder und führt ein ruhiges Leben als Apotheker in einem französischen Provinzstädtchen. Wir treffen uns manchmal in Italien, wenn er in den Ferien hierherkommt; andere Male habe ich ihn besucht. Seltsamerweise hat er von seinem Jahr in Monowitz vieles vergessen: Bei ihm herrschen die schrecklichen Erinnerungen an die Evakuierung vor, während der alle seine Freunde (darunter war Alberto) vor Erschöpfung starben.

Recht oft sehe ich den Mann, den ich im Buch Piero Sonnino nenne (S. 52) und der auch als »Cesare« in *Atempause* auftaucht. Er hat nach einer schwierigen Zeit der Wiedereingliederung ins normale Leben eine Arbeit gefunden und eine Familie gegründet. Er lebt in Rom. Er erzählt gern und äußerst lebendig von den Wechselfällen, die ihm im Lager und auf der langwierigen Heimreise zustießen, doch in seinen Erzählungen, die häufig fast zu Theatermonologen werden, hebt er die abenteuerlichen Ereignisse hervor, deren Protagonist er war, und weniger die tragischen, die er passiv miterlebt hat.*

Auch Charles habe ich wiedergesehen. Er war erst spät gefangengenommen worden, im November 1944 in der Nähe seines Wohnorts in den Vogesen, wo er als Partisan kämpfte, und er verbrachte nur einen Monat im Lager; aber dieser eine Monat des Leidens und die entsetzlichen Geschehnisse, die er miterlebte, haben ihn tief gezeichnet und ihm die Lebensfreude und den Willen, sich eine Zukunft aufzubauen, geraubt. Nach einer Reise, die ähnlich wie die von mir in der *Atempause* geschilderte verlief, endlich heimgekehrt, hat er seinen Beruf als Grundschullehrer in der winzigen Schule seines Dorfes wiederaufgenommen, hier unterrichtete er die Kinder auch in Imkerei und im Anlegen einer Baumschule aus Tannen und Kiefern. Seit ein paar Jahren ist er pensioniert; vor kurzem hat er eine Kollegin geheiratet, eine schon nicht mehr junge Frau, und zusammen haben sie sich ein

---

* Später hat Primo Levi darüber eine Erzählung mit dem Titel »Cesares Heimkehr« geschrieben; sie ist Teil des Erzählungsbandes *Lilít* (deutsche Ausgabe in Vorbereitung) (Anm. d. Übers.).

neues Haus erbaut, klein, aber hübsch und komfortabel. Ich habe ihn zweimal besucht, 1951 und 1974. Bei der zweiten Gelegenheit hat er mir von Arthur erzählt, der in einem nicht allzuweit entfernten Dorf lebt: Er ist betagt und krank und mag keine Besucher empfangen, die in ihm alte Ängste wecken könnten.

Dramatisch, unverhofft und für uns beide mit viel Freude verbunden verlief das Wiedersehen mit Mendi, dem »modernistischen Rabbiner«, der in wenigen Zeilen auf den Seiten 65 und 101 erwähnt ist. Er hat sich selbst wiedererkannt, als er 1965 zufällig die deutsche Übersetzung des Buches las: Er hat sich an mich erinnert und mir einen langen Brief geschrieben, adressiert an die jüdische Gemeinde von Turin. Wir standen lange im Briefwechsel und haben uns gegenseitig über die Geschicke der gemeinsamen Freunde auf dem laufenden gehalten. 1967 habe ich ihn in Dortmund besucht, wo er damals Rabbiner war; er ist so geblieben, wie er war, »ein zäher, mutiger und kluger Mensch«, dazu außerordentlich gebildet. Er hat eine Auschwitz-Heimkehrerin geheiratet, sie haben drei inzwischen erwachsene Kinder; die ganze Familie will nach Israel übersiedeln.

Nicht wiedergesehen habe ich Doktor Pannwitz, den Chemiker, der mich einem frostigen »Staatsexamen« unterzog, doch ich hörte von ihm über jenen Doktor Müller, dem ich das Kapitel »Vanadium« in meinem neuesten Buch, *Das periodische System*, gewidmet habe. Kurz vor dem Eintreffen der Roten Armee im Buna-Werk hat er sich anmaßend und niederträchtig aufgeführt: Er befahl seinen Zivilangestellten, bis zum Äußersten Widerstand zu leisten, untersagte ihnen, den allerletzten Zug zu besteigen, der in die Etappe zurückfahren sollte, machte sich aber das Durcheinander zunutze und bestieg ihn rechtzeitig selbst. Er ist 1946 an einem Hirntumor gestorben.

7. *Wie erklären Sie sich den fanatischen Haß der Nazis auf die Juden?*

Die Aversion gegen Juden, fälschlich als Antisemitismus bezeichnet, ist ein besonderer Fall innerhalb eines umfassenderen Phänomens, nämlich der Aversion gegen den Andersartigen. Ohne Zweifel handelt es sich ursprünglich um etwas Zoologisches: Tiere, die verschiedenen Gruppen ein und derselben Spezies zugehören, behandeln sich gegenseitig mit Unduldsamkeit. Das geschieht auch bei Haustieren: Bekannt ist, daß ein Huhn, das man aus seinem bisherigen in einen fremden Hühnerstall steckt, etliche Tage mit Schnabelhieben zurückgewiesen wird. Das gleiche passiert bei Mäusen und bei Bienen, ja überhaupt bei allen Arten von gesellig lebenden Tieren. Der Mensch nun ist gewiß ein gesellig lebendes Wesen (das erkannte bereits Aristoteles): Doch wehe, wenn alle zoologischen Instinkte, die im Menschen fortbestehen, geduldet werden müßten! Die menschlichen Gesetze dienen ja genau dazu: die animalischen Impulse einzuschränken.

Der Antisemitismus ist eine typische Erscheinung von Intoleranz. Damit eine Intoleranz entsteht, müssen die beiden sich berührenden Gruppen einen wahrnehmbaren Unterschied aufweisen; er kann körperlicher Natur sein (die Weißen und die Schwarzen, die Dunklen und die Blonden), unsere hochentwickelte Zivilisation hat uns jedoch auch für feinere Differenzierungen sensibilisiert, etwa für die Sprache, den Dialekt oder auch nur den Akzent (das merken sehr genau unsere süditalienischen Landsleute, wenn sie zur Emigration in den Norden gezwungen sind); für die Religionen mit all ihren äußeren Erscheinungsmerkmalen und ihrem tiefen Einfluß auf unsere Lebensweise; für die Art, sich zu kleiden oder zu gestikulieren; für die öffentlichen und persönlichen Gewohnheiten. Die leidvolle Geschichte des jüdischen Volkes brachte es mit sich, daß die Juden sich fast überall durch eines oder mehrere dieser Merkmale von den anderen abhoben.

In dem höchst komplizierten Gewirr der aufeinanderprallenden Völker und Nationen besitzt die Geschichte dieses Volkes besondere Eigenheiten. Es wahrte (und wahrt noch immer) eine sehr starke innere Bindung durch Religion und Tradition; infolgedessen lehnte es sich trotz seiner zahlenmäßigen und militärischen Unterlegenheit mit verzweifelter Tapferkeit gegen die Eroberung durch die Römer auf, wurde geschlagen, verschleppt und verstreut, aber diese innere Bindung blieb erhalten. Die jüdischen Siedlungen, die allmählich entstanden, zunächst rund um das Mittelmeer, dann im Nahen Osten, in Spanien, im Rheinland, in Südrußland, Polen, Böhmen und anderswo, blieben stets mit Hartnäckigkeit dieser Bindung treu, die sich in Gestalt eines immensen Korpus schriftlich niedergelegter Gesetze und Überlieferungen verfestigt hatte – als eine bis ins einzelne kodifizierte Religion und ein eigentümliches und auffallendes Ritual, von dem alle Verrichtungen des Tages durchdrungen waren. Überall, wo die Juden sich niederließen, waren sie in der Minderheit, sie waren andersartig und in ihrer Andersartigkeit erkennbar und häufig (zu Recht oder Unrecht) darauf stolz: All das machte sie sehr verwundbar, und in der Tat waren sie harter Verfolgung ausgesetzt, in fast allen Ländern und in fast allen Zeitaltern; auf die Verfolgung reagierten die Juden zum kleineren Teil durch Assimilation, indem sie also mit der sie umgebenden Bevölkerung verschmolzen; zum größeren Teil durch neuerliche Auswanderung in gastlichere Länder. Auf diese Weise verstärkte sich jedoch ihre »Andersartigkeit«, die sie neuen Restriktionen und Verfolgungen aussetzte.

Obwohl der Antisemitismus seinem tieferen Wesen nach ein irrationales Phänomen von Intoleranz ist, kleidete er sich in allen christlichen Ländern seit der Zeit, als das Christentum sich als Staatsreligion behauptete, in ein vornehmlich religiöses, ja theologisches Gewand. Nach Aussage des heiligen Augustinus sind die Juden von Gott selbst dazu bestimmt, zerstreut zu werden, und zwar aus zwei Gründen: weil sie auf diese Weise dafür bestraft werden, daß sie Christus nicht als den Messias anerkannten, und weil ihre Anwesenheit in allen Ländern für die gleichfalls überall vorhandene katholische Kirche notwendig ist, um den Gläubigen allenthalben das verdiente Unglück der Juden vorzuführen. Darum darf die Zerstreuung und Absonderung der Juden niemals enden: Sie sollen mit ihren Leiden ewig ihren Irrtum bezeugen – und somit die Wahrheit des christlichen Glaubens. Da ihre Anwesenheit also notwendig ist, sollen sie verfolgt, aber nicht getötet werden.

Doch die Kirche zeigte sich nicht immer so moderat: Seit den ersten Jahrhunderten des Christentums wurde gegen die Juden eine weitaus schlimmere Beschuldigung erhoben, nämlich die, gemeinschaftlich und bis in alle Ewigkeit verantwortlich zu sein für die Kreuzigung Christi, kurz, das »Volk der Gottesmörder« zu sein. Diese Formulierung, die in weit zurückliegender Zeit in der Osterliturgie auftaucht und erst vom Zweiten Vatikanischen Konzil (1962-65) abgeschafft wurde, ist der Quell von allerlei verhängnisvollen und immer wieder erneuerten volkstümlichen Glaubensvorstellungen: daß die Juden die Brunnen vergiften und die Pest verbreiten; daß sie die geweihte Hostie schänden; daß sie zu Ostern kleine Christenkinder rauben und ihr Blut in den Teig für ihr ungesäuertes Brot mischen. Dieser Volksglaube hat den Vorwand für zahlreiche blutige Massaker geliefert, unter anderem für die Vertreibung der Juden zuerst aus Frankreich und England, später (1492-98) aus Spanien und Portugal.

So gelangen wir über eine ununterbrochene Folge von Gemetzeln und Wanderungsbewegungen ins 19. Jahrhundert, das allenthalben gekennzeichnet ist durch das Erwachen von Nationalbewußtsein und die Anerkennung der Rechte von Minderheiten: Mit Ausnahme des zaristischen Rußland fallen in ganz Europa die von den christlichen Kirchen geforderten gesetzlichen Beschränkungen zum Nachteil der Juden (je nach Zeit und Ort waren dies: die Pflicht, sich in Ghettos oder besonderen Gebieten niederzulassen, die Pflicht, ein Zeichen an der Kleidung zu tragen, das Verbot, bestimmte Handwerke und Berufe auszuüben, das Verbot von Mischehen und so weiter). Der Antisemitismus besteht jedoch fort, er ist vor allem in den Ländern lebendig, wo eine primitive Frömmigkeit die Juden weiterhin der Tötung Christi bezichtigte (in Polen und Rußland) und wo im Gefolge der nationalen Bestrebungen eine allgemeine Aversion gegen die Nachbarvölker und Fremden entstanden war (in Deutschland; aber auch in Frankreich, hier tun sich gegen Ende des 19. Jahrhunderts Klerikale, Nationalisten und Militärs zusammen und entfesseln eine heftige Woge des Antisemitismus; den Anlaß bot die gegen den jüdischen Offizier der französischen Armee Alfred Dreyfus erhobene falsche Anschuldigung des Hochverrats).

Besonders in Deutschland, wo im gesamten vorigen Jahrhundert Philosophen und Politiker in ununterbrochener Folge und in fanatischer Weise eine Theorie entwickelten, wonach dem allzu lange geteilten und gedemütigten deutschen Volk der erste Rang in Europa und womöglich in der Welt zukäme, weil es Erbe ältester und edelster Überlieferungen und Kulturleistungen sei und seine Substanz aus nach Blut und Rasse homogenen Individuen bestünde. Die deutschen Völkerschaften sollten sich zu einem starken und kriegerischen Staat konstituieren, der in Europa vorherrschen und mit einer fast göttlichen Majestät bekleidet sein sollte.

Diese Idee von der Mission der deutschen Nation überlebt die Niederlage im Ersten Weltkrieg und wird aufgrund der Demütigung durch den Versailler Friedensvertrag sogar noch gestärkt. Dieser Idee bemächtigt sich einer der schlimmsten und unheilvollsten Gestalten der Geschichte, der politische Aufwiegler Adolf Hitler. Die deutschen Bourgeois und Industriellen leihen seinen flammenden Reden ihr Ohr: Was Hitler sagt, klingt für sie vielversprechend, er wird es schaffen, die Aversion, die das deutsche Proletariat den Klassen entgegenbringt, die es in die Niederlage und in die wirtschaftliche Katastrophe geführt haben, auf die Juden umzuleiten. Ab 1933 gelingt es Hitler, im Laufe weniger Jahre Kapital zu schlagen aus dem Zorn eines gedemütigten Landes und aus dem nationalistischen Hochmut, der von den ihm vorausgegangenen Propheten Luther, Fichte, Hegel, Wagner, Gobineau, Chamberlain, Nietzsche erweckt worden war: Hitler ist von der Idee eines dominierenden Deutschland besessen, nicht in ferner Zukunft, sondern sofort; nicht durch eine kulturelle Mission verwirklicht, sondern mit Waffengewalt. Alles Nichtgermanische erscheint ihm niederer, ja verächtlicher Natur, und Deutschlands erste Feinde sind die Juden, aus vielerlei Gründen, die Hitler mit dogmatischem Furor verkündete: Weil sie »anderen Blutes« sind; weil sie verwandt sind mit anderen Juden in England, Rußland, Amerika; weil sie die Erben einer Kultur sind, in der das Argumentieren und Streiten vor dem Gehorchen steht und in der es untersagt ist, sich vor Götzenbildern zu verneigen – während Hitler selbst gerade danach strebt, wie ein neuer Götze verehrt zu werden, und nicht zögert zu verkünden, daß der Intelligenz und dem Bewußtsein zu mißtrauen sei und aller Glaube in die Instinkte gesetzt werden müsse. Schließlich nehmen viele deutsche Juden Schlüsselpositionen in der Wirtschaft, im Finanzwesen, in den schönen Künsten, in Wissenschaft und Literatur ein: Hitler, ein verhinderter Maler und gescheiterter Architekt, wälzt sein aus Frustration geborenes Ressentiment und seinen Neid auf die Juden ab.

Diese Saat der Intoleranz fällt auf vorbereiteten Boden und schlägt dort mit unglaublicher Kraft, aber in neuer Gestalt, Wurzeln. Der Antisemitismus faschistischer Prägung, den Hitlers Rhetorik im deutschen Volk erweckt, ist barbarischer als alle vorangegangenen; in ihm strömen zusammen: künstlich verfälschte biologische Doktrinen, wonach die schwachen Rassen den starken weichen müssen; der absurde volkstümliche Aberglaube, den der gesunde Menschenverstand schon seit Jahrhunderten begraben hatte; eine unaufhörliche Propaganda. Es werden extreme, noch niemals vernommene Behauptungen ausgestreut. Das Judentum ist nicht länger eine Religion, aus der man durch Taufe ausscheiden kann, und ebensowenig eine kulturelle Tradition, die man um einer anderen willen aufgeben kann: Es ist eine menschliche Unterart, eine andere und allen anderen gegenüber minderwertige Rasse. Die Juden sind nur scheinbar Menschen, in Wirklichkeit sind sie etwas anderes: etwas Abscheuliches und Undefinierbares, »sie stehen den Deutschen ferner als die Affen den Menschen«; sie sind an allem schuld, am amerikanischen Raubtierkapitalismus und am sowjetischen Bolschewismus, an der Niederlage von 1918, an der Inflation von 1923; Liberalismus, Demokratie, Sozialismus und Kommunismus sind satanische Erfindungen der Juden, die die monolithische Festigkeit des nationalsozialistischen Staates bedrohen.

Der Übergang vom Predigen der Theorie zur praktischen Verwirklichung vollzog sich rasch und brutal. 1933, nur zwei Monate nach dem Machtantritt Hitlers, entsteht Dachau, das erste Lager. Im Mai desselben Jahres brennt der erste Scheiterhaufen mit Büchern jüdischer oder antinazistischer Autoren. Doch schon über hundert Jahre zuvor hatte der jüdische deutsche Dichter Heine geschrieben: »Dort wo man Bücher verbrennt, verbrennt man auch am Ende Menschen.« 1935 wird der Antisemitismus in einem riesigen und minutiös aufgeschlüsselten Gesetzeswerk, den Nürnberger Gesetzen, kodifiziert. 1938 werden in einer einzigen Nacht von oben gesteuerter politischer Unruhen 191 Synagogen in Brand gesteckt und Tausende von jüdischen Geschäften zerstört. 1939 werden die Juden des soeben besetzten Polen in Ghettos gesperrt. 1940 wird das Lager Auschwitz eröffnet. 1941/42 ist der Vernichtungsapparat in voller Aktion: 1944 werden die Opfer nach Millionen zählen.

Haß und Verachtung, die die Nazipropaganda ausgestreut hatte, finden in der täglichen Praxis der Vernichtungslager ihre Umsetzung. Hier gab es nicht nur den Tod, sondern eine Unmenge irrsinniger und symbolischer Details, die demonstrieren und erhärten sollten, daß die Juden, die Zigeuner und die Slawen Tiere sind, Spreu, Dreck. Man denke an die Tätowierung in Auschwitz: Menschen wurde jenes Prägemal aufgedrückt, das man für Rinder benutzt; an die Fahrt in Viehwaggons, die niemals geöffnet wurden, so daß die Verschleppten (Männer, Frauen und Kinder!) tagelang in ihrem eigenen Unrat liegen mußten; an die Häftlingsnummer, die den Namen ersetzte; an die Nichtverteilung von Löffeln (die sich bei der Befreiung in den Magazinen von Auschwitz zentnerweise anfanden), damit die Gefangenen ihre Suppe wie Hunde schlürfen mußten; an die ruchlose Ausplünderung der Leichen, die wie irgendein Rohstoff behandelt wurden, aus dem man Goldzähne, Haare als Textilfasern, Asche zur Verwertung als Düngemittel gewann; an die Männer und Frauen, die zu Versuchskaninchen degradiert wurden, an denen man Medikamente erprobte, um die Opfer anschließend zu beseitigen.

Selbst die (nach pedantischen Experimenten) ausgewählte Methode zur Vernichtung trug sichtbar symbolischen Charakter. Verwendet werden sollte (und wurde) das gleiche Giftgas, das man zur Desinfektion von Kielräumen in Schiffen sowie von verwanzten oder verlausten Räumlichkeiten benutzte. Über die Jahrhunderte sind qualvollere Todesarten ersonnen worden, aber in keiner lag derart viel Hohn und Verachtung.

Wie bekannt, wurde das Vernichtungswerk sehr weit vorangetrieben. Dabei bekundeten die Nazis, obwohl sie doch in einen äußerst schweren Krieg verstrickt und unterdes schon zur Abwehr der Gegner genötigt waren, eine unerklärliche Hast: Die Züge mit den fürs Gas bestimmten oder in frontnahe Lager zu transportierenden Opfern hatten Vorrang vor den Militärtransporten. Das Vorhaben wurde allein darum nicht abgeschlossen, weil Deutschland geschlagen war, aber das politische Testament, das Hitler wenige Stunden vor seinem Selbstmord diktierte, als die Russen nur noch Meter entfernt standen, endete so: »Vor allem verpflichte ich die Führung der Nation und die Gefolgschaft zur peinlichen Einhaltung der Rassengesetze und zum unbarmherzigen Widerstand gegen den Weltvergifter aller Völker, das internationale Judentum.«

Zusammenfassend kann man also sagen, daß der Antisemitismus ein Sonderfall von Intoleranz ist; daß er über Jahrhunderte vorwiegend religiösen Charakter trug; daß er im Dritten Reich durch die Anfälligkeit des deutschen Volkes für Nationalismus und Militarismus und durch die eigentümliche »Andersartigkeit« des jüdischen Volkes verschärft worden ist; daß er mit Leichtigkeit in ganz Deutschland und in einem Großteil Europas verbreitet werden konnte, dank der Wirksamkeit der faschistischen und nazistischen Propaganda, die einen Sündenbock brauchte, auf den alle Schuld und aller Groll abgewälzt werden konnten; und daß das Phänomen von Hitler, einem wahnsinnigen Diktator, bis zum Paroxysmus gesteigert wurde.

Dennoch muß ich zugeben, daß mich all diese üblicherweise vorgebrachten und akzeptierten Erklärungen nicht befriedigen: Sie wirken verkleinernd, sind den zu erhellenden Vorgängen nicht angemessen, stehen in keinem Verhältnis zu ihnen. Wenn ich die dokumentarischen Berichte über den Nationalsozialismus nachlese, von seinen wirren Anfängen bis zu seinem konvulsivischen Ende, kann ich mich des Eindrucks nicht erwehren, daß in ihm eine allgemeine Atmosphäre unkontrollierten Wahns herrschte, die mir als einzigartig in der Geschichte erscheint. Dieser kollektive Wahnsinn, diese Entgleisung, wird gewöhnlich damit erklärt, daß viele verschiedene Faktoren zusammenspielten, die jeder für sich genommen nicht hinreichten, und der stärkste Faktor wäre demnach die Persönlichkeit Hitlers und seine tiefwirkende Interaktion mit dem deutschen Volk. Sicherlich fanden seine persönlichen Obsessionen, seine Haßfähigkeit, sein Predigen von Gewalt eine ungehemmte Resonanz in der Frustration des deutschen Volkes, kehrten von da vervielfacht zu ihm zurück und bestätigten ihn in seiner wahnhaften Überzeugung, daß er selbst der von Nietzsche vorausgesagte Held sei, der Deutschland erlösende Übermensch.

Über den Ursprung seines Hasses gegen die Juden ist viel geschrieben worden. Man hat gesagt, Hitler habe seinen Haß gegen die ganze Menschheit auf die Juden übertragen; er habe in den Juden manche seiner eigenen Schwächen erkannt und im Haß auf die Juden seinen Selbsthaß ausgelebt; die Heftigkeit seiner Ablehnung resultiere aus seiner Befürchtung, er könne selbst »jüdisches Blut« in den Adern haben.

Noch einmal: All diese Erklärungen erscheinen mir nicht angemessen. Es erscheint mir nicht zulässig, ein historisches Phänomen damit zu erklären, daß man alle Schuld einem Individuum zuweist (die Vollstrecker grausiger Befehle sind *nicht* unschuldig), und außerdem ist es stets schwierig, die tiefer liegenden Motivationen eines Individuums zu deuten. Die vorgebrachten Hypothesen machen die Geschehnisse nur teilweise verständlich, sie erklären ihre Qualität, aber nicht die Quantität. Ich muß zugeben, daß mir die Bescheidenheit lieber ist, mit der einige der ernsthaftesten Historiker (Bullock, Schramm, Bracher) bekennen, daß sie den rasenden Antisemitismus Hitlers und des hinter ihm stehenden Deutschland *nicht begreifen.*

Vielleicht kann man das Geschehene nicht begreifen, ja *darf es nicht* begreifen, weil begreifen fast schon rechtfertigen bedeutet. Ich meine damit: den Vorsatz oder das Verhalten eines Menschen »begreifen« heißt (auch etymologisch), es anzufassen, zu erfassen, den Urheber zu erfassen, sich an seine Stelle zu versetzen, sich mit ihm zu identifizieren. Kein normaler Mensch aber wird sich jemals mit Hitler, Himmler, Goebbels, Eichmann und unzähligen anderen identifizieren können. Das macht uns bestürzt und bringt uns zugleich Erleichterung; denn vielleicht ist es wünschenswert, daß ihre Worte (und leider auch ihre Taten) uns nicht mehr begreiflich erscheinen. Es sind nichtmenschliche, ja menschenfeindliche Worte und Taten ohne geschichtliches Vorbild, sie sind selbst mit den grausamsten Vorgängen im biologischen Existenzkampf kaum zu vergleichen. Auf diesen Kampf läßt sich der Krieg zurückführen: Auschwitz aber hat mit Krieg nichts zu tun, es ist weder eine Episode noch eine extreme Form des Krieges. Krieg ist ein schreckliches Ereignis seit jeher; er ist verwerflich, aber er ist in uns, er besitzt eine innere Rationalität, wir »begreifen« ihn.

Im Haß der Nazis aber steckt keine Rationalität; es ist ein Haß, der nicht in uns, der außerhalb des Menschen ist, eine giftige Frucht, dem unseligen Stamm des Faschismus entsprossen, aber sogar außerhalb und jenseits des Faschismus selbst stehend. Wir können ihn nicht verstehen; verstehen können und müssen wir allerdings, woher er stammt, und wir müssen auf der Hut sein. Wenn begreifen unmöglich ist, so ist doch erkennen notwendig, denn das Geschehene kann wiederkehren, das Bewußtsein von Menschen kann abermals verführt und verfinstert werden: auch das unsrige.

Darum ist Nachdenken über das Geschehene die Pflicht eines jeden. Alle müssen wissen oder sich erinnern, daß man Hitler und Mussolini bei ihren öffentlichen Ansprachen glaubte, ihnen applaudierte, daß man sie bewunderte und wie Götter anbetete. Sie waren »charismatische Führer«, sie besaßen eine geheime Macht zur Verführung, die sich nicht aus der Glaubwürdigkeit oder Richtigkeit ihrer Aussagen herleitete, sondern aus der Suggestion, mit der sie sie vorbrachten, aus ihrer Beredsamkeit, ihrer Schauspielkunst, mag diese instinktiv oder geduldig erlernt und eingeübt worden sein. Die Ideen, die sie verkündeten, waren nicht immer die gleichen, und in der Regel waren sie abwegig oder dumm oder grausam; und doch wurden sie bejubelt, und Millionen gläubige Anhänger folgten ihnen bis zu ihrem Tod. Es gilt daran zu erinnern, daß diese Anhänger, unter ihnen auch die emsigen Vollstrecker unmenschlicher Befehle, keine geborenen Peiniger und mit wenigen Ausnahmen keine Ungeheuer waren: Es waren gewöhnliche Menschen. Die Ungeheuer existieren, aber es sind zu wenige, um wirklich gefährlich zu sein; gefährlicher sind die gewöhnlichen Menschen, Beamte, bereit zu glauben und ohne Widerspruch zu gehorchen, wie Eichmann, wie der Auschwitz-Kommandant Höß, wie Stangl, der Kommandant von Treblinka, wie zwanzig Jahre später die französischen Militärs, die Blutbäder in Algerien anrichteten, wie dreißig Jahre später die amerikanischen Militärs, die Massaker in Vietnam verübten.

Man muß daher mißtrauisch sein gegenüber allen, die uns mit Mitteln jenseits der Vernunft überzeugen wollen, also gegenüber den charismatischen Führern: Wir müssen uns davor hüten, unser Urteilsvermögen und unseren Willen an sie zu delegieren. Da es schwierig ist, echte Propheten von falschen zu unterscheiden, ist es das beste, allen Propheten zu mißtrauen, es ist besser, auf offenbarte Wahrheiten zu verzichten, auch wenn sie uns wegen ihrer Schlichtheit und ihres strahlenden Glanzes begeistern, auch wenn sie uns bequem erscheinen, weil sie gratis zu haben sind. Es ist besser, sich mit anderen, bescheideneren und weniger beschwingenden Wahrheiten zu begnügen, jenen, die man mühsam erwirbt, allmählich und nicht auf Abkürzungswegen, durch Studium, Diskussion und Überlegung, Wahrheiten, die sich überprüfen und nachweisen lassen.

Es ist klar, daß dieses Rezept zu einfach ist, um in allen Fällen auszureichen: Ein neuer Faschismus mit seinem Gefolge von Intoleranz, Gewalttätigkeit und Knechtschaft kann außerhalb unseres Landes entstehen oder zu uns importiert werden, vielleicht auf leisen Sohlen und unter anderem Namen; oder aber er kann aus dem Innern mit solchem Ungestüm ausbrechen, daß er alle Schutzwehren zerschmettert. Dann helfen weise Ratschläge nichts mehr, und es gilt, die Kraft zum Widerstand zu finden: Auch dabei kann die Erinnerung an das, was vor gar nicht so langer Zeit im Herzen Europas geschah, Halt und Ermahnung bieten.

8. Was wären Sie heute, falls man Sie nicht nach Auschwitz deportiert hätte? Was empfinden Sie, wenn Sie sich an jene Zeit erinnern? Auf welche Faktoren führen Sie Ihr Überleben zurück?

Streng gesprochen habe ich weder die Fähigkeit noch die Möglichkeit zu wissen, wer ich heute wäre, falls ich das Lager nicht durchlebt hätte: Kein Mensch kennt seine Zukunft, und hier würde es ja darum gehen, eine Zukunft zu schildern, die gar nicht stattgefunden hat. Es hat einen gewissen Sinn, Voraussagen (übrigens immer nur grobe) zu wagen über das Verhalten einer Bevölkerung, hingegen ist es äußerst schwierig oder gar unmöglich, das Verhalten eines einzelnen vorherzusehen, auch nur über Tage hinweg. Ebenso vermag der Physiker mit großer Exaktheit die Zeit vorherzusagen, in der ein Gramm Radium seine Strahlung auf die Hälfte reduzieren wird, aber er ist absolut nicht imstande zu sagen, wann ein einzelnes Radiumatom zerfallen wird. Wenn ein Mensch an einen Scheideweg kommt und nicht den linken Weg einschlägt, muß er offensichtlich den rechten wählen; unsere Wahlmöglichkeiten bestehen aber fast nie aus nur zwei alternativen Optionen; außerdem folgen auf jede getroffene Wahl neue, vielfache Entscheidungen in unendlicher Reihe; und schließlich hängt unsere Zukunft auch stark von äußeren Faktoren ab, die gar nichts zu tun haben mit unseren bewußten Entscheidungen, sowie von inneren Faktoren, die uns jedoch nicht bewußt sind. Aus diesen bekannten Gründen kennen wir unsere eigene Zukunft und auch die unseres Nächsten nicht; aus denselben Gründen kann niemand sagen, wie seine Vergangenheit ausgesehen hätte, »wenn«.

Eine bestimmte Aussage kann ich jedoch machen: Ohne die Zeit in Auschwitz hätte ich wahrscheinlich nie ein Buch geschrieben. Ich hätte kein Motiv, keinen Anreiz zum Schreiben gehabt. Als Schüler war ich in Italienisch mittelmäßig und in Geschichte schlecht, ich interessierte mich mehr für Physik und Chemie und wählte dann einen Beruf, den des Chemikers, der nichts mit der Welt des geschriebenen Wortes zu tun hat. Es war das Erlebnis des Lagers, das mich zum Schreiben zwang: Ich mußte nicht gegen Faulheit ankämpfen, Stilprobleme erschienen mir lachhaft, ich fand wundersamerweise die Zeit zum Schreiben, ohne je eine Stunde von meinem Alltagsberuf abzuknapsen. Es kam mir vor, als hätte ich dieses Buch bereits fix und fertig im Kopf, als müßte ich es nur herauslassen und aufs Papier bannen.

Inzwischen sind viele Jahre vergangen: Das Buch hat ein wechselvolles Schicksal gehabt, und es hat sich kurioserweise als eine Art künstliches Gedächtnis, aber auch als Schutzschranke zwischen meine höchst normale Gegenwart und die schreckliche Vergangenheit Auschwitz geschoben. Ich sage das zögernd, weil ich nicht als Zyniker dastehen möchte: Beim Erinnern des Lagers empfinde ich heute keine heftigen oder schmerzlichen Emotionen mehr. Im Gegenteil: Meine kurze und tragische Erfahrung als KZ-Häftling ist inzwischen überlagert von der sehr viel längeren und komplexeren Erfahrung als Zeuge und Schriftsteller, und die Summe ist eindeutig positiv; in ihrer Gesamtheit hat mich diese Vergangenheit bereichert und selbstsicherer gemacht. Eine Freundin, die als junges Mädchen ins Frauenlager Ravensbrück verschleppt wurde, sagt, das Lager sei ihre Universität gewesen; ich kann, glaube ich, gleiches behaupten: Durch das Erleben, Überdenken und Schildern jener Geschehnisse habe ich viele Dinge über die Menschen und die Welt gelernt.

Ich muß jedoch sogleich klarstellen, daß dieser positive Ausgang ein Glück ist, das nur ganz wenigen zuteil wurde: So sind von den italienischen Deportierten zum Beispiel nur ungefähr fünf Prozent zurückgekehrt, und von denen haben viele ihre Familie verloren, die Freunde, ihr Hab und Gut, ihre Gesundheit, ihr Gleichgewicht, ihre Jugend. Die Tatsache, daß ich überlebt habe und unbeschadet heimgekehrt bin, ist meines Erachtens hauptsächlich dem Glück geschuldet. Nur in geringem Maße haben dabei vorher schon vorhandene Faktoren mitgewirkt, wie etwa mein Training als Bergwanderer und mein Chemikerberuf, der mir in den letzten Haftmonaten ein paar Privilegien verschaffte. Vielleicht hat mir auch mein nie erlahmendes Interesse am menschlichen Geist geholfen und mein Wille, nicht nur zu überleben (den teilten viele), sondern zu überleben mit dem konkreten Ziel, zu erzählen, was wir erfahren und durchgemacht hatten. Und schließlich hat dabei vielleicht auch der von mir hartnäckig bewahrte Wille mitgespielt, stets, auch in düstersten Tagen, in meinen Gefährten und in mir selbst Menschen zu erkennen und keine Dinge und mich somit jener Erniedrigung und Demoralisierung zu entziehen, die viele in den geistigen Schiffbruch geführt hat.

November 1976   Primo Levi

Marco Vigevani
Worte, Erinnerung, Hoffnung

Hannah Arendt hat über die Zeugnisse aus den Nazilagern folgendes geschrieben: »Je echter sie sind, desto kommunikationsloser sind sie, desto klagloser berichten sie, was sich menschlicher Fassungskraft und menschlicher Erfahrung entzieht. [...] Sie lösen fast niemals jene Leidenschaften des empörten Mitleidens aus, durch die von jeher Menschen für die Gerechtigkeit mobilisiert wurden. Meinen Sie nicht, daß dieses Urteil auch zutrifft auf Ihr Buch* Ist das ein Mensch? *mit seinem nüchternen, verhaltenen Stil, dem Verzicht auf rhetorische oder literarische Schilderungen?*

Das stimmt. Und es stimmt auch, daß ich, als ich es vor nunmehr fast vierzig Jahren geschrieben habe, nur eine einzige, bestimmte Absicht im Kopf hatte, gewiß nicht die, ein literarisches Werk zu schaffen, sondern Zeugnis abzulegen, und ein Zeuge ist um so glaubwürdiger, je weniger er übertreibt oder Gefahr läuft, für einen Übertreiber gehalten zu werden. Wie ich am Ende des Vorworts erkläre, fürchtete ich, daß Vorgänge als erfunden gelten könnten, die dies, leider, nicht waren. Und in meinem Bericht fehlt zudem ein Faktor von furchtbarem Gewicht: der quantitative. Er fehlt, weil zu dem Zeitpunkt, als ich das Buch schrieb, die genauen Ausmaße der Vernichtung noch nicht bekannt waren und ich deswegen keine Zahlen genannt habe: Ich konnte es nicht und hätte es vielleicht auch nicht gewollt. Ich wollte erzählen, was ich erlebt hatte. Und hinzu kommt auch eine Frage des Temperaments, des Stils; ich mag nicht mit lauter Stimme sprechen, und dies findet Anklang, wie ich zahllosen Äußerungen, die mir zugegangen sind, entnommen habe. Ein verhalten vorgetragener Zeugenbericht ist wirkungsvoller als einer voller Empörung: Die Empörung muß beim Leser entstehen, nicht beim Autor, denn es ist nicht gesagt, daß die Empörung des

Autors sich auf den Leser überträgt. Ich wollte dem Leser den Rohstoff für *seine* Empörung liefern.

In jenem ersten Buch stehen zwei Sätze, die mich besonders betroffen gemacht haben: »*Da merken wir zum erstenmal, daß unsere Sprache keine Wort hat, diese Schmach zu äußern, dies Vernichten eines Menschen.*« *Und später:* »*Hätten die Lager länger bestanden, wäre eine neue, harte Sprache geboren worden; man braucht sie einfach, um erklären zu können, was das ist, sich den ganzen Tag abzuschinden in Wind und Frost, nur mit Hemd, Unterhose, leinener Jacke und Hose am Leib, und in sich Schwäche und Hunger und das Bewußtsein des nahenden Endes.*« *Meine Frage: Wie konnten Sie es psychisch ertragen, eine Erfahrung, so nahe der Grenze des Menschlichen und Vorstellbaren, nochmals zu durchleben und in Worten auszudrükken?*

Ich bin mir bewußt, daß es sehr schwierig ist, dieses Erleben in Worten wiederzugeben. Ich habe es versucht – und vielleicht ist es mir zum Teil auch gelungen –, bisweilen aber mit dem Gefühl, etwas beinahe Unmögliches zu wollen. Heute, nach so vielen Jahren, fällt es mir selbst schwer, den Gemütszustand des Häftlings von damals, meines damaligen Ich, heraufzubeschwören. Zumal das Schreiben dieses Buches für mich als eine Art »Gedächtnisprothese« funktioniert, ein äußeres Gedächtnis, das sich zwischen mein heutiges und das damalige Erleben schiebt: Ich erlebe jene Dinge jetzt durch das Geschriebene wieder. Außerdem muß man beim Gedächtnis unterscheiden zwischen den Episoden, sagen wir, »in Farbe«, die ich geschildert habe und die mir wesentlich und schildernswert erschienen, und dem farblosen Gewebe des Alltags »in Schwarzweiß«, was das eigentlich Zerstörerische war, mehr noch als die Episode der Selektion, würde ich sagen. Am schwierigsten wiederzugeben war gerade jene »Ödnis«. Die totale Langeweile, die Monotonie, die Ereignislosigkeit, die ewig gleichen Tage. Das erlebt der Häftling, und es ruft eine sonderbare Wirkung hervor, denn die Tage ziehen sich während des Erlebens endlos lang hin, sind sie aber vorüber, erscheinen sie extrem kurz, weil sie inhaltslos waren. Die Vergangenheit wird komprimiert, sie verdünnt sich, sie besitzt keine Dichte. Und das ist, glaube ich, schwer zu vermitteln, weil in der Erinnerung genau das Gegenteil geschieht: Die singulären, auffallenden, erschreckenden oder auch die positiven Episoden überwiegen und drängen nach vorn, doch während man sie erlebt, sind sie Teil eines gänzlich zerfaserten Gewebes. Und es gibt in jedem Zeugnis noch eine weitere Lücke: Die Zeugen sind per Definition Überlebende, und ihnen allen ist somit in gewissem Maße ein Privileg zuteil geworden. Das sage ich auch von mir selbst: Wäre ich nicht Chemiker gewesen und hätte ich nicht ein bißchen Deutsch gekonnt, wäre mir ein anderes Los beschieden gewesen. Das Schicksal des gewöhnlichen Häftlings hat niemand erzählt, weil es für ihn nicht möglich war, körperlich zu überleben. Der gewöhnliche Häftling ist auch von mir beschrieben worden, wenn ich von den »Muselmännern«[2] berichte; die »Muselmänner« selbst jedoch haben sich nicht geäußert. Und dann gab es noch eine andere, sprachliche Schwierigkeit, diese jedoch war lagerintern; es bedarf längerer Ausführungen, und eines Tages werde ich darüber schreiben. Es gab einen enormen Unterschied zwischen den Häftlingen, die Deutsch oder Polnisch sprachen, und denen, die das nicht konnten. Es war für viele Italiener ein tödlicher Faktor, das Erlebnis, plötzlich zu Taubstummen zu werden. Sie waren in eine fremde Welt geschleudert worden, und nun setzte sogar das normalste Mittel der Kommunikation aus, die Fähigkeit, sich verständlich zu machen und die Umwelt zu verstehen. Ich konnte zu meinem Glück ein wenig Deutsch, sehr wenig, gerade genug, um die Befehle zu verstehen und mich verständlich zu machen. Doch ich erinnere mich sehr gut, wie ich begriff, daß ich unbedingt eine Kommunikation herstellen mußte, und mich somit bemühte, Dinge aufzunehmen, die

Fähigkeit des Sprechens und Rezipierens zurückzugewinnen. Ich hatte sogar elsässische Freunde gebeten, mir zu übersetzen, was um mich vorging, jenes Minimum an Sprache, welches das Leben, in erster Linie materiell gesehen, ermöglichte (es wurden Befehle gebrüllt, die man nicht verstand, oder man verpaßte das Austeilen von Suppe oder Brot), und auch, um einer psychologischen Sperre zu entgehen, nämlich mich nur mit den Italienern verständigen zu können: unter hunderttausend vielleicht hundert. Das war ein spezifisches Problem der Italiener und Griechen; die deutschsprechenden Juden aus Triest oder Fiume erschienen mir sozusagen als Übermenschen, sie stiegen sogleich im Rang auf.

Sie haben sich selbst die Frage gestellt, »was für eine Bedeutung die Worte ›gut‹ und ›böse‹ oder ›Recht‹ und ›Unrecht‹ im Lager haben konnten … was alles von der Moral unserer Welt diesseits des Stacheldrahtes noch Bestand haben konnte«. Manche haben diese Art Aufhebung des Unterschieds zwischen Gut und Böse, die sich in den Lagern vollzog, bis ins Extrem getrieben und von einer Identifikation zwischen Opfern und Henkern gesprochen. So schreibt etwa Rousset[3]: »Opfer und Henker sind gleichermaßen verächtlich, die Lehre der Lager ist die Brüderlichkeit in der Verworfenheit.« Ich weiß, das ist eine heikle Frage: Was halten Sie davon?

Es ist eine fürchterliche Frage, und man kann sie bei Rousset akzeptieren, der im Lager gewesen ist, nicht aber bei der Cavani[4] und anderen Ästheten, die nachträglich darüber gearbeitet haben. Es liegt ein Stück Wahrheit darin, abgesehen vom moralischen Urteil natürlich, denn Henker bleibt Henker, und Opfer bleibt Opfer. Ich habe, nachdem ich nach Italien zurückgekehrt war, selbst mit einem gewissen Entsetzen und zugleich amüsiert bemerkt, daß mein Deutsch das der SS war; und Sprache verbindet, die Gesprächspartner tendieren zu einer Verbindung. Jedenfalls wurde ich, als ich später dienstlich in Deutschland war, gefragt: »Wo haben Sie denn Ihr Deutsch gelernt?«, und ich erwiderte: »In Auschwitz«, und da ist diesem und jenem ein Licht aufgegangen. Gewiß ist auch der Buchtitel *(Ist das ein Mensch?)* diesbezüglich aussagekräftig: Es sind keine Menschen mehr, weder die einen noch die anderen. Es gab eine Entmenschlichung auf beiden Seiten: hier eine erlittene und dort eine mehr oder weniger selbstgewählte. Es ist ein heikles Thema, über das zuviel und auf zu grobe Weise geredet wird, während es mit äußerster Behutsamkeit behandelt werden sollte. Man könnte lange darüber sprechen, doch ich habe Ihnen ein paar Hinweise gegeben. So existierte zum Beispiel, aus praktischen Gründen, eine lange Verbindungskette zwischen Opfern und Henkern: alle die Häftlinge, die Karriere machten und in gewissem Maße kollaborierten, und das waren nicht wenige, gut zehn Prozent. Es gab da eine ganze Hierarchie, die bei den Ausfegern anfing und bis zu den Barackenältesten reichte, die in manchen Fällen sogar die Seite wechselten. Das geschah bei den Juden selten, bei den Kriminellen aber war es gang und gäbe. So wurde die Trennungslinie zwischen Opfer und Henker »verwischt« – es gab Henker-Opfer und Opfer-Henker. Wir hatten gedacht, wir kämen an einen Ort des Leidens, wo indes eine gewisse Solidarität vorhanden wäre, wo man gegen die Deutschen zusammenstünde, aber das traf fast niemals zu: Die nationalen Differenzen verschärften sich, und die Italiener wurden von den Deutschen, auch von Nichtnazis, als Badoglio-Leute[5] angesehen. Es gab unzählige Stufen in der Rangordnung, nicht die klare Trennung, die man sich vorstellt.

Viele ehemalige KZ-Häftlinge haben berichtet, daß sie aus dem Lager ein »Schuldgefühl« mitgebracht haben. Welche Schuld? Welche Schuld kann ein unschuldiges Opfer haben?

Wir sind fast alle mit einem Gefühl des Unbehagens aus dem Lager zurückgekommen, und diesem Unbehagen haben wir das Etikett »Schuldgefühl« angeheftet. Das ist sicherlich nicht dasselbe, was wir vorhin mit der sogenannten Identifikation zwischen Opfer und Henker angesprochen haben. Es ist nicht so, daß wir die Schande verspüren, die der Henker verspüren sollte; in gewissem Maße aber haben wir alle, glaube ich, oder jedenfalls fast alle, ein bestimmtes Unbehagen bei dem Gedanken verspürt, daß so viele umgekommen sind, die ebensoviel wert waren wie wir oder auch mehr. Es sind nicht zwangsläufig die Besten, die überleben, in manchen Fällen sind es die Schlimmeren gewesen. Es ist das Gefühl, anstelle eines andern am Leben geblieben zu sein; ich habe das in *Ist das ein Mensch?* erwähnt, als ich, nach der Selektion, glaubte, durch Zufall davongekommen zu sein, weil man mich für viel kräftiger gehalten hatte. Da habe ich geschrieben: »Ich weiß nicht, was ich morgen und später darüber denken werde; heute ruft das in mir keine besondere Emotion wach.« Dann gibt es auch ein Schuldgefühl, vielleicht nicht das getan zu haben, was möglich war, zum Beispiel Widerstand zu leisten; das ist eine Rationalisierung und vielleicht eine Sublimierung, aber sicher haben wir hinterher diesen Gedanken verspürt. Wir hätten etwas mehr tun können, hätten uns besser organisieren, zumindest die Flucht planen können … Ich habe ziemlich lange ein bestimmtes Schuldgefühl mit mir herumgetragen: Es war Sommer, während einer Periode von Bombenangriffen, es war sehr heiß, und ich hatte Wasser entdeckt, eine Rohrleitung. Es waren vielleicht drei oder vier Liter Wasser drin, und ich hatte es nur einem Freund weitergesagt, sonst niemandem. Deswegen habe ich mich schuldig gefühlt: Andererseits hätte das Wasser, wenn ich es vielen gesagt hätte, nicht für alle gereicht. Aber das Gefühl fehlender oder nicht vollständiger Solidarität habe ich schon empfunden: daß ich etwas unterlassen hatte, was ich hätte tun können. Und schließlich haben wir auch eine gewisse menschliche Mitverantwortung dafür empfunden, daß Auschwitz Menschenwerk war, und wir sind ja alle Menschen: Auschwitz ist das Produkt einer Zivilisation, der wir angehören, auch wenn der Nazismus ein verkommener Zweig dieser Zivilisation war; er ist ein Produkt der abendländischen Philosophie, zu der wir alle beigetragen haben, an der wir alle in irgendeiner Weise beteiligt sind. Das sind jedoch sehr gesuchte und im Grunde nachträglich, a posteriori, angestellte Gedankengänge. Die Tatsache, Opfer zu sein, widerspricht jedenfalls nicht den vorher erwähnten Schuldgefühlen, denn diese waren marginal. Außerdem ist es nicht gesagt, daß das Opfer rein sein muß, vollkommen frei von Schuld. Ja, es war gerade typisch für das Lagersystem, daß es uns zwang, uns in gewissem Maße schuldig zu machen; ich zum Beispiel, indem ich es akzeptierte, in einem Labor der IG-Farben zu arbeiten.

Ich möchte jetzt auf einen anderen mir wichtig erscheinenden Punkt zu sprechen kommen: die Erinnerung, wie man sich der Konzentrations- und Vernichtungslager erinnern soll. Mir scheint, daß sich hinter der Verwendung von Wörtern wie »Holocaust« zur Bezeichnung der geplanten und wissenschaftlich betriebenen Ermordung von Millionen Menschen die Weigerung verbergen kann, die Vernichtung in all ihrer verstörenden Grausamkeit und Sinnlosigkeit hinzunehmen. Das gilt auch für die bisweilen übermäßige Hervorhebung eines durchaus heroischen, aber dennoch exzeptionellen und – letzten Endes – für die jüdische Tragödie nicht repräsentativen Ereignisses wie des Aufstands im Warschauer Ghetto. Was meinen Sie dazu?

Dem stimme ich zu. »Holocaust« bedeutet wörtlich »alles verbrannt« und bezieht sich auf die den Göttern dargebrachten Tieropfer. Als der Begriff aufkam, hat er mich sehr gestört; dann habe ich erfahren, daß ausgerechnet Elie Wiesel ihn geprägt hat, es aber dann bereute und ihn am liebsten zurückgenommen hätte. Weiterhin ärgern mich die Versuche mancher religiöser Extremisten, die Vernichtung nach Art der Propheten zu deuten: eine Strafe für unsere Sünden. Nein, das akzeptiere ich nicht! Die Tatsache, daß sie sinnlos war, macht sie nur noch entsetzlicher. Wenn Sie bedenken, daß in den Zügen Sterbende waren, die man aus allen Ecken Europas heranschleppte und die während des Transports starben; das ist wirklich total sinnlos. Da verstehe ich noch eher die Sache mit den Kindern; in der Psychologie der Nazis war ein jüdisches Kind ein künftiger Feind, die Sterbenden oder Geisteskranken jedoch nicht. Das war Teil der *Gründlichkeit**, des Prinzips, alles um jeden Preis bis ins letzte zu treiben, so daß mit »alle« wirklich alle gemeint sind und auch derjenige, der morgen sterben wird, aufgesammelt und in den Zug verladen wird, damit er dort stirbt, wo alle den Tod finden sollen. Und was ich auch nicht gutheiße, sind die Versuche, das Lager als Ort des Widerstands darzustellen. Das war es nicht, oder nur marginal: Ehre denen, die Widerstand leisteten, aber die Regel war es nicht. Die Regel war das Nachgeben, das Gebrochenwerden. Das Überleben an sich beweist gar nichts, ich bin ein Überlebender und fühle mich weder als Held noch als Widerständler. Ich bin mit mir im reinen, weil ich Zeugnis abgelegt habe, weil ich die Augen und Ohren weit aufgesperrt habe, so daß ich das Erlebte auf wahrheitsgemäße, präzise Art schildern konnte. Im übrigen war der Widerstand, wie ich Ihnen sagte, das Werk von ein paar Dutzend Häftlingen, und zwar nicht von gewöhnlichen; es waren alles politische oder vielleicht auch jüdische politische Gefangene, Zionisten, Leute, die in Spanien gekämpft hatten; sie waren militärisch erfahren, und sie sprachen Deutsch, eine grundlegende Voraussetzung, um das Netz der Konspiration aufzubauen. Für uns aber lag diese Realität so vollkommen außerhalb unserer Erfahrung, daß ich *hinterher* davon überrascht

* Im Original deutsch.

war. Erst nach der Befreiung habe ich begriffen, daß es auch in Auschwitz Kerne von Widerstandsgruppen gegeben hat. Und was die aufgesperrten Augen und Ohren angeht, so habe ich auch das nachträglich mit Verwunderung festgestellt. Noch jetzt, nach vielen Jahren, bewahre ich eine visuelle und akustische Erinnerung an die damaligen Erlebnisse, die ich nicht erklären kann: Bei einer Reise nach Israel traf ich einen Lagerkameraden wieder, den ich seit fünfundzwanzig Jahren nicht mehr gesehen hatte, und erkannte ihn auf der Stelle. Nicht nur das: Wie auf einem Tonband registriert, bewahre ich im Kopf Wendungen aus Sprachen, die ich nicht beherrsche, Polnisch und Ungarisch. Ich habe sie Polen und Ungarn vorgesprochen, und sie haben mir erklärt, daß sie einen Sinn ergeben. Aus einem mir unbekannten Grund ist mit mir etwas Anomales passiert, ich würde beinahe sagen, eine unbewußte Vorbereitung auf die Zeugenschaft.

Sehen Sie heute die Möglichkeit, daß sich, ich will nicht sagen, gleiches wiederholt, daß aber eine Tendenz zur Wiederholung besteht?

Das kann man nicht ausschließen. Man braucht nur zu bedenken, was vor ein paar Jahren in Argentinien geschehen ist. Zum Glück zählten die Opfer, da es ein schlechtorganisiertes Land ist, nur nach Zehntausenden und nicht nach Millionen, wäre Argentinien jedoch von einer »Schamanengestalt« wie Hitler geführt worden, wären es Millionen gewesen. Wenn sie die Dinge *gründlich** betrieben hätten …

Sprechen wir von Deutschland und der Einstellung der Deutschen heute: Haben Sie den Eindruck, daß sich zumindest die jüngeren Deutschen mit der eigenen Geschichte auseinandergesetzt haben und das noch tun, oder versuchen sie eher, sie in die »Vergessenheit« zu versenken?

* Im Original deutsch.

In Westdeutschland gibt es alle möglichen Tendenzen. Heute habe ich einen Rundbrief von einer Deutschen bekommen, in dem ich aufgefordert werde, eine Petition zu unterschreiben, daß keine SS-Treffen in Deutschland mehr zugelassen werden. Denn tatsächlich finden in Deutschland solche SS-Treffen statt. Deutschland ist vielköpfig. Zweifellos gibt es bei den Älteren noch Nostalgie; die Jungen hingegen ähneln in starkem Maße ihren Altersgefährten in Frankreich oder Italien. Die neonazistische Partei hat die Fünf-Prozent-Hürde für den Einzug ins Parlament nicht geschafft und ist somit schwächer als der MSI[6] in Italien. Selbst der deutsche Hochmut des »Deutschland, Deutschland über alles« scheint sich sehr gelegt zu haben, die Deutschen haben keinerlei Lust, Krieg zu führen. Ich habe den Eindruck, daß es eine klare Trennung zwischen dem damaligen und dem heutigen Deutschland gibt, will mir aber selbst nicht verschweigen, daß noch nazistische Überbleibsel existieren. Ich habe viele Briefe von deutschen Lesern erhalten, aber ich weiß sehr wohl, daß sie nicht den Durchschnitt repräsentieren. Es sind solidarische Briefe, manche sehr schön; die ersten, die mir um 1960/61 herum geschrieben wurden, waren sogar wunderbar. Jemand, der dem Autor von *Ist das ein Mensch?* schreibt, ist sensibilisiert, viele sind Kinder von ehemaligen im KZ inhaftierten Nazigegnern oder von Leuten, die im Krieg ums Leben gekommen sind.

Gibt es auch eine Skala unterschiedlicher Verantwortung in der deutschen Zivilbevölkerung, so wie es eine Skala mit unzähligen Abstufungen für die Kollaboration gibt?

Sicher. Es gibt auch dort Familien von Opfern des Faschismus. Als erste kamen politische Gegner des Nationalsozialismus ins KZ, Kommunisten, Sozialdemokraten, Liberale: Auch die Deutschen haben gelitten, ja, sie waren die ersten, die unter den Nazis litten. Und was soll man, auch in diesem Fall,

von den Familienangehörigen der Gefallenen, der Verstüm-
melten sagen? Mir steht nicht der Sinn nach Verallgemeine-
rungen, indem ich etwa sage: »Es waren deutsche Soldaten
und somit Nazis und somit meine Feinde, deshalb kümmern
mich ihre Witwen und Waisen nicht.« Dazu versteige ich mich
nicht; ich weiß, daß es Leiden bedeutet und daß Leiden für
alle Menschen gleich ist.

*Wie stehen Sie als Überlebender von Auschwitz heute zu der Alterna-
tive zwischen dem »Nichtvergessen« des Geschehenen und der Hoffnung auf eine menschlichere Zukunft?*

Die Pflicht zu hoffen und die Pflicht, nicht zu vergessen, sind
weder Synonyme noch Gegensätze, sondern sie können ne-
beneinander existieren. Alle Kombinationen sind möglich:
erinnern und hoffen, erinnern und verzweifeln, wie es viele
tun, viele Heimgekehrte, die zugleich mit der Erinnerung
und mit der Verzweiflung leben, vergessen und hoffen, vergessen und nicht hoffen; alles mögliche kann auftreten. Meine Position wäre es, zu erinnern und zu hoffen; doch wie ich
Ihnen sagte, handelt es sich um eine Frage der Konstitution,
ja, der Hormone, nicht um eine wohlüberlegte, von der Vernunft geleitete Entscheidung.

»Bollettino della Comunità Israelitica di Milano«, XL, 5. Mai
1984

1 In *Elemente und Ursprünge totaler Herrschaft*, München Zürich [3]1993,
S. 677 (Anm. d. Übers.).
2 Wie Levi selbst im Kapitel »Die Untergegangenen und die Geretteten« des Buches *Ist das ein Mensch?* erläutert, bezeichneten die schon länger Inhaftierten mit dem Ausdruck »Muselmänner« die schwachen,
untauglichen, der Vernichtung geweihten Häftlinge.

3 David Rousset, Autor des Buches *L'univers concentrationnaire*, Paris 1946.

4 Vgl. Anmerkung 5, S. 104.

5 Pietro Badoglio (1871-1956), Marschall und Politiker, handelte nach dem Sturz Mussolinis mit den Alliierten die Kapitulation Italiens aus; für die Deutschen waren Badoglio-Leute gleichbedeutend mit Verrätern.

6 Movimento Sociale Italiano, 1946 von Anhängern der faschistischen Repubblica Sociale Italiana und von Exfaschisten gegründete Partei, 1995 aufgelöst.

Risa Sodi
Ein Interview mit Primo Levi

In einem kürzlich erschienenen Buch des Historikers H. Stuart Hughes [1] *werden sechs jüdische Schriftsteller Italiens vorgestellt, darunter Sie. Erscheint Ihnen die Definition als »jüdischer Schriftsteller« nicht ein wenig übertrieben?*

Ja, in Italien wäre es schwierig, ein Etikett wie »jüdischer« oder »nichtjüdischer Schriftsteller« zu verwenden. In meinem Fall waren es die Amerikaner, nicht die Italiener, die es als erste angewandt haben. In Italien bin ich als ein Schriftsteller bekannt, der beiläufig auch Jude ist. In den USA ist das nicht so. Als ich das letztemal nach Amerika gefahren bin, 1985, war es, als hätte man mir den Davidsstern wieder angenäht! Aber das macht mir nichts aus. Was mich angeht, ist es ziemlich leicht, mich als Juden zu definieren, da fast alle meine Werke auf diese oder jene Weise mit dem Judentum zu tun haben – und außerdem mußte ich als Jude die Erfahrung Auschwitz durchleben. Bei Autoren wie Moravia, Svevo oder Natalia Ginzburg fällt es äußerst schwer, von jüdischen Schriftstellern zu sprechen. Wenn Natalia Ginzburg keine Jüdin wäre, würde sich an ihren Büchern fast nichts ändern. Bei Bassani dagegen verhält sich die Sache anders. Ich erinnere mich, daß Hughes ihn »den einzigen wahren Juden« oder »den ersten wahren Juden« nennt, ich weiß nicht mehr genau, welche Wendung er benutzt. Bei mir haben die utopisch-phantastischen Werke fast nichts mit dem Judentum zu schaffen, und auch *Der Ringschlüssel* ist kein »jüdisches Werk«. Trotzdem akzeptiere ich die Definition »jüdischer Schriftsteller« gern.

Am Anfang Ihres Buchs Die Untergegangenen und die Geretteten *führen Sie das folgende Zitat aus* The Rhyme of the Ancient Mariner *an:*

236

Since then, at an uncertain hour,
That agony returns:
And till my ghastly tale is told
This heart within me burns.

(Verse 584-585)

Als ich das las, habe ich mich gefragt, ob es je möglich ist, mit dem
»Erzählen« aufzuhören.

Die Antwort findet sich in ebenjenem Buch. Einige meiner
Freunde, mir sehr liebe Freunde, reden nie von Auschwitz.
Andere Menschen wiederum reden unentwegt davon, und zu
ihnen gehöre ich. Als ich Coleridge zitierte, habe ich ein wenig
übertrieben. Mein Herz brennt nicht ständig. Es sind viele
Jahre vergangen, und vor allem habe ich viele Bücher über
das Thema geschrieben, viele Vorträge an Schulen und auf
öffentlichen Veranstaltungen gehalten, mit sehr vielen Menschen gesprochen. All das hat eine Art Trennwand entstehen lassen, eine Barriere: So kann man sagen, daß ich mit
dem Coleridge-Zitat eigentlich ein bißchen rhetorisch daher-
komme.

Das ist doch eine wunderbare Passage!

Sicher, das weiß ich durchaus. Sie hat mich gleich beim ersten
Lesen betroffen gemacht. Insbesondere war ich von folgen-
dem betroffen: Wenn Sie sich an die Szene erinnern, der alte
Seefahrer hält die Hochzeitsgäste auf, die ihn nicht beach-
ten – sie sind mit der Hochzeit beschäftigt –, und zwingt sie,
seiner Erzählung zu lauschen. Nun, als ich aus dem Konzentrationslager zurückgekehrt war, habe ich mich genau so verhalten. Ich empfand ein unbezähmbares Bedürfnis, jedermann meine Erlebnisse zu erzählen! Ich hatte gerade eine
Anstellung als Chemiker in einer kleinen Farbenfabrik nahe
Turin gefunden, und das Personal der Firma betrachtete
mich als eine Art harmlosen Irren, weil ich immer nur auf ein

und dasselbe aus war: Jede Gelegenheit war mir recht, um allen meine Geschichte zu erzählen, dem Werkdirektor ebenso wie dem Arbeiter, auch wenn sie etwas ganz anderes zu tun hatten – genau wie der alte Seefahrer. Dann fing ich an, nachts auf der Maschine zu schreiben (denn ich wohnte neben der Fabrik). Jede Nacht schrieb ich, und das wurde als etwas noch Verrückteres angesehen!

Und wie war die Reaktion dieser Leute auf Ihre Erzählung?

Sie war ... sachlich. Ich kann es nicht sagen. Sie hörten mir zu, manche sogar mit großem Interesse.

Haben Sie Ihre Erlebnisse unwillkürlich geschildert oder mit der bestimmten Vorstellung, sie erzählen zu müssen?

Ich hatte wirklich das Bedürfnis, sie zu erzählen. Aber wenn Sie mich fragen, woher dieses Bedürfnis kam, könnte ich nur sehr schwer eine Antwort geben. Ich empfand jenes Gefühl, das, so glaube ich, Katholiken haben müssen, wenn sie zur Beichte gehen: Die Beichte bedeutet eine große Erleichterung. Mit anderen Worten, ich verspürte dasselbe Gefühl wie bei einer psychoanalytischen Therapie, wenn man sich durch das Erzählen der eigenen Geschichte von ihr zu befreien vermag. Aber darüber hinaus ist da noch etwas anderes. Ein Freund, ein sehr kluger Mensch, hat mir gesagt: »Du hast diese Periode in Farbe, in Technicolor erlebt, während dein übriges Dasein in Schwarzweiß abgelaufen ist.« Und das kommt der Wahrheit sehr nahe. So trifft es beispielsweise zu, daß die Erinnerungen an meine Haftzeit viel lebendiger und detaillierter sind als alles andere, was vorher oder nachher war (das habe ich in den *Untergegangenen und den Geretteten* geschrieben). So erinnere ich mich zum Beispiel, daß ich mehrmals, auch in jüngster Zeit, Lagerkameraden wiederbegegnet bin, und obwohl ich sie seit vierzig Jahren nicht mehr gesehen hatte, habe ich sie auf der Stelle wiedererkannt. Das war in Israel. Als ich dahin reiste, wußte ich, daß ein ehemaliger Gefährte aus dem KZ im Hotel auf mich warten würde. Und inmitten des Durcheinanders in der Hotelhalle, des Kommens und Gehens, habe ich ihn sofort erkannt. Vor kurzem ist mir das auch in England so ergangen. Ich war dort aus Anlaß des Erscheinens der englischen Ausgabe von *Ist das ein Mensch?*. Kurz zuvor hatte ich einen Brief aus Bristol erhalten, von einer Familie, die im *Periodischen System* die kleine Geschichte über einen gewissen Goldbaum gelesen hatte. Sie fragten an, ob die Person, von der ich in dem Buch erzählte, vielleicht ein Verwandter von ihnen gewesen sein könnte. Ich schrieb zurück, ich käme demnächst nach England, und wenn sie wollten, könnten wir uns treffen; so geschah es. Sie zeigten mir ein Foto jenes Goldbaum, das natürlich vor seiner Inhaftierung aufgenommen worden war, im Jahre 1940. Ich erkannte ihn sofort. Dieses Bild zu sehen war ein richtiger Schock für mich, es traf mich wie ein Schlag in die Magengrube.

Es entbehrt nicht der Ironie, daß die schmerzlichsten Momente Ihres Lebens zugleich die intensivsten waren.

Darin liegt überhaupt kein Widerspruch, meinen Sie nicht? Es war schmerzlich, sicher, aber es war auch – obwohl das wie eine zynische Feststellung klingen mag – die interessanteste Periode meines Lebens. Es war auch ein Abenteuer. Ich bin nicht der einzige, der das sagt. Wie erwähnt, habe ich viele Freunde in Italien, Juden und Nichtjuden, jüdische Deportierte und nichtjüdische Deportierte. Eine nichtjüdische Freundin kam als Partisanin ins KZ, da war sie erst siebzehn. Sie erlebte ihre Haft in Ravensbrück mehr oder weniger so wie ich die meine in Auschwitz. Ebenso wie ich führt sie heute ein ganz normales Leben. Auch ihr ist jedoch eine Art selektives Gedächtnis eigen, gerade weil sie in Ravensbrück *erwachsen geworden* ist. Als sie mit siebzehn Jahren zum erstenmal das

Tor des Konzentrationslagers passierte, war sie lediglich eine kleine Lehrerin vom Land. In Ravensbrück lernte sie Französisch und Deutsch; sie lernte, in einer Gemeinschaft zu leben, sie lernte alles in jenem Lager. Und sie sagt immer: »Ravensbrück war meine Universität.«[2]

Sie haben Ähnliches erklärt.

Ja, ich bin in Auschwitz erwachsen geworden. Ich weiß nicht, ob es sich dabei um einen Vorzug, ein Glück oder um etwas anderes handelt, aber im Verlauf jener Erfahrung habe ich eine gewaltige Menge an Material, Kenntnissen, Gedanken angehäuft, die ich erst noch vollständig sichten muß.

Waren Sie schon vor Auschwitz ein nachdenklicher Mensch?

Ja, auf meine Art war ich schon ein entschieden nachdenklicher Mensch. Ich war Chemiker. Ein Chemiker muß überlegt vorgehen, sonst ist er ein miserabler Chemiker!

Ich habe auch das Gefühl, daß Sie einen gewissen Widerwillen gegen die Psychoanalyse hegen?

Das stimmt! Eine Freundin, die mit mir zusammen verhaftet wurde, arbeitet jetzt in Mailand als Psychoanalytikerin. Sie schrieb mir einen schönen Brief, in dem sie mir erklärte, mein Buch habe ihr sehr gefallen, obwohl sie es vom Standpunkt ihres beruflichen Gewissens nicht gutheiße. Ich muß zugeben, daß ich das erste Buch von Bruno Bettelheim[3] nicht sonderlich schätze. Mir scheint, seine Interpretation der Haft als einer Regression ist nicht allgemeingültig. Es mag für manche gelten, für andere aber, zum Beispiel für mich, war es das genaue Gegenteil. So erscheint es mir falsch, diese Theorie als eine allgemeine Regel zu betrachten. Dennoch habe ich, mehr aufs allgemeine bezogen, die Werke Freuds gelesen, und sie haben mich sehr angesprochen. Er ist ein großer Schriftsteller und auch ein großer Dichter. Ein Mann von außergewöhnlichem Scharfblick. Dagegen ist mir die heutige Psychoanalyse gleichgültig. Sie ist schematisch. Doch Vorsicht: Ich bin kein psychisch Kranker, deshalb habe ich nie eine unmittelbare Erfahrung gemacht!

In den Untergegangenen *und den* Geretteten *erwähnen Sie auch Liliana Cavanis Film* Der Nachtportier.

Ja. Haben Sie ihn nicht gesehen?

Doch, ich habe ihn gesehen, aber ich mußte nach der Hälfte hinausgehen.

Wirklich?

Ich habe ihn fast als einen Affront empfunden. Ich vermochte ihn mir nicht bis zum Schluß anzusehen, weil mich ein so heftiger Zorn packte.

Ja, aber leider ist es kein schlecht gemachter Film. Außerdem ist die Cavani nicht dumm, ich kenne sie persönlich.

Sie haben erklärt, Der Nachtportier *sei »schön und unwahr«.*

Ja, technisch gesehen ist er schön. Und er ist mit guten Schauspielern besetzt. Dennoch ist er zutiefst unwahr.

Weshalb bezeichnen Sie ihn als unwahr?

In erster Linie, weil die Beziehung zwischen dem Mädchen und dem SS-Offizier unwahr ist. Nicht daß derlei Dinge nicht hätten vorfallen können. Sie mögen auch vorgefallen sein, aber sie blieben extreme Randereignisse. Die SS-Leute hatten nichts mit dem Lager zu tun. Wirklich, diese Flut von Filmen, die darüber gedreht wurden … Die Arbeit der Cavani besitzt eine gewisse künstlerische Würde, aber viele andere Filme sind nichts als Müll. Sie vermitteln die Vorstellung, daß die Konzentrationslager eine Art Sexualarena waren, wo die Prostitution an der Tagesordnung war. Ich kann Ihnen garantieren, daß die Prostitution wirklich existierte. Himmler selbst verfügte zu einem bestimmten Zeitpunkt (ich glaube, 1942), daß jedes Lager mit einem Bordell ausgestattet werden sollte. Er kam aus zwei Gründen auf diesen Gedanken: Vor allem war er ein Moralist, er wußte, daß in den Lagern die Homosexualität verbreitet war, darum sagte er:»Stellen wir den Häftlingen Frauen zur Verfügung, dann werden sie sich mit ihnen einlassen, nicht mit anderen Männern.« Dabei dachte er jedenfalls bestimmt nicht an die Juden (die selbstverständlich keine Frauen brauchten). Nein, er dachte an die politischen Häftlinge und an die deutschen Kriminellen. Er hielt es sozusagen für logisch, daß sie die Möglichkeit bekommen sollten, sich animalisch auszutoben. Lange Zeit danach erfuhr ich, daß auch in meinem Lager ein Bordell eingerichtet war, aber es»beschäftigte« nur nichtjüdische Frauen.

Kurz und gut, der um dieses absurde Thema aufgetürmte Berg von Lügen ist erschreckend. Erstens ging es den Prostituierten gut, und zweitens waren sie alle Professionelle. Es handelte sich zum größten Teil um Dirnen, die wegen gewerbsmäßiger Unzucht festgenommen worden waren und die jetzt ihre Dienste in den Lagern feilboten … Sie wurden allseits beneidet. Ich weiß von einem jüdischen Mädchen, dem es gelungen war, sich als Arierin auszugeben, damit sie als Prostituierte arbeiten konnte. Auf diese Weise hatte sie etwas mehr zu essen (ihre Dienste wurden in Naturalien bezahlt), und die Freier, die, wie gesagt, einen bestimmten Überschuß an Lebensmitteln hatten – weil sie Politische oder Kriminelle waren –, entlohnten sie mit Butter, Öl, Brot, Süßigkeiten, sogar mit Strümpfen. Und es gab ein weiteres Motiv, die Prostitution zu fördern: Unter solchen Umständen entwickelten sich zwischen den Prostituierten und ihren Kunden natürlich starke emotionale Bindungen. Insbesondere die Freier fühlten sich zutiefst an diese Frauen gebunden und vertrauten ihnen ihre Geheimnisse an; viele dieser Frauen waren in Wirklichkeit Gestapospitzel.

Die Gründe für die Prostitution in den Konzentrationslagern waren also sehr komplex. Das Klischee von der unschuldigen Frau, die zwangsweise zur *Soldatenhure** gemacht, gegen ihren Willen zur Prostitution verdammt wird, ist absolut verlogen. Die Sache war ganz anders. Obwohl so viel Zeit verflossen ist, erinnere ich mich deutlich, wie sonntags nachmittags die SS-Männer untergehakt mit den Prostituierten durch das Lager spazierten. Die Prostituierten waren nicht nur ihre Freundinnen, sondern oftmals auch ihre Kolleginnen.

Ihre Bemerkungen erinnern mich an die Passage von Italo Svevo, die Sie in Ihrem Buch zitieren: »*Wenn man stirbt, hat man etwas ganz anderes zu tun, als an den Tod zu denken. Der ganze Organismus widmete sich dem Atmen.*«[4]

Nein, für die gewöhnlichen Häftlinge wie mich war die Sexualität kein Problem. Sie war vollkommen vergessen, selbst in unseren Träumen.

Was halten Sie von den Theorien, die die Juden als eine rassische Gruppierung definieren?

Die Rassenfrage ist nichts weiter als eine Absurdität, etwas vollkommen Sinnloses. Heute erforschen die Genetiker dieses Gebiet ernsthaft. Gerade gestern wurde in Turin ein Vortrag über die Genetik der Blutgruppen gehalten. Offenbar gibt es jetzt eine Technik der Blutuntersuchung, die Licht

* Im Original deutsch.

in die genetische Unterteilung der menschlichen Gruppen bringt; die Ergebnisse dieser Methode zeigen, daß Juden keiner besonderen Untergruppe angehören. Sie stellen eine kulturelle und/oder religiöse Einheit dar, bestimmt keine rassische Einheit. Die jemenitischen Juden haben vom »Rassenstandpunkt« aus nichts gemein mit den russischen Juden, von denen die Hälfte Konvertierte ukrainischer Herkunft sind.

Die Anthropologen behaupten, daß die jemenitischen Juden genetisch mehr den Jemeniten als den Juden anderer Länder ähneln.

Das ist doch natürlich. Wie kompliziert die Geschichte der Juden ist! Wie viele Juden sind zum Katholizismus übergetreten? Und wie viele Nichtjuden haben sich zum Judentum bekehrt? Auch wenn wir die Chasaren[5] beiseite lassen, gibt es noch die Episode um jenes französische Herzogtum, dessen Herzog, ich glaube um das Jahr 1000, zum Judentum übertrat, und all seine Untertanen mußten ihm darin folgen. Und das sind nicht die beiden einzigen Fälle in der Geschichte. Während des gesamten Mittelalters haben die Juden im Mittelmeerraum stets ein gewisses Ansehen genossen und auch Proselyten gewonnen.

Wie dem auch sei, betrachten Sie sich als ein Mitglied der jüdischen Rasse oder der jüdischen Kultur?

Um Fragen der Rassenzugehörigkeit habe ich mich nie gekümmert.

Worauf gründet also der Umstand, daß jemand »sich als Jude fühlt«?

Es handelt sich um ein kulturelles Faktum. Ich kann nicht sagen, daß für mich das Judentum der Richtstern gewesen sei. Ich bin auch Chemiker und Schriftsteller; mich interessieren viele Dinge, und das Judentum ist nur eines davon. Ich habe mich auch ein wenig leiten, ich würde sagen »auf eine bestimmte Bahn bringen« lassen von meinen Werken. *Ist das ein Mensch?* wurde als Buch eines jüdischen Autors gelesen – dies geschah vor allem im Ausland, stärker als in Italien –, und da ich ständig als jüdischer Schriftsteller angesehen wurde, bin ich tatsächlich einer geworden! Ich habe schon erwähnt, daß ich anfing, mich zu fragen, ob in den USA überhaupt irgendein Goj lebte. Mir ist da drüben kein einziger begegnet! Es war schon fast komisch. Mein Verleger war Jude, ebenso alle seine Mitarbeiter. Er stellte mich ausnahmslos nur bekannten amerikanischen Juden vor. Ich habe Vorträge vor einem ausschließlich aus Juden bestehenden Publikum gehalten. Und das geschah nicht nur in New York, sondern überall, wohin ich kam. Meine Frau und ich, wir haben uns allmählich gefragt, wo all die anderen sind.

Vielleicht wurden Sie darum nur zu Auftritten in jüdischen Kreisen eingeladen, weil es außerhalb der jüdischen Gemeinde kein großes Interesse gibt, an den Holocaust zu erinnern?

Vielleicht ist das so. Das Interesse ist von Schuldgefühlen begleitet.

Ich war sehr beeindruckt von den Briefen, die Ihnen nach der Übersetzung des Buches Ist das ein Mensch? *ins Deutsche von deutschen Lesern geschrieben wurden. In vielen wird die Episode mit dem deutschen Wachposten erwähnt, der sich die Hände an Ihrem Hemd abwischte. Weshalb hat Ihrer Ansicht nach diese Episode die deutschen Leser so besonders getroffen?*

Es war eine herausragende symbolhafte Handlung, und aus diesem Grund hat sie viele Menschen, mich selbst eingeschlossen, getroffen. Es war keine Handlung, die mir körperliches Leid zufügte – ein Schlag ins Gesicht wäre viel schmerzhafter gewesen. Es ging darum, daß jener Mann mich als einen Putzlumpen benutzte. Damals – aber auch jetzt noch – empfand ich das als eine der schlimmsten Kränkungen, die ich erlitten habe.

Welchen Einfluß hatten derartige Kränkungen auf Ihre Würde?

Nun, anfangs hatten sie einen bestimmten Einfluß, da das Schlimmere erst noch kam. Es handelte sich um eine Art Prolog. Dann gewöhnten wir uns natürlich daran. Es wurde zur Routine.

Was bedeutet »sich gewöhnen«, geistig und moralisch?

Schlicht gesagt, die eigene Menschlichkeit einzubüßen. Die Gewöhnung an das Leben im Konzentrationslager ist die einzige Art zu überleben, aber es ist auch etwas, was einen teilweise der eigenen Menschlichkeit beraubt. Das betrifft sowohl die Häftlinge wie das Wachpersonal. Keine von beiden Gruppen war menschlicher als die andere. Von ganz wenigen Ausnahmen abgesehen, griff die Unmenschlichkeit des Nazisystems auch auf die Häftlinge über.

Wie erlangt man die eigene Menschlichkeit zurück?

Erinnern Sie sich an die letzten Seiten von *Ist das ein Mensch?*? Dort erzähle ich, wie ich mein Gefühl von Menschlichkeit zurückerlangte, als ich zusammen mit einem Kameraden Kranken und Sterbenden zu helfen vermochte, obwohl wir selbst krank waren. Mit Charles, einem Franzosen, der mir Hilfe leistete, habe ich eine dauerhafte Freundschaft aufrechterhalten; wir schreiben uns noch. Ich habe ihn zweimal besucht, obwohl er in einer entlegenen und schwer erreichbaren Gegend Frankreichs wohnt. Unsere Freundschaft war von Bestand, weil wir beide den Eindruck hatten, miteinander ein wichtiges Abenteuer erlebt zu haben: den Versuch,

Menschenleben zu retten. Unsere Gefangenschaft war gerade erst zu Ende gegangen (obwohl wir immer noch in Auschwitz waren). Unser Leben war noch von Krankheit bedroht, aber trotzdem schafften wir es, schlecht und recht einen Ofen zu installieren, wir kochten für zehn Personen und versuchten, ihnen zu einem etwas längeren Überleben zu verhelfen. Indem wir den anderen halfen, bekamen wir wirklich das Gefühl, unsere eigene Würde zurückzugewinnen. Auch die anderen empfanden das. Diese armen Kranken, einige kurz vor dem Tod, gaben uns die überzähligen Brotscheiben, die sie nicht zu essen vermochten. Auch das war ein Akt der Menschlichkeit, der sich von dem abhob, was sich vorher abgespielt hatte.

Hatten Sie immer das sichere Gefühl, daß Sie überleben würden?

O nein. Nein, diesbezüglich hatte man nie ein und dasselbe Gefühl. Es wechselte von Tag zu Tag. Generell, nein; ich dachte natürlich nicht, daß ich überleben würde. Unser aller geistiger Zustand war sehr labil. Man klammerte sich an eine Nachricht, an ein Gerücht. Jemand erzählte: »Die Engländer sind in Griechenland gelandet!« Aber das stimmte nicht. Oder: »Gleich hinter dem Stacheldraht sind polnische Partisanen.« Und auch das traf nicht zu. Wir brauchten derartige Dinge, um eine Stimmung des Optimismus zu erzeugen … Und dann brach alles wieder zusammen.

In Ihrem Buch gibt es ein Element, das ich sehr beängstigend fand; es geht um die Unterscheidung zwischen sinnvoller und sinnloser Gewalt. Kann es wirklich so etwas geben wie sinnvolle Gewalt?

Ich weiß wohl, daß dies ein schwer zu erklärender Punkt ist. Ich hatte in Auschwitz den Eindruck, daß es zwei Stufen von Grausamkeit gab. In den *Untergegangenen und den Geretteten* habe ich zum Beispiel geschrieben, daß Raskolnikows Verbrechen, die Ermordung der alten Wucherin zu dem Zweck, seine Schulden nicht bezahlen zu müssen, kein sinnloses Delikt darstellt. Er beabsichtigt nicht, die Alte leiden zu lassen, und will auch ihren Tod nicht; was er will, ist einzig das Geld, und der Mord ist das Mittel, es zu erlangen. In Italien ist Aldo Moro nach demselben Prinzip ermordet worden. Die Roten Brigaden wollten nicht einfach irgend jemanden umbringen oder ihm und seinen Angehörigen Leiden zufügen: Sie hatten einen politischen Plan. Im Gegensatz dazu spricht aus vielen der von den Nazis begangenen Untaten nichts anderes als das zum Selbstzweck gewordene Verlangen, Leiden zuzufügen. Ich habe den himmelschreienden Fall der neunzigjährigen Frauen aus einem jüdischen Altersheim in Venedig zitiert, die in Züge verladen und in die Vernichtungslager verschleppt wurden. Wäre es nicht viel logischer gewesen, sie gleich an Ort und Stelle zu töten? Ich weiß nicht, ob meine Deutung des Vorfalls exakt ist, aber ich erblicke darin einen Plan, jenen Menschen das höchstmögliche Maß an Leiden zuzufügen – oder aber einen Akt absoluten Blödsinns. Wenn es in einem Befehl *alle** hieß, dann mußten eben alle deportiert werden. Die Nazis führten die Befehle buchstabengetreu aus und deportierten alle. Nun ist es zwar eine deutsche Eigenart, Befehle buchstäblich genau zu nehmen, aber wie ich schon sagte, waren die Deutschen ja doch auch Menschen wie wir. Ihnen wäre nichts passiert, wenn sie diese sterbenskranken Frauen an Ort und Stelle umgebracht hätten. Die Bewacher wären dafür nicht bestraft worden. Ich glaube jedoch, daß diese Soldaten ein boshaftes Vergnügen daraus ableiteten, daß die alten Frauen deportiert wurden. Da ihnen beigebracht worden war, die Juden seien nichts anderes als *Ungeziefer** – also schädliches Getier, regelrechte Parasiten –, behandelten sie uns wie Ungeziefer, wie verächtliches Pack. Viele von ihnen haßten uns aus tiefster Seele und hielten es

* Im Original deutsch.

für richtig, uns leiden zu lassen. In der *Göttlichen Komödie* gibt es eine Stelle, an der Dante sich gegen einen der Verdammten (ich glaube, es ist Bocca degli Abbati[6]) grausam zeigt. Der Verdammte liegt in einem eisigen See, und seine Augen sind von einer so dicken Eisschicht bedeckt, daß er nicht einmal seine Sünden beweinen kann. Der Verdammte wendet sich an Dante und erklärt: Ich erzähle dir mein Geschick nur, wenn du mir die Augen vom Eis befreist. Der Dichter läßt sich die Geschichte erzählen, hält aber dann sein Versprechen nicht ein und kommentiert dies so:

»... Ich tat es nicht:
Denn grob zu ihm zu sein, war hier galanter.«[7]

Mit anderen Worten, es war Dantes Pflicht, sich grausam zu zeigen. Ich glaube, etwas Ähnliches geschah in Deutschland. Das Gefühl, das Dante, ein inbrünstig gläubiger Katholik, gegenüber den Verdammten empfand, die sich auf kein Recht mehr berufen können und zum Leiden gezwungen sind, war vielleicht der Haltung ähnlich, die die Nazis gegenüber den Juden bezogen; sie hatten das Gefühl, daß diese gezwungen werden müßten, das denkbar größte Leiden zu erdulden.

Gegen Ende des Buches erzählen Sie eine Episode, die auch in Ist das ein Mensch? *auftaucht, die Geschichte des Liliputaners Elias. Nachdem Sie von Elias gereizt worden sind (dem einzigen Menschen, wie Sie sagen, der das Leben im Lager wirklich mochte), fangen Sie eine Prügelei mit ihm an – der einzige Versuch in Ihrem Leben, Böses mit Bösem zu vergelten. Ihrem zähen und muskulösen Gegner fiel es nicht schwer, Sie an der Kehle zu packen und zu Boden zu pressen; er ließ Sie erst wieder los, als die ersten Anzeichen von Bewußtlosigkeit eintraten. In* Die Untergegangenen und die Geretteten *leiten Sie von diesem Vorkommnis aus über zu Ihren Gedanken über Gerechtigkeit, darüber, wer Gerechtigkeit ausüben, über Recht und Unrecht urteilen dürfte; Sie kommen zu dem Schluß, daß diese Aufgaben den »Fachleuten« überlassen bleiben sollten.*

Nur darum, weil ich mich dieser Aufgabe nicht gewachsen fühle. In unserer Kultur ist Blutrache nicht erlaubt, und das ist richtig so.

Und doch ist der Wunsch nach Rache sehr verbreitet.

Ja, der Wunsch nach Rache ist sehr verbreitet, aber Rache auszuüben ist gegen das Gesetz. Ich bin aufgrund einer angeborenen Schwäche oder einer Lücke in meiner Erziehung nicht fähig, so zu handeln wie Jean Améry[8]. Améry berichtet, daß er sich das Durcheinander während eines Luftangriffs zunutze machte, um einen polnischen Häftling zu schlagen. Später wurde er deswegen seinerseits heftig verprügelt, aber das gehörte zu seinem Moralkodex des *Zurückschlagens**, »Auge um Auge, Zahn um Zahn«. Ich gab ihm zu verstehen, daß er vermutlich sein eigenes Todesurteil unterzeichnet hatte, denn er war ein äußerst streitlustiger Mensch. Er war streitlustig gegenüber allen, auch mir gegenüber. Ich erwähne das in den *Untergangenen und den Geretteten* nicht, aber in einigen Briefen von ihm an einen gemeinsamen Freund kritisiert er meine Haltung gegenüber den Deutschen heftig. Er sah in mir einen stets zum Verzeihen bereiten Menschen, einen *Verzeihenden**. In einem Brief erklärte er: »Ich bin nicht einverstanden mit Primo Levi, der dazu neigt, allen ein wenig zu verzeihen.« Das entspricht aber nicht der Wahrheit.

Dennoch erklären Sie in den Untergegangenen und den Geretteten, *daß Sie individuell durchaus verzeihen könnten.*

Ich bin mir dessen nicht ganz sicher. Da ich kein gläubiger Mensch bin, weiß ich nicht, was Verzeihung ist. Der Begriff ist meiner Welt fremd. Ich fühle mich nicht befugt, Verzeihung zu gewähren. Wäre ich ein Rabbiner, hätte ich vielleicht die

* Im Original deutsch.

Befugnis; vielleicht auch als Richter. Ich glaube, daß büßen muß, wer ein Verbrechen begangen hat. Zu sagen: »Ich spreche dich frei von Strafe« kommt mir nicht zu. Ich besitze diese Befugnis nicht.

Sagen Sie das aus einem Gefühl des Zorns?

Das glaube ich nicht, weil ich mich auch bei Geschehnissen, in die ich nicht direkt verstrickt bin, zum Beispiel die Frage der italienischen Terroristen, einschließlich der reumütigen Kronzeugen, nicht in der Lage fühle, Verzeihung zu gewähren. Wenn sie ein Verbrechen begangen haben, dann müssen sie dafür zahlen, weil es keine Gerechtigkeit ohne Buße gibt. In den *Untergegangenen und den Geretteten* erwähne ich die Geschichte von der Zwiebel – erinnern Sie sich an die Geschichte der Zwiebel bei Dostojewski? In den *Brüdern Karamasow* erzählt Gruschenka die Geschichte von einer gräßlichen, abscheulichen Alten, die ein einziges Mal in ihrem Leben einem Bettler eine Zwiebel schenkte. Als die Frau starb und zur Hölle fuhr, schwebte ein Engel mit einer kleinen Zwiebel in der Hand zu ihr herab. Die Frau klammerte sich an die Zwiebel und wurde so aus der Hölle emporgezogen. Es ist eine sehr poetische, aber unhaltbare Geschichte. Eine kleine Zwiebel ist nicht genug. Nehmen Sie beispielsweise Höß, den Kommandanten von Auschwitz; bedenken Sie, wie viele kleine Zwiebeln er verschenkte: an seine Frau, seine Kinder, seinen Hund, sein Pferd! Er hat einen Berg Zwiebeln verschenkt!

Wenn Sie von dem unbezähmbaren Bedürfnis sprechen, das Sie empfanden, dem Bedürfnis, Zeugnis abzulegen, erklären Sie, daß die Haftkameraden, die in der Lage waren, Informationen zu erhalten, also die Politischen, das Schreiben ihrer Erinnerungen als eine Kampfaktion auffaßten.

Ja, einige taten das gewiß. Einer von ihnen, Langbein[9], ist mir ein lieber Freund, ein Mensch, vor dem ich größte Achtung habe. Damals war er Kommunist, aber später, während des Ungarnaufstandes, ist er aus der Partei ausgetreten. Für ihn und viele seinesgleichen gehörte das Ablegen des Zeugnisses über die Konzentrationslager wirklich zum politischen Kampf, und vom gleichen Geiste ist die Arbeit der Chronisten des Warschauer Ghettos durchdrungen. Das Tagebuch von Emanuel Ringelblum[10] war keine Arbeit zum Selbstzweck; es war selbstverständlich auch eine politische Tat. Eine Art, den Nazismus zu bekämpfen, bestand darin, seine Verbrechen anzuprangern.

Stellt auch Ihr Schreiben eine politische Tat dar?

Ja, natürlich … unter anderem. Vor allem war das Schreiben für mich, wie ich schon sagte – und ehrlicherweise sagen muß –, ein Akt der Befreiung. Ich trug diese Dinge mit mir herum und mußte sie herauslassen. Doch gleichzeitig handelte es sich auch um einen Akt von stark politischem Charakter.

Gilt das auch für das, was Sie heute schreiben?

Die Untergegangenen und die Geretteten ist auf seine Art ein politisches Buch. Ein Buch über die Moral.

Vor allem, weil Sie versuchen, Parallelen zwischen den moralischen Entscheidungszwängen von gestern und von heute zu ziehen.

Ja.

Was denken Sie über den Fall Waldheim[11]?

Ich meine, die amerikanischen Juden haben einen Fehler begangen, denn das Aufsehen, das sie hervorriefen, ist dem österreichischen Politiker zugute gekommen. Ich gebe Wiesenthal recht: In solchen Fällen muß man Beweise in der Hand haben. Man muß zuerst Beweise sammeln und dann Beschuldigungen erheben.

Es scheint aber Beweise zu geben.

Es scheint so, aber man will sie nicht öffentlich machen. Auch die Jugoslawen haben Beweise, doch aus Gründen, die bei ihnen liegen, geben sie sie ebenfalls nicht preis. Sicherlich war es ein strategischer Fehler, mit dem Vorlegen unanfechtbarer Beweise zu drohen und sie dann nicht zu enthüllen. Ich glaube nicht, daß Waldheim ein Kriegsverbrecher im streng technischen Sinne war. Er war nur einer von hunderttausend seines Schlages. Er war Oberleutnant mit einem bestimmten Grad an Verantwortung. Sicherlich hat er einige Dokumente unterschrieben. Sicherlich hat er gelogen. Unmöglich, daß er nicht wußte, was in Saloniki passierte. Alle wußten es. Sicher wußte auch er es, also hat er gelogen, als er behauptete, im unklaren darüber gewesen zu sein. Er ist ein Mann, über dem ein Verdacht liegt! Ein Mann, der für bestimmte Dinge Verantwortung trägt, doch es handelt sich um Dinge, die innerhalb der größeren Verantwortung des nazistischen Räderwerks einzuordnen sind.

Hat vielleicht auch er sich sein persönliches System der Wahrheit gezimmert?

Nein, das brauchte er nicht. Er ist ein zu klarsichtiger Mensch, als daß er es nötig gehabt hätte, sich einen Wahrheitskomplex zu konstruieren, finden Sie nicht? Er ist sicher im Besitz von Dokumenten. Er weiß genau, was er getan hat, da er ja dort war. Aber er ist auch ein gerissener Mensch und hat zu Recht auf die Solidarität des österreichischen Volkes gebaut. Vor kurzem habe ich einen sehr interessanten Kommentar gehört. Wenn zu Nixons Zeiten der Fall Watergate statt in den USA in irgendeinem anderen Land hochgekommen wäre, hätte der Präsident wahrscheinlich nie zurücktreten müssen. Er hätte im Amt bleiben können und vielleicht noch Wählerstimmen hinzugewonnen. Man hätte dann von einer Verschwörung anderer Länder gesprochen, womöglich von den Russen angezettelt!

Haben Sie sich jemals gefragt, wie Ihr Leben ohne Auschwitz verlaufen wäre?

Natürlich! Die Frage habe ich mir nicht nur selbst gestellt, sie wird auch ständig von allen Leuten an mich gerichtet! Die Antwort weiß ich nicht. Es ist dasselbe, wie wenn ich Sie fragte:»Falls Sie nicht in den USA zur Welt gekommen wären, was hätten Sie im Leben getan?«Sie wüßten darauf keine Antwort.

Richtig, aber Sie haben ein Leben vor Auschwitz gehabt.

Gewiß, das stimmt. Ich weiß es nicht, aber ich könnte einige Mutmaßungen anstellen. Wahrscheinlich hätte ich nie mit dem Schreiben angefangen, oder ich hätte wer weiß was geschrieben. Zuerst war ich Chemiker – aus eigener Entscheidung, wohlgemerkt! Und ich habe mein Leben lang immer als Chemiker gearbeitet. Ich glaube, ich könnte mir manche meiner Freunde, die nicht nach Auschwitz deportiert wurden, als Beispiele nehmen: Sie haben in aller Ruhe ihre berufliche Laufbahn verfolgt, eine Familie gegründet. Auch ich habe eine Familie gegründet, habe geheiratet und Kinder bekommen. Wenn ich nicht nach Auschwitz gekommen wäre, hätte ich wahrscheinlich nicht geschrieben, oder ich hätte gänzlich andere Dinge geschrieben, vielleicht wissenschaftliche Aufsätze über Chemie. Sicherlich besaß ich die Fähigkeit zu schreiben, das kann ich nicht leugnen. Ich bin nicht aus dem Nichts geboren: Ich hatte eine ziemlich strenge klassische Bildung erworben und konnte bereits schreiben. Aber ich hätte den – wie soll ich sagen – den erforderlichen »Rohstoff« nicht gehabt, um Schriftsteller zu werden.

Konzentrieren Sie sich beim Schreiben sehr auf den Stil?

Heute ja; als ich *Ist das ein Mensch?* schrieb, nicht.

Und doch ist Ihr Stil ganz offenkundig eindrucksvoll.

Damals schenkte ich dem Stil nicht das geringste Augenmerk. Ich habe *Ist das ein Mensch?* in einem Zug niedergeschrieben, ohne langes Nachdenken: Ich schrieb nachts, im Labor, in der Eisenbahn, wo immer ich mich gerade befand. Aber damals hatte ich nicht viel freie Zeit, und dann stand ich auch noch im Begriff zu heiraten!

An Interview with Primo Levi, »Partisan Review«, Bd. LIV, 3, 1987

1 H. Stuart Hughes, *Prigionieri della speranza. Alla ricerca dell'identità ebraica nella letteratura italiana contemporanea*, il Mulino, Bologna 1983. Die sechs Autoren sind: Italo Svevo, Alberto Moravia, Giorgio Bassani, Natalia Ginzburg, Carlo Levi, Primo Levi (Anm. d. Hg.).

2 Gemeint ist Lidia Beccaria Rolfi (vgl. Anmerkung 1, S. 135).

3 Bruno Bettelheim (1903-1990), aus Wien stammender Psychiater und Psychoanalytiker, forschte über Autismus; war ein Jahr in den Konzentrationslagern Dachau und Buchenwald inhaftiert, emigrierte dann nach Amerika; 1960 veröffentlichte er *The Informed Heart* (dt. *Aufstand gegen die Masse. Die Chance des Individuums in der modernen Gesellschaft*, Mün-

chen 1980) und 1981 *Erziehung zum Überleben. Zur Psychologie der Extremsituation* (München 1985). Er endete durch Selbstmord.

4 Italo Svevo, *Zeno Cosini* (1923, erstmals dt. Basel 1929).

5 Reich der Chasaren in der Ukraine, wo um das 6. Jahrhundert n. Chr. der König und das gesamte Volk zum Judentum übertraten; es ist weitgehend gesichert, daß die polnischen und russischen Juden Europas von den Chasaren abstammen.

6 Bei der Figur handelt es sich in Wirklichkeit um Fra Alberico (Anm. d. Hg.).

7 *Hölle*, XXXIII, Verse 149-50. Zitiert in der Nachdichtung von Wilhelm G. Hertz.

8 Jean Améry, eigentlich Hans Mayer (1912-1978), österreichischer Philologe und Philosoph, vollständig assimilierter Jude. Wurde von der Gestapo wegen Zugehörigkeit zur belgischen Widerstandsbewegung gefoltert, dann als Jude nach Auschwitz deportiert, wo er eine Zeitlang im selben Lagerabschnitt wie Levi interniert war. Améry beging 1978 Selbstmord. Im Kapitel »Der Intellektuelle in Auschwitz« seines Buches *Die Untergegangenen und die Geretteten* erzählt Levi Amérys Geschichte ausführlich (Anm. d. Hg.).

9 Siehe Hermann Langbein, *Die Stärkeren. Ein Bericht aus Auschwitz und anderen Konzentrationslagern*, Köln 1992 (Anm. d. Hg.).

10 Emanuel Ringelblum, *Sepolti a Varsavia. Appunti sul Ghetto*, il Saggiatore, Mailand 1962.

11 Kurt Waldheim (geboren 1918), österreichischer Politiker, 1971 bis 1981 Generalsekretär der UNO, 1986 bis 1992 Staatspräsident von Österreich; in bezug auf seine Zeit als Wehrmachtsoffizier während des Zweiten Weltkriegs kamen Berichte über seine aktive Beteiligung an Operationen gegen die Partisanen und Razzien gegen die Bevölkerung Jugoslawiens ans Tageslicht.

12 Simon Wiesenthal (geboren 1908), österreichischer Politiker; galizischer Jude, im KZ Mauthausen interniert, gründete nach seiner Befreiung das Jüdische Dokumentationszentrum in Wien und spielte eine große Rolle bei der Jagd nach Nazikriegsverbrechern.

Das Judentum und der Staat Israel

Edith Bruck
Jude bis zu einem bestimmten Punkt

Ich habe Primo Levi vor vielen Jahren kennengelernt, unsere erste Umarmung war die zweier alter Freunde, welche dieselbe Tragödie überlebt haben. Er kam mit einer Rose in der Hand in das Turiner Fernsehstudio, wo gerade nach einer meiner Erzählungen – natürlich über das Lager – ein Fernsehfilm gedreht wurde. Wir schauten uns in die Augen, warfen dann lächelnd einen Blick auf die Szene, als wollten wir sagen: Es ist ein Spiel, vielleicht ist alles ein Spiel, unsere Realität ist stets eine zwiefache – Vergangenheit und Gegenwart. Seit damals sind wir durch etwas verbunden geblieben, was keinen Namen hat, und ich habe ihn interviewt, weil ich auch Journalistin bin (oder die Journalistin spiele), und Primo hat sich interviewen lassen, weil er Schriftsteller ist (oder den Schriftsteller spielt), und dieses eine Mal haben wir zusammen gespielt. Lächelnd frage ich ihn:

Spielst du noch den Chemiker?

Ich war ernsthaft und über eine Zeit von sechsundzwanzig Jahren Chemieingenieur, habe einen Betrieb geleitet. Vor wenigen Monaten habe ich damit aufgehört, mit einem Gefühl großer Erleichterung, weil ich nun mehr Freizeit habe und die Pflichten aufhören.

Was bedeutet es für dich, Jude zu sein?

Mit seiner sanften, eindringlichen Stimme antwortet Primo Levi:

Zum Juden hat man mich gemacht. Vor Hitler war ich ein italienischer Bürgerjunge. Die Erfahrung der Rassengesetze hat mir geholfen, unter den vielen Strömungen der jüdischen Tradition einige auszumachen, die mich ansprechen.

Zum Beispiel?

Die geistige Unabhängigkeit, die die Aufstände der Juden gegen die Römer ins Leben rief und lenkte. Auch die talmudische Tradition des leidenschaftlichen, aber präzisen Streitgesprächs und die Tradition der Bibel-Religion. Andere Strömungen, die religiöse und die mystische, haben mich weniger interessiert. Diese Annäherung an die Tradition wurde durch das Erleben von Auschwitz bekräftigt, durch die Berührung mit einer mir unbekannten Kultur, der des »aschkenasischen« Judentums in Osteuropa.

Gibt es deiner Meinung nach in Italien heute Antisemitismus?

Ich würde sagen, keinen nennenswerten. Schon während des Faschismus erwies sich der dem italienischen Volk durch Gesetz verordnete Antisemitismus als oberflächlich und unbeständig. Heute erscheint er mir beschränkt auf einige besonders rückständige neofaschistische Kreise.

Die einzigen Zeitungen, die Israel bewundern, sind die rechtsgerichteten, und …

Sie sind verbündet mit lästigen Parteigängern. Ihre Liebe zu Israel hat eine klar antikommunistische Funktion, und in ihren Äußerungen erkenne ich eine Bewunderung gerade für diejenigen Aspekte Israels, die ich am wenigsten mag.

Was bedeutet Israel für dich?

Ich fühle mich Israel gegenüber zutiefst gespalten.

Also bin ich nicht die einzige!

Ich lache. Auch er lacht, wird dann wieder ernst und spricht weiter:

Das geht so weit, daß ich nicht zu einem objektiven Urteil gelangen kann. In den Jahren 1935 bis 1940 war ich fasziniert von der zionistischen Propaganda; das Land, das sie schilderte, und die Zukunft, die sie ausmalte, erschienen mir bewundernswert: die Rückkehr zur Erde, die Wiederherstellung einer auf Gleichheit und Brüderlichkeit gegründeten Gesellschaft, die Regeneration durch manuelle Arbeit, die Ablehnung des Eigentums als Fundament der Gesellschaft. Später, im Laufe des Zweiten Weltkrieges, sah ich die Notwendigkeit einer Heimat für die Juden aller Länder, die von der Naziokkupation bedroht waren, ein. Ich muß jedoch gestehen, daß sich dieses Bild seit 1950 allmählich eingetrübt hat.

Die Araber erklären ständig, sie seien nicht die Feinde der Juden, sondern der Zionisten. Ich habe mehrfach versucht, die Juden von den Zionisten zu unterscheiden, aber es will mir immer nur schwer gelingen; kannst du es mir erklären?

Der ursprüngliche Zionismus besaß ein präzises Programm und ein Endziel: den Aufbau des einen Heimatlandes, in dem sich alle jene wiedererkennen könnten, die sich Juden nennen, in allen Ländern der Welt. Für die nichtzionistischen Juden ist das Heimatland indessen eine umstrittene Sache. Was mich betrifft, so muß ich trotz der Anziehung, die ich für jüdische Kultur, Geschichte und Tradition empfinde, anerkennen, daß die Basis meiner kulturellen Prägung vorwiegend italienisch ist.

Und wie hast du deine Kinder erzogen?

Darin war ich mir mit meiner Frau vollkommen einig. Wir haben unsere Kinder auf eine jüdische Grundschule geschickt, um ein Gegengewicht zu den Zwängen der herrschenden katholischen Welt zu schaffen, doch zogen wir es vor, daß sie danach an öffentlichen Schulen weiterlernten.

Pflegt ihr zu Hause irgendwelche jüdischen Sitten und Bräuche?

Nein, gar keine.

Und deine Kinder, wie haben sie sich entwickelt?

Meine Tochter, sie ist derzeit sechsundzwanzig, hat sich für ein Verhalten entschieden, das vollkommen dem ihrer Freunde gleicht. Sie ist eine nichtreligiöse Frau, ernsthaft politisch engagiert und mit einem Bewußtsein als Staatsbürgerin.

Und dein Sohn?

Mein Sohn ist achtzehn; es sieht so aus, als werde er im wesentlichen die gleiche Richtung einschlagen wie seine Schwester. Selbstverständlich kann man die fernere Zukunft nicht vorhersehen, und niemand kann ausschließen, daß beide sich später wieder für das Judentum interessieren, so wie es mir ergangen ist.

Und wie sehen und beurteilen sie die Äußerungen von Antisemitismus unter den kommunistischen Regimen?

Sehr kritisch: Sie sehen darin einen gefährlichen Aspekt des Abrückens von den sozialistischen Idealen.

Wie sehen sie dich, als Vater und Schriftsteller?

Unsere Beziehungen waren immer tadellos. Doch besteht zwischen uns die stillschweigende Übereinkunft, daß ich in der Familie mein Schriftstellergewand ablege. Ich nehme mit gutem Grund an, daß sie meine Bücher gelesen haben, obwohl sie nie mit mir darüber geredet haben.

Und hast du sie danach gefragt?

Manchmal habe ich versucht, ihre Meinung zu erkunden, aber dabei bin ich stets auf eine implizite oder explizite Ablehnung gestoßen.

Tut dir das leid?

Ja, ein bißchen tut mir das leid.

Was schreibst du derzeit?

Im Augenblick nichts.

Glaubst du, daß es für das jüdische Thema ein bestimmtes Publikum gibt?

Was interessiert, ist nicht das Thema eines Buches. Man kann auch über Kaninchen oder Ameisen schreiben. Trotzdem meine ich, daß die nazistischen Massaker so oder so den zentralen Knotenpunkt der europäischen Geschichte unseres Jahrhunderts bilden. Darum ist es nicht verwunderlich, daß unter den Lesern, speziell den jüngeren, das Interesse für das Thema keineswegs geschwunden ist, ja bei ihnen ist es sogar lebendiger als bei den älteren Generationen, die sich gegenüber dem Faschismus weitgehend kompromittiert haben.

Wir reden noch von Minderheiten und auch vom Feminismus. Ich frage ihn, ob er nicht antifeministisch eingestellt sei, wie die meisten Italiener.

Ich, antifeministisch? Ich weiß nicht, ich glaube nicht. Ich befrage mein Gewissen. Nein, ich bin nicht antifeministisch eingestellt.

Ich habe verstanden. Du magst nicht ausführlicher antworten.

Nein, nein. Ich bin narzißtisch eingestellt. Ich mag es, wenn man von mir spricht.

Ich betrachte seine hohe, vorspringende Stirn, die munteren Augen, das sanfte Lächeln, und ich merke, daß ich sein Äußeres nicht beschreiben kann, weil sein Inneres schön ist.

»Il Messaggero«, 9. Januar 1976

Giuseppe Grieco
Ich und Gott

Zweites Gespräch über Gott. Mein Partner: Primo Levi, 64, Doktor der Chemie, Schriftsteller. Er sagt mir bei Eröffnung des Gesprächs sogleich: »Ich glaube, ich bin ein Extremfall, in dem Sinne, daß ich mich bislang noch nie wirklich mit dem Problem Gott beschäftigt habe. Mein Leben ist das eines Menschen, der ohne Gott gelebt hat und lebt, gleichgültig gegenüber Gott.«

Und dabei sind Sie ruhig?

Es ermöglicht mir, ohne Illusionen zu leben.

Primo Levi, aus Turin stammend, ist jüdischer Herkunft. Er ist ein Überlebender der nazistischen Lager. Sein erstes Buch, *Ist das ein Mensch?*, ist ein erschütternder Bericht über die Vernichtungslager: eines der nüchternsten und dramatischsten Zeugnisse, die von Menschen geschrieben wurden, die das Inferno des Holocaust am eigenen Leib erfahren haben. Zum Schriftsteller wird er durch ebendiese schreckliche Erfahrung, die ihn auf immer gezeichnet hat.

Er erzählt mir: »Letzten Sommer bin ich in Mailand mit meinem Kollegen Elie Wiesel[1] zusammengetroffen, der den Holocaust zum Zentrum seines Lebens und seines schriftstellerischen Werkes gemacht hat. Wiesel und ich, wir waren beide in Auschwitz inhaftiert. Wir haben uns beide retten können. Er aber ist in gewissem Sinne ein von Gott ›Besessener‹ geworden, während ich in meinem Nichtglauben verharrt habe. Ich hoffe darauf, ihm wiederzubegegnen. Unser Zusammentreffen, das nach vierzig Jahren Trennung zustande kam, war gerade deswegen faszinierend, weil wir so verschieden sind.«

Als Sie mit Elie Wiesel sprachen, haben Sie da nicht ein Gefühl von Neid empfunden – wegen seines Glaubens, der ihn sagen läßt:»Ich kann leben mit Gott, gegen Gott, aber nicht ohne Gott«?

Gewiß hatte ich dieses Gefühl. Ich beneide die Gläubigen. Alle Gläubigen. Aber ich kann nichts daran ändern. Der Glaube ist etwas, das vorhanden oder nicht vorhanden ist. Ein Mensch kann ihn sich nicht ausdenken. Ein Mensch kann sich nicht einen Gott zum ausschließlich eigenen Gebrauch und Nutzen ausdenken. Das wäre unanständig.

Vor zwanzig Jahren hat Primo Levi als erster den damals gestifteten Premio Campiello für sein Buch Die Atempause *bekommen. In diesem Jahr hat er den Preis ein zweites Mal mit seinem Roman* Wann, wenn nicht jetzt? *gewonnen, einer großen erzählerischen Epopöe über das osteuropäische Judentum und die Partisanenverbände, die während des Zweiten Weltkrieges für die Erlangung einer neuen, ihren Vätern und Großvätern unbekannten Freiheit kämpften.*

    Ich frage:»Haben Sie als Kind keine religiöse Erziehung erhalten?«

Doch, das habe ich. Aber sie ist über mich hinweggegangen, ohne tiefere Spuren zu hinterlassen. Meine Mutter befolgte die jüdische Tradition, doch ohne ihr große Bedeutung beizumessen. Der wahrhaft Gläubige im Hause war mein Vater. Ein sonderbarer Gläubiger. Er fürchtete Gott. Er bemühte sich, die Gesetze einzuhalten, befolgte an den vorgeschriebenen Tagen das Fastengebot, doch unter Fluchen, denn manche Verbote paßten ihm nicht in den Kram. So aß mein Vater etwa – ein winzig kleines Beispiel – gern Schinken. Auf ihn zu verzichten, nur weil Gott das vorschrieb, das machte ihn fuchsteufelswild. Als ein Gläubiger nach eigener Fasson übertrat mein Vater grollend die Vorschriften.

Und das war Ihre ganze religiöse Erziehung?

Nein, natürlich nicht. Wie alle Kinder der jüdischen Gemeinde von Turin wurde ich in den Grundlagen unserer Religion unterwiesen. Im Alter von dreizehn Jahren habe ich meine »Weihe« empfangen, wonach ich, auch meldeamtlich, als Mitglied in die Gemeinde aufgenommen wurde. Diese Feier heißt Bar-Mizwa, wörtlich: »Sohn der Vorschrift«. Sie wird einem zuteil, nachdem man beim Rabbi eine Prüfung in Hebräisch und in jüdischer Geschichte und Kultur abgelegt hat.

Und durch die Weihefeier haben Sie nicht zu Gott gefunden?

Ich habe sie passiv über mich ergehen lassen. Ich bin in keiner Weise stolz darauf, Jude zu sein. Ich habe mich nie als Angehöriger des auserwählten Volkes gefühlt, das mit Gott einen ehernen Bund eingegangen ist. Ich bin Jude, weil ich zufällig als Jude geboren wurde. Weder schäme noch rühme ich mich dessen. Das Judesein ist für mich eine Frage der »Identität«: eine »Identität«, die ich, das muß ich allerdings auch sagen, durchaus nicht ablegen will.

So sind Sie in die jüdische Gemeinde eingetreten und haben zugleich diesen Gott, in dessen Mysterien Sie eingeweiht worden waren, nicht angenommen?

Um ehrlich zu sein, war ich deswegen ein paar Monate ein wenig besorgt, aber das habe ich zurückgedrängt. Ich habe auch versucht, mit Gott in Kontakt zu treten, doch ohne Erfolg. Der Gott, so wie man ihn mir dargestellt hat, war ein Gott und Herr, ein strafender Gott, und der ließ mich gleichgültig. Nach einer kurzen Zeit der Ratlosigkeit habe ich mich von ihm vollständig entfernt, habe ihn auf Distanz gehalten als eine Sache aus meinen Kindertagen, die mich nichts mehr anging.

Also eine Entfernung im Widerstreit?

Gar nicht im Widerstreit. Da ich Gott niemals verinnerlicht hatte, mußte ich ihn mir nicht aus dem Gewissen reißen, mußte mich nicht aus seinem Gesichtskreis entfernen. Überdies wurde mein Abrücken von Gott in jenen Jahren begünstigt durch die Freunde, mit denen ich verkehrte, es waren fast alles Christen, aber auch sie im Grunde indifferent. Es waren junge Burschen, die vielleicht ihren Eltern zu Gefallen die Messe besuchten, aber unaufmerksam, jedenfalls ohne echte religiöse Inbrunst. Ziemlich zynisch, ich erinnere mich, wie sie mir als Juden hämische Witze über die Kirche und die Priester erzählten.

Und dann kam für Sie das furchtbare Erlebnis des Vernichtungslagers. Wie haben Sie darauf reagiert?

Die Haft habe ich als eine grausame Bestätigung meiner Indifferenz erlebt. In gewissem Sinne war für mich alles viel einfacher als für meinen gläubigen Lagerkameraden Elie Wiesel. Er war brutal damit konfrontiert, das schwere Trauma vom Triumph des Bösen zu durchleiden, und deswegen hat er dann Gott angeklagt, daß er es zuließ, daß er nicht einschritt, um den Schlächtern Einhalt zu gebieten. Ich hingegen habe lediglich die Schlußfolgerung gezogen: »Also ist es wirklich wahr: Es gibt keinen Gott.« Und ich würde sagen, bezüglich der Nichtexistenz von Gott habe ich mir den Standpunkt von Giacomo Leopardi zu eigen gemacht, des Dichters, der die Natur beschuldigt, ihre Kinder mit lügnerischen Verheißungen des Guten zu täuschen, wohlwissend, daß sie sie nicht einhalten kann.

So haben Sie kein einziges Mal Trost bei Gott gesucht?

Ich habe in Auschwitz nur einen einzigen Moment der religiösen Versuchung erlebt. Das war während der großen Selektion vom Oktober 1944, als bereits die Kommission tätig war, die die Häftlinge für die Gaskammer aussuchte. Da habe ich versucht, mich Gott anzuempfehlen, und ich entsinne mich, ohne allen Stolz, daß ich mir selbst sagte: »Nein, das kannst du nicht machen, dazu hast du kein Recht. Erstens, weil du nicht an Gott glaubst; zweitens, weil es ein mafioses Verhalten ist, eine Empfehlung zu erbitten, ohne sich selbst für einen Bevorzugten zu halten.« Moral: Ich habe auf den unzweifelhaften Trost des Gebets verzichtet und den Zufall, oder wen auch immer, an seiner Statt über mein Schicksal entscheiden lassen.

Und dann?

Ich bin dem Tod entronnen, und ich weiß wirklich nicht, weshalb. Nach meiner Heimkehr nach Italien habe ich einen Freund, auf seine Art ein gläubiger Mensch, getroffen, der hat mir gesagt: »Es ist doch klar, weshalb du errettet wurdest: Weil Gott dich beschützt hat.« Diese Worte haben mich aufs äußerste empört, und ich habe auch gar nicht versucht, diese Empörung dem Mann, der sie provoziert hatte, zu verhehlen. Mir schien, das wäre alles eine ungeheuerliche Dummheit, denn ich hatte um mich Tausende von Menschen gesehen, die es mehr wert waren als ich, Kinder, die sicherlich unschuldig waren, die litten oder starben, und demgegenüber hatte ich gesehen, wie erbärmliche, sicherlich böse Menschen errettet wurden. Also hingen Rettung oder Tod nicht von Gott ab, sondern vom Zufall. Nun können wir ja auch den Zufall »Gott« nennen. Aber das heißt, er wäre ein blinder, tauber Gott, und ich meine, es lohnt nicht, einen solchen Gott in Betracht zu ziehen.

Und was folgt daraus?

269

Für mich steht die Sache so: Gott ist entweder allmächtig, oder er ist nicht Gott. Aber wenn es ihn gibt und er somit allmächtig ist, warum läßt er das Böse zu? Das Böse existiert. Das Böse ist das Leid. Wenn Gott also nach seinem Willen das Gute ins Böse verkehren oder auch nur zulassen kann, daß das Böse sich über die Erde ausbreitet, dann heißt das, er ist ein böser Gott. Und die Hypothese eines bösen Gottes widerstrebt mir. So halte ich mich an die Hypothese, die mir einfacher erscheint: Ich leugne ihn.

Vor ein paar Jahren hat mir der Schriftsteller Riccardo Bacchelli[2] über Gott das folgende gesagt: »Bis zum Alter von achtzig habe ich gelebt, ohne mich groß um ihn zu kümmern, weil ich überzeugt war, daß das Spiel des Menschen vom Tod endgültig abgeschlossen wird. Leider beginnt diese Gewißheit jetzt zu wanken. Und ich bekenne das mit Zorn, weil es mir die Ruhe nimmt, mich stört. Aber ich kann nichts dagegen tun. Die Vorstellung eines Jenseits, eines Gottes, der uns erwartet, um uns auf seiner Waage zu wiegen, hat sich mir als Stachel im Hirn festgesetzt, und ich bekomme ihn nicht wieder heraus.« Nun richte ich die Frage an Sie: Haben Sie je eine derartige Störung erlebt?

Bislang nicht. Meine Haltung gegenüber Gott ist die gleiche wie mit fünfzehn, zwanzig, vierzig. Eher muß ich gestehen, daß ich eine gewisse Neugier, ein gewisses Unbefriedigtsein in ganz anderem Denkzusammenhang empfinde, so zum Beispiel bei den Gedanken an den Kosmos, das Universum, die in meinem Innern entstehen. Anders gesagt, mir kommt der Verdacht, daß sich hinter dieser ungeheuren Maschine des Universums doch ein Maschinist verbergen könnte, der ihre Bewegung regelt, falls er sie sich nicht geradewegs ausgedacht hat. Aber ein solcher Verdacht, das sei klar gesagt, enthebt mich nicht der Überzeugung, daß dieser Maschinist, wenn es ihn gibt, den menschlichen Dingen gegenüber gleichgültig ist. Kurz, es ist niemand, an den man ein Gebet richten könnte.

Mir ist, als bemerkte ich im Ton Ihrer Stimme ein gewisses Bedauern ...

Da haben Sie nicht unrecht. Es würde mir gefallen, wenn es den Maschinisten gäbe, und es würde mir sogar gefallen, wenn es ein göttlicher Maschinist wäre. Einen Vater, einen Richter, einen Meister zu haben wäre etwas Schönes, Beruhigendes. Aber durch dieses Verlangen, das in mir ist, bin ich nicht befugt, mir einen Gott nach Maß zu konstruieren, es ist nicht so stark, daß es mich zu dem Punkt drängt, mir einen Gott auszudenken, um Zwiesprache mit ihm zu halten.

Sie haben vorhin bekannt, daß Sie die Gläubigen beneiden. Weshalb? Meinen Sie vielleicht, daß sie mehr Seelenfrieden haben?

Nein. Hinsichtlich des Seelenfriedens ist vielleicht der Nichtgläubige besser dran, denn für ihn hat alles, was geschieht, auch das Böse, keine übernatürliche Ursache, es ist das Produkt der großen Maschine des Universums. Der Gläubige hingegen ist ein Mensch, der sich befragt, der Gott befragt, der immerzu, vielleicht tastend, nach einem Ausweg sucht, welcher das nicht zu Rechtfertigende rechtfertigen könnte. Glauben Sie mir, ich kenne die gewundenen Denkbahnen der Gläubigen ...

Und doch ergibt sich aus den verschiedensten Bekundungen, daß ein Zeichen unserer Zeit die Rückkehr Gottes oder zumindest die Rückkehr zur Suche nach Gott ist. Wie erklären Sie diese Trendumkehr nach der Proklamation des »Gott ist tot«, das geradezu eine Gewißheit der weltlichen Kultur darstellte?

Wir leben in einer Periode der Wertekrise, einer Krise aller Werte, und die Rückkehr zu Gott ist typisch für diese Krisenzeiten. Je mehr die Dinge um den Menschen zusammenstürzen, je mehr er sich allein und ungewappnet dem Rätsel des

Universums gegenübersieht, desto mehr sucht er nach Klarheit, sucht nach jemanden, der ihm Antwort auf seine Fragen geben, ihn beruhigen könnte. Die Suche nach Gott wird so zur Suche nach Schutz, nach einem Weg aus der Einsamkeit. In diesem Fall verbindet sich mit der Gottsuche die Gefahr, daß Gott als ein beschwichtigender, erquicklicher Abkürzungsweg aufgefaßt wird, der uns aus der Leere des Daseins hinausführt.

Kann diese Leere nicht von der Wissenschaft gefüllt werden?

Nein. Die Wissenschaft untersucht die große Maschine des Kosmos, sie enthüllt uns allmählich ihre Geheimnisse, aber sie hat keine Antwort auf die letzten Fragen des Menschen. Die große Illusion, daß die Wissenschaft in gewissem Sinne den Platz Gottes einnehmen könnte, ist seit geraumer Zeit überwunden. Wenn man die Wissenschaft nach den »Endzwekken« des Lebens befragt, antwortet sie: »Das ist nicht meine Sache.« Und fertig.

Wie stellen wir es also an, aus dem Teufelskreis herauszukommen, in den wir geraten sind? Lassen wir Gott aus dem Spiel und führen wir, im Gegensatz zu Ihrem Kollegen Wiesel, den Prozeß gegen den Menschen als den Verantwortlichen für das Übel der Welt?

Den Prozeß gegen den Menschen zu führen ist sinnlos. Der Mensch ist ein schreckliches Gemisch, in dem man alles vorfindet. Es gibt Kluge, Irre, Schurken, Heilige. Ich habe mich stets geweigert, ein globales Urteil über den Menschen abzugeben. Meines Erachtens kann man einen Prozeß, mit aller im jeweiligen Fall gebotenen Vorsicht, immer nur gegen das einzelne Individuum führen.

Also?

Die Situation ist so, wie sie ist, uns bleibt nichts weiter übrig, als sie zu akzeptieren. Wir sind in der großen Maschine des Universums allenfalls ein winziger Baustein. Und wir wissen nicht, welcher Freiraum uns in dieser Maschine vorbehalten ist. Wir können und müssen uns eine Moral erfinden und uns verhalten, »als ob«, ohne indes je zu vergessen, daß wir »Gäste« der Natur sind, und zwar neugierige Gäste, die allenthalben Unordnung stiften.

Das Gespräch ist beendet. Primo Levi fügt jedoch noch ein Kodizill an: ein Gedicht, das er mir schenkt; es trägt die Überschrift: *Das Mädchen von Pompeji.* Ein sehr schönes Gedicht. Es handelt von einem »hageren Mädchen«, das bei den Ausgrabungen in der antiken, von der Asche des Vesuv verschütteten Stadt ans Licht kam, »krampfhaft an die Mutter geklammert«. Er vergleicht sie mit anderen unschuldigen Opfern wie Anne Frank und dem Schulmädchen aus Hiroshima. »So bleibst du bei uns, als verkrampfter Gipsabguß, / Endloser Todeskampf, furchtbares Zeugnis dafür, / Wieviel den Göttern liegt an unserem stolzen Geschlecht.« Er schließt mit einer Aufforderung an die »Mächtigen der Erde«, nicht »den Knopf zu drücken«, um die atomare Apokalypse auszulösen, denn: »Uns genügen vollauf die Leiden, die der Himmel uns schenkt.«

Io e Dio. Non l'ho mai incontrato, neppure nel »Lager« (Ich und Gott. Ich bin ihm niemals begegnet, auch nicht im Lager), »Gente«, Nr. 48, 9. Dezember 1983

1 Elie Wiesel (geboren 1928), Erzähler jüdischer Abstammung, geboren im siebenbürgischen Sighet; wurde mit sechzehn Jahren ins KZ Birkenau deportiert, von da nach Auschwitz und Buchenwald; nach der

Befreiung Journalist in Frankreich, 1956 in die USA übergesiedelt; Autor von Büchern über das Thema des Genozids an den Juden: *Die Nacht zu begraben* (1958), *Gesang der Toten* (1966), *Der fünfte Sohn* (1983); 1986 mit dem Friedens-Nobelpreis ausgezeichnet.

2 Riccardo Bacchelli (1891-1985), italienischer Schriftsteller, Autor zahlreicher Erzählwerke in der Tradition des 19. Jahrhunderts: *Die Mühle am Po* (1938-40, dt. 1952).

Gad Lerner
Ist das ein Staat?

Primo Levi hat sich bislang, in seiner angestrengten, gefühls-
beladenen Beziehung zu Israel, nur einmal entschlossen,
seine Stimme zu erheben. Das war vor genau zwei Jahren,
während der Invasion im Libanon, nach den Massakern in
den palästinensischen Lagern Sabra und Chatila. Da meldete
er sich zu Wort, um den Rücktritt von Menachim Begin und
Ariel Sharon zu fordern, noch bevor die beiden israelischen
Minister von der berühmten Kommission Kahan als mittelbar
verantwortlich für die Geschehnisse verurteilt worden waren.

Danach hat Primo Levi sich wieder auf sich selbst zurückgezogen. Der Turiner Jude, der das KZ überlebte, der Chemiker, der zum Schriftsteller wurde aus dem Bedürfnis heraus, Auschwitz und die schrecklichste Verfolgung, die sein
Volk jemals durchmachte, zu schildern – er erklärt sich jetzt
für ermüdet. Er zieht es vor, zurückgezogen zu leben, in der
Stille seiner Wohnung im Zentrum Turins nachzudenken
über das schwierige Verhältnis, das ihn, den Juden der Diaspora, mit dem verbindet, was einstmals die »Heimstatt« Israel
genannt wurde.

In die Regierung jener »Heimstatt« ist in den letzten Tagen
abermals der populärste Führer der israelischen Rechten ein-
gezogen: Ariel Sharon. Er ist im Bündnis mit der Arbeitspartei in die Regierung zurückgekehrt, also mit jenen Kräften,
die – wie Levi – vor zwei Jahren seine Entfernung als entscheidend für das Schicksal der israelischen Demokratie bezeichnet hatten.

Die jüdische Welt ist in Aufruhr. Unter dem Schirm der
scheinbar manövrierunfähigen »großen Koalition« zwischen
Likud und Maarach[1] hat sich vieles verändert. Zum Guten oder
zum Schlechten? Eine schwierige Frage, der sich Levi heute
jedoch nicht entzieht, er gibt die Antwort, die ihm vielleicht

am schwersten fällt: »Ich habe mich davon überzeugt, daß die Rolle Israels als verbindendes Zentrum des Judentums jetzt« – er unterstreicht das »jetzt« – »in eine Phase der Eintrübung eingetreten ist. Der Schwerpunkt des Judentums muß sich darum verlagern, er muß zurückverlagert werden nach außerhalb von Israel, zu uns Juden der Diaspora, die wir die Verantwortung haben, unsere israelischen Freunde an die jüdische Tradition der Toleranz zu erinnern.«

Weshalb, Dr. Levi? Empfinden Sie möglicherweise die Rückkehr des Falken Sharon als einen Bruch, als eine Gefahr?

Ich würde nicht von Bruch sprechen, ich glaube nicht, daß wir einen unumkehrbaren Rückschritt erleben. Zudem ist die Zerrüttung des politischen Lebens keine Erscheinung, die nur Israel betrifft. Die Trübung der Ideale läßt sich in der ganzen Welt beobachten. Zugegeben, es bedeutet eine Qualitätseinbuße für Israel, aber vergessen wir nicht, daß es sich um ein Land handelt, das eine übernormale Beweglichkeit, auch geistiger Art, auszeichnet, um ein Land, wo in einem Jahr soviel passiert wie anderswo in zehn Jahren.

Was bereitet Ihnen also Sorge? Vielleicht das Emporkommen des Rabbis Meir Kahane, der für die Vertreibung der gesamten arabischen Bevölkerung aus dem Gelobten Land eintritt und mit einem Fernsehspot für sich Propaganda machte, in dem Ströme von Blut über Marmor flossen?

Ich bin überzeugt, daß Kahane lediglich ein verrückter Außenseiter ist. Falls keine neuen traumatischen Ereignisse eintreten, ist seine politische Kraft zum Erlöschen bestimmt. Doch man könnte einwenden: Auch Hitler war 1923 nur ein verrückter Außenseiter. Ich antworte darauf: Niemandem ist es gegeben, die Zukunft vorherzusehen, aber ich sehe Israel nicht auf dem Weg des Fanatismus von Kahane. Es ist ja wohl kein Rassismus, wenn ich behaupte, daß die Juden nicht die Deutschen sind! Um rassistisch zu werden, muß ein Land geschlossen sein, es muß dazu tendieren, zum massiven, uniformen, beherrschbaren Block zu werden. Hitlerdeutschland hat das geschafft, aber schon Italien hat es beispielsweise nicht geschafft, einzig darum, weil der Unterschied zwischen einem Piemontesen und einem Kalabresen zu groß ist. Und erst recht kann das nicht in einer durch dreitausend Jahre Geschichte zerklüfteten, aus einem Mosaik von ethnischen Gruppen und Traditionen bestehenden Gemeinschaft wie Israel geschehen. Dabei bin ich mir wohl bewußt, daß in der Thora auch eine rassistische Tendenz zu finden ist. Man findet in ihr alles und das Gegenteil von allem. Wenn Kahane an das in der Thora enthaltene Verbot geschlechtlicher Beziehungen zwischen einem Juden und einem Heiden erinnert, spricht er die Wahrheit. An anderen Stellen aber finden sich Geschichten wie die von Ruth und Samson, in denen die Exogamie als normal und zulässig geschildert wird.

Ist die Ursache Ihrer Besorgnisse also vielleicht die Ausbreitung einer araberfeindlichen Intoleranz?

Ich könnte erwidern, daß Israel in jüngster Zeit auch ein Phänomen erlebt, von dem leider kaum Notiz genommen wird: In den Universitäten und Krankenhäusern vollzieht sich eine weitreichende, tiefe Integration zwischen israelischen Arabern und Juden. Von den siebenhunderttausend Arabern, die seit 1948 in Israel leben, sind viele integriert. Ganz anders steht die Sache bei den anderthalb Millionen Palästinensern im besetzten Cisjordanien (West Bank)[2].

Eben. Rabbi Kahane stellt in seinem Wahn ein Problem heraus, das vielen Israelis Ängste macht: Bei den gegenwärtigen Geburtenraten werden bis zum Jahr 2000 die Araber zahlenmäßig zur Mehrheit im Lande. Der Zeitpunkt schiebt sich um weitere zwanzig Jahre hinaus, wenn man nur die Araber mit israelischer Staatsbürgerschaft zählt, aber es bleibt die Tatsache, daß sie eines Tages in der Lage sein werden, demokratisch die Mehrheit der Abgeordneten des »jüdischen Staates« zu wählen. So daß Israel, verlangt Kahane, vor jenem Zeitpunkt aufhören muß, eine Demokratie zu sein, um seine jüdische Identität zu retten.

Diese demographischen Hochrechnungen sind sehr anfechtbar, niemand vermag über einen Zeitraum von fünf Jahren vernünftige Voraussagen zu treffen. Mir ist zum Beispiel bekannt, daß die Geburtenrate der israelischen Juden im Anstieg begriffen ist, während die der israelischen Araber sinkt. Ganz anders ist die Lage in Cisjordanien, was die Regierenden Israels zu einem raschen Rückzug aus den besetzten Gebieten veranlassen sollte. Ich denke, wenn Israel nicht den schwerfälligen Troß der West Bank und Gazas [3] im Schlepp hätte, wäre das palästinensische Problem in Israel bereits gelöst.

Was also ängstigt Sie, Dr. Levi? Was meinen Sie, wenn Sie von der Zerrüttung des politischen Lebens in Israel sprechen?

Vor allem erscheint mir die Übereinkunft zwischen Likud und Maarach, wie jede große Koalition, als ein lähmendes Flickwerk, dem keine Dauer beschieden sein wird. Ich meine jedoch vor allem den Umstand, daß vor den Wahlen widerwärtige Thesen verkündet wurden, nur zum Zweck des Stimmenfangs. Auch das geschieht nicht nur in Israel, aber vielleicht sind wir daran nicht gewöhnt. Wir sind gewöhnt an ein Israel, Land der Wunder, an das Israel von 1948, das Land des Zionismus, der mit einer bestimmten Vorstellung von Sozialismus übereinstimmt. Jetzt sind wir Zeugen einer Zerrüttung, die eine Normalisierung ist. Israel wird, leider, zu einem normalen Land. Und da es ein nahöstliches Land ist, wird es außerdem den anderen Nationen dieser Region zunehmend ähnlicher. Beispielsweise kann man die Befürchtung hegen, daß der islamische Khomeinismus ansteckend wirkt auf die Ausbreitung des religiösen Fundamentalismus in Israel, auch wenn ich mir keine Perspektive ausmale, in der die israelischen Massen sich vor einem neuen Ajatollah, heiße er Kahane oder Sharon, auf die Knie werfen.

Meinen Sie nicht, daß die mehrheitlich in ihrem eigenen Staat geborenen Juden Israels sich in dieser Zeit gewandelt haben gegenüber den Juden der Diaspora, die es von jeher gewohnt sind, sich in den Ländern, wo sie leben, als »Minderheit« zu fühlen, geprägt von ihrer »Andersartigkeit«? Die europäischen Juden, von denen Sie in Ihren Büchern sprechen, hängen auf dramatische Weise an dem zerbrechlichen Wert der Toleranz. Ist es dagegen nicht so, daß die Israelis im Zuge ihrer Normalisierung auch ihre Identität wechseln?

Das ist eine voraussehbare Zukunft. Ich glaube, daß wir, die Juden der Diaspora, kämpfen müssen. Wir müssen unsere israelischen Freunde daran erinnern, daß Judesein etwas anderes bedeutet. Es gilt, die jüdische Tradition der Toleranz sorgsam zu hüten. Ich bin mir klar darüber, daß ich damit einen entscheidenden Punkt berühre, nämlich die Frage: Wo befindet sich heute der Schwerpunkt des Judentums?

Zumindest seit 1948 hegen die wichtigsten zionistischen Institutionen diesbezüglich keinen Zweifel: Der Schwerpunkt liegt in Israel.

Nein, ich habe lange darüber nachgedacht: Der Schwerpunkt liegt in der Diaspora, er kehrt zur Diaspora zurück. Ich als Jude in der Diaspora, viel mehr Italiener als Jude, würde es vorziehen, daß der Schwerpunkt des Judentums außerhalb von Israel verbliebe.

Dies könnte wie eine Ankündigung klingen, daß Sie von der israelischen Nation, so, wie sie sich verändert hat, abrücken?

Ganz und gar nicht, es ist die Weiterentwicklung eines tiefen und gefühlsschweren Verhältnisses. Ich glaube lediglich, daß die Hauptströmung des Judentums anderswo besser bewahrt werden kann als in Israel. Die jüdische Kultur, besonders die aschkenasische, ist anderswo lebendiger, zum Beispiel in den USA, wo sie sogar die bestimmende ist.

Nach Ihren Ausführungen scheint es, als ob das Verbleiben in der Diaspora, also als Minderheitsgemeinde, fast eine obligatorische Voraussetzung für die Fortführung der jüdischen Identität wäre. Zugespitzt: Der Jude ist Jude, sofern er in der Diaspora lebt?

So würde ich sagen. Und ich würde sagen, das Beste der jüdischen Kultur ist mit dem Umstand verknüpft, daß sie verstreut, polyzentrisch war.

Wenn Sie den Juden der Diaspora die Aufgabe zuweisen, die Israelis zu den Werten des Judentums zu erziehen, werden Sie zahlreiche erboste Reaktionen auf sich ziehen. War es nicht andersherum? War es nicht Israel, das allen Juden der Welt Kraft und Sicherheit einflößen sollte?

Leider muß man von einer Umkehrung sprechen. Der Quell, aus dem die Juden der Diaspora Kraft zogen, ist heute zur Ursache von Nachdenken und innerer Qual geworden. Darum spreche ich von einer, ich hoffe nur zeitweiligen, Verdunklung der Rolle Israels als verbindendem Zentrum des Judentums. Wir müssen Israel unterstützen, wie auch seine diplomatischen Vertretungen es von uns verlangen, aber wir müssen ihm zugleich die zahlenmäßige, kulturelle, traditionsbewahrende, sogar die ökonomische Bedeutung der Diaspora bewußtmachen. Wir besitzen die Stärke und haben auch die Pflicht, in gewissem Maße Einfluß zu nehmen auf die Politik Israels.

In welcher Richtung?

In erster Linie muß, so glaube ich, der Rückzug aus dem Libanon gefordert werden. Ebenso dringlich ist der Stopp neuer jüdischer Ansiedlungen in den besetzten Gebieten. Danach sollte, wie ich schon sagte, vorsichtig, aber entschlossen den Rückzug aus Cisjordanien und Gaza angestrebt werden.

Und das Verhältnis zur PLO?

Die PLO ist ihrerseits ein Proteus, man weiß nicht recht, welches heute ihr Gesicht ist. Den Worten nach zu urteilen, hält sie ihre Hand ausgestreckt ... Doch nein, ich denke nicht, daß die Zeit reif ist für einen Kontakt zur PLO. Arafat ist im Abstieg begriffen, wir wissen nicht, was er tut, was er denkt, wo er ist, noch nicht einmal, ob er wirklich noch Vorsitzender der PLO ist. Vielleicht wird der Zeitpunkt kommen, da eine israelische Regierung mit der PLO verhandeln kann, aber noch ist es nicht soweit. Beide Seiten befinden sich in einer Phase der Instabilität.

Wenn das Zentrum des Judentums, wie Sie es wünschen, zurückwandern soll zur Diaspora, muß es da zu einer Neubelebung der jüdischen Gemeinden kommen, müssen die Juden sich auf die Suche nach ihren Wurzeln und nach ihrer »Andersartigkeit« im jeweiligen Land, in dem sie leben, begeben?

Ja. Auch wenn das noch nicht geschieht, müßte und könnte das in einem Land wie Italien geschehen, wo die jüdische Gemeinde zahlenmäßig winzig, aber ziemlich geschlossen ist. Das ist auch unsere Schwäche: Wir sind wenige und integriert.

Vor zwei Jahren, nach dem Einfall im Libanon, haben Sie zusammen mit anderen italienischen Juden eine öffentliche Protesterklärung ge-

gen die israelische Regierung verfaßt. Ist die Triebfeder, die die Juden der Diaspora zusammenführen kann, also die Entrüstung?

Sprechen wir nüchterner von Mißbilligung. Ja, sie ist eine Triebfeder, auch wenn ich im Geiste immer den Israeli vor mir sehe, der mir vorwirft:»Du, italienischer Jude, sitzt ruhig in deinem Sessel, bist aber schnell bereit, für uns entscheiden zu wollen!« Und doch bleibe ich dabei. Die Geschichte der Diaspora war wohl eine Geschichte von Verfolgungen, aber auch eine Geschichte des Austauschs und der Beziehungen zwischen verschiedenen ethnischen Gruppen, somit eine Schule der Toleranz. Wenn ich weniger müde wäre, wenn ich mehr Energie besäße, würde ich in der italienischen jüdischen Gemeinde dafür wirken, daß sie diese Rolle übernimmt. Denn mir ist zwar die Integration der Juden in Italien recht, nicht aber ihre Assimilation, ihr Verschwinden, die Auflösung ihrer Kultur. Gerade hier in Turin gibt es das positive Vorbild einer jüdischen Gemeinde, die in das Leben und die Kultur der Stadt integriert, aber nicht assimiliert ist.

Gestaltet sich für jemand mit Ihren Ansichten das Verhältnis zu den jüdischen und israelischen Institutionen schwierig?

Ich würde von einem gefühlsträchtigen und streitbaren Verhältnis sprechen. Weil ich davon überzeugt bin, daß Israel verteidigt werden muß, glaube ich an die schmerzliche Notwendigkeit einer schlagkräftigen Armee. Doch ich bin auch davon überzeugt, daß es für die israelische Regierung heilsam wäre, sich mit unserer stets an Bedingungen geknüpften Unterstützung auseinanderzusetzen.

»L'Espresso«, 30. September 1984.

1 Likud: israelische Rechtspartei; Maarach: Linkskoalition unter Einschluß der Arbeitspartei.

2 Cisjordanien: Gebiete westlich des Jordan-Flusses (West Bank); 1949 wurde es, nach dem 1947 gefaßten UNO-Beschluß zur Teilung Palästinas in zwei Staaten, vom Königreich Jordanien annektiert; im Gefolge des israelischen Sieges im Sechs-Tage-Krieg von 1967 wurde es faktisch vom Staat Israel annektiert, der dort zahlreiche jüdische Siedlungen anlegte.

3 Gaza: Stadt in Palästina, an der Südostküste des Mittelmeers gelegen: von der UNO 1947 dem arabischen Staat zugeteilt; in der Folge sowohl von Ägypten als auch von Israel beansprucht; 1967 kam Gaza unter israelische Kontrolle; hier befinden sich zahlreiche Flüchtlingslager der Palästinenser. Inzwischen Hauptstadt des palästinensischen Autonomiegebiets.

Auswahlbibliographie

Se questo è un uomo, De Silva, Turin 1947, danach Einaudi, Turin 1958. – Deutsche Erstausgabe: *Ist das ein Mensch? Erinnerungen an Auschwitz.* Übersetzung: Heinz Riedt, Fischer, Frankfurt a. M. 1961; Neuausgabe in: *Ist das ein Mensch?/Die Atempause*, Hanser, München 1988.

La tregua, Einaudi, Turin 1963. – Deutsche Erstausgabe: *Atempause*, übersetzt von Barbara und Robert Picht, Christian Wegner, Hamburg 1964; Neuausgabe in: *Ist das ein Mensch?/ Die Atempause*, Hanser, München 1988.

Storie naturali [Unter dem Pseudonym Damiano Malabaila], Einaudi, Turin 1966. – Deutsche Erstausgabe: *Die Verdoppelung einer schönen Dame und andere Überraschungen*, Übersetzung: Heinz Riedt, Aufbau, Berlin/ DDR 1968. Teilweise enthalten in dem Erzählungsband *Der Freund des Menschen*, Hanser, München 1989.

Vizio di forma, Einaudi, Turin 1971. – Eine Auswahl in der Übersetzung von Barbara Kleiner ist enthalten in *Der Freund des Menschen*, a. a. O.

Il sistema periodico, Einaudi, Turin 1975. – Deutsche Erstausgabe: *Das periodische System*, Übersetzung: Edith Plackmeyer, Aufbau, Berlin Weimar/ DDR 1979; Neuausgabe: Hanser, München 1987.

La chiave a stella, Einaudi, Turin 1978. – Deutsche Erstausgabe: *Der Ringschlüssel*, Übersetzung: Barbara Kleiner, Hanser, München 1992.

Lilít e altri racconti, Einaudi, Turin 1981. Eine Auswahl in der Übersetzung von Barbara Kleiner ist enthalten in *Der Freund des Menschen*, a. a. O. Eine vollständige Ausgabe ist in Vorbereitung.

Se non ora, quando?, Einaudi, Turin 1982. – Deutsche Erstausgabe: *Wann, wenn nicht jetzt?*, Übersetzung: Barbara Kleiner, Hanser, München 1986.

Dialogo (mit Tullio Regge), Edizioni di Comunità, Mailand 1984.

Ad ora incerta, Garzanti, Mailand 1984. – Deutsche Erstausgabe: *Zu ungewisser Stunde*, Übersetzung: Moshe Kahn, Hanser, München 1998.

L'altrui mestiere, Einaudi, Turin 1985. Eine deutsche Ausgabe ist in Vorbereitung.

Racconti e saggi, La Stampa, Turin 1986. – Deutsche Erstausgabe: *Die dritte Seite: Liebe aus dem Baukasten und andere Erzählungen und Essays,* Übersetzung: Hubert Thüring und Michael Kohlenbach, Stroemfeld/Roter Stern, Basel/Frankfurt a. M. 1992.

I sommersi e i salvati, Einaudi, Turin 1986. – Deutsche Erstausgabe: *Die Untergegangenen und die Geretteten,* Übersetzung: Moshe Kahn, Hanser, München 1990.

Das Maß der Schönheit (Auswahl aus den Erzählungsbänden *Storie naturali* und *Vizio di forma,* Übersetzung: Heinz Riedt, Joachim Meinert, Hanser, München 1997.

Ferdinando Camon: *Autoritratto di Primo Levi. Conversazione con Primo Levi,* Nord-Est, Padua 1987. – Deutsche Erstausgabe: *Ich suche nach einer Lösung, aber ich finde sie nicht. Ein Gespräch mit Ferdinando Camon,* Übersetzung: Joachim Meinert, Piper, München 1993.

Namenregister